上海社会科学院重要学术成果丛书·专著

中国乡村旅游
高质量发展理论与实践

Theory and Practice of High Quality Development
of Rural Tourism in China

于秋阳 / 著

上海人民出版社

本书出版受到上海社会科学院重要学术成果出版资助项目的资助

总　序

当今世界,百年变局和世纪疫情交织叠加,新一轮科技革命和产业变革正以前所未有的速度、强度和深度重塑全球格局,更新人类的思想观念和知识系统。当下,我们正经历着中国历史上最为广泛而深刻的社会变革,也正在进行着人类历史上最为宏大而独特的实践创新。历史表明,社会大变革时代一定是哲学社会科学大发展的时代。

上海社会科学院作为首批国家高端智库建设试点单位,始终坚持以习近平新时代中国特色社会主义思想为指导,围绕服务国家和上海发展、服务构建中国特色哲学社会科学,顺应大势,守正创新,大力推进学科发展与智库建设深度融合。在庆祝中国共产党百年华诞之际,上海社科院实施重要学术成果出版资助计划,推出"上海社会科学院重要学术成果丛书",旨在促进成果转化,提升研究质量,扩大学术影响,更好回馈社会、服务社会。

"上海社会科学院重要学术成果丛书"包括学术专著、译著、研究报告、论文集等多个系列,涉及哲学社会科学的经典学科、新兴学科和"冷门绝学"。著作中既有基础理论的深化探索,也有应用实践的系统探究;既有全球发展的战略研判,也有中国改革开放的经验总结,还有地方创新的深度解析。作者中有成果颇丰的学术带头人,也不乏崭露头角的后起之秀。寄望丛书能从一个侧面反映上海社科院的学术追求,体现中国特色、时代特征、上海特点,坚持人民性、科学性、实践性,致力于出思想、出成果、出人才。

　　学术无止境,创新不停息。上海社科院要成为哲学社会科学创新的重要基地、具有国内外重要影响力的高端智库,必须深入学习、深刻领会习近平总书记关于哲学社会科学的重要论述,树立正确的政治方向、价值取向和学术导向,聚焦重大问题,不断加强前瞻性、战略性、储备性研究,为全面建设社会主义现代化国家,为把上海建设成为具有世界影响力的社会主义现代化国际大都市,提供更高质量、更大力度的智力支持。建好"理论库"、当好"智囊团"任重道远,惟有持续努力,不懈奋斗。

上海社科院院长、国家高端智库首席专家

前　言

习近平总书记在党的二十大报告中对全面推进乡村振兴作了全面部署,强调坚持农业农村优先发展,要大力"发展乡村特色产业,拓宽农民增收致富渠道"。乡村有着丰富的旅游资源,依托乡村生态资源和文化资源发展起来的乡村旅游是乡村特色产业的重要组成部分。新时代、新征程,我们要立足乡村特色资源,因地制宜发展乡村旅游,不断提高乡村旅游发展质量,让乡村旅游越来越红火,为全面推进乡村振兴增添动力,这也成为解决"三农"问题的重要途径之一。

为更好地满足人民群众日益增长的"看山望水忆乡愁"的美好向往,必须厘清乡村旅游供给中不平衡、不充分的深层矛盾与问题,如"产品单一、文化薄弱、服务不好、环境不佳"等问题。旅游供给亟须精准对接需求,展开全方位多角度的格局重构与优化配置。面对新机遇、新形势,要促进乡村旅游高质量发展,需要紧扣乡村振兴战略背景和消费行为演变趋势,从供需协同的角度创新思维,科学测度,着力破解乡村旅游产业的要素配置瓶颈和政策操作难题,这也正是本研究的切入点所在。

乡村旅游供给体系的优化需以旅游消费行为的演变特征为引导,供需契合的前提下才能更准确地定位乡村旅游供给体系的优化方向与路径。基于此思路,本书主要分为三大部分,共七章内容。

第一部分确立了消费演变对乡村旅游供给影响研究的系统视角,主要包括第一章和第二章。本书立足于新形势下的乡村旅游供需适配前沿性选题,跳出对需求端或供给端的"单侧性"研究。既有成果,尤其是国内成果对旅游业改革与转型发展的研究仍较多着眼于"需求侧";而从"供给侧"角度或聚焦产业供给要素作为主导来开展的系统研究仍较为鲜见。部分已经关注到旅游业"供给侧"角度的研究，则多数过于强调供给层面的重要性，却一定程度上忽视了兼顾"需求侧"的重要性。因此，从旅游业作为典型的生活性服务业及其重要的消费属性和产业功能出发，同时对供求双方展开适配和均衡研究十分必要。

第一章为绪论。包括选题背景、研究目标、研究内容与研究方法等。本章系统回顾和梳理国内外学术界对于乡村旅游及其供给和支持系统、需求和感知系统等内容的相关研究。通过文献检索及分析，总结国内外学者已取得的研究成果及其在研究视角、研究内容、研究方法等方面的差异，为本书提供扎实的理论基础。

第二章为研究评述与相关理论基础。包括国内外乡村旅游、乡村旅游供给和支持系统研究及乡村旅游需求和感知系统研究等评述，消费者行为理论、新供给主义经济学理论等相关理论基础。在界定主要概念的基础上，本书明确"供需双向切入，聚焦要素配置"的研究视角。

第二部分是本文的主体部分，开展了消费演变视角下乡村旅游供需两侧影响效应的综合研判，主要包括第三章、第四章和第五章。通过整合国内外乡村旅游消费的阶段演变特征、乡村旅游供给模式，归纳消费行为演变下乡村旅游供给体系现状及优化路径。在融合消费者行为理论、新供给主义经济学理论、旅游产业发展等相关理论的基础上，构建基于消费行为演变的乡村旅游供给体系优化框架，为乡村旅游产业供给的完善和高质量发展提供理论和实践依据。

第三章着眼于乡村旅游消费需求系统。首先，着眼于乡村旅游"消费演变"的分析研究。从旅游消费现状、乡村旅游消费的发展阶段演变以及新群体新消费对乡村旅游的新需求三个方面概述了当前乡村旅游消费演变的趋势和特征。其次，基于IPA评价工具，构建乡村旅游的消费满意度测度，并以上海乡村为例分析了当前的满意水平及影响因素。最后，借助文本分析手段，结合当前线上线下旅游评价的资料，构建了网络情境下都市型乡村旅游消费模型并进行了结构分析，归纳出了当前的消费选择影响及其背后的深层原因。

第四章着眼于乡村旅游产业的要素供给系统。首先,在综合梳理当前全国乡村旅游供给旺盛态势的基础上,重点分析了当前供给端新热点与新业态。其次,结合旅游学产业层次理论,构建了乡村旅游供给的三大体系,并总结了各层次存在的主要问题。再次,开展中国乡村旅游专业化水平及全要素生产率测度评价。以全国 31 个省、自治区、直辖市为案例,以产业专业化水平及全要素生产率为测度指标,分析当前乡村旅游的产业依赖度及其全要素生产率水平的时空分异情况,并深入分析经济发展水平、产业结构及乡村旅游资源禀赋对其全要素生产率的影响效应。选取长江经济带和长三角两大乡村旅游规模较大的区域开展具体研究,从时序演进、空间差异、整体分析与解构分析相结合的视角,具体厘清了当前这两大区域乡村旅游产业的供给水平、要素差异及其内外部影响因素。

第五章着眼于乡村旅游产业的制度供给系统,基于 PMC 模型,从政策视角对乡村旅游发展的绿色政策环境进行测度,从政策主体、政策目标以及政策工具三个角度对农村绿色发展政策进行量化分析研究,从政策效能角度对农村绿色发展政策进行量化评估研究,由此回答农村绿色发展政策"谁在做""做什么""怎么做"以及"做得如何"的问题。

第三部分结合供求两大系统的分析结论,在供需平衡角度下构建乡村旅游供给体系的优化机制和路径,并提出相应的对策建议,包括第六章和第七章。

通过对国内外乡村旅游发展经验的分析与借鉴,结合所获取资料的实证分析,探讨消费者行为演变下乡村旅游供给体系该如何进行优化,以此解决当前乡村旅游供给中出现的问题,以切实促进乡村旅游产业潜力的挖掘、提升、高质量与可持续发展,由此全面推进乡村振兴,实现共同富裕。结论分析和对策的提出具有较强的现实意义。

乡村旅游对于经济的带动作用很大程度上依赖于其供给体系的质量状况。完善且高质量的乡村旅游供给能够更好地满足乡村旅游者的旅游需求,为旅游者提供更好的旅游体验。与此同时,乡村旅游供给体系的优化需以旅游消费行为的演变特征为引导,供需契合的前提下才能更准确地定位乡村旅游供给体系的优化方向与路径。

目　录

第一章
绪　论

第一节　研究背景

一、共同富裕下乡村旅游成为全面实现乡村振兴的重要途径

党的十九大报告提出"产业兴旺、生态宜居、乡风文明、治理有效、生活富裕"的乡村振兴二十字方针,旨在通过农村产业发展,推动农村现代化的物质文化水平提升。而农村产业发展过程中,农业作为基础性产业,受制于土地资本的不可流动性、不变性与吸纳劳动力的有限性,尽管生产要素大幅增加,我国农业生产总值占国内生产总值比重仍不断下降,投入产出极度不匹配,寻找新的农村产业成为农村经济投资、发展热点。在此背景下,乡村旅游以其显著的经济带动性成为农村地区人民脱贫致富的重要手段,成为解决"三农"问题的重要渠道。自2004年以来,中共中央"一号文件"已连续19年聚焦农村、农业和农民,国务院、国家文化和旅游部、国家发展改革委、自然资源部等部门陆续发布或联合发布了一系列的乡村旅游政策,涵盖乡村旅游、休闲农业、田园综合体以及农业PPP等诸多方面,为乡村旅游提供了支持和保障。2019年,"一号文件"提出要"充分发挥乡村资源、生态和文化优势,发展适应城乡居民需要的休闲旅游";2021年,"一号文件"再次提出"构建现代乡村产业体系""依托乡村特色优势资源,打造农业全产业链,开发休闲农业和乡村旅游精品线路,推进农村一、二、三产业融合发展示范园和科技示范园区建设";2022年,"一号文件"强调要进行乡村旅游的"提升"发

展,实施乡村休闲旅游提升计划,"持续推进农村一、二、三产业融合发展"。

二、乡村旅游成为带动农村经济发展的新热点

乡村旅游对于农村经济发展的带动作用逐日凸显。统计显示,2019年,全国乡村休闲旅游接待游客约 32 亿人次,营业收入 8 500 亿元。2020年,受新冠肺炎疫情影响,全国乡村休闲旅游接待游客约 26 亿人次,营业收入 6 000 亿元,吸纳就业 1 100 万人,带动农户 800 多万。2021 年疫情对旅游业的影响仍在持续,但乡村旅游复苏明显,成为引领旅游行业率先恢复发展的新亮点。2022 年随着疫情防控常态化,乡村旅游凭借其短时间、近距离、高频次的特点已成为国内游客出游的热点,根据文化和旅游部检测数据显示,清明节假期期间全国各地接待游客中省内游客占比 94.9%,其中五成左右游客选择城市周边乡村。随着乡村旅游规模的迅速发展,其经济效益也在不断扩大。乡村旅游收入从 2012 年的 0.24 万亿元上升至 2019 年的1.81 万亿元,实现年均复合增长率突破 15%,不仅如此,国家对于乡村旅游投资规模较大,根据国家文化和旅游部数据资料显示,2015 年我国旅游投资额为 1.01 万亿元,其中三分之一是用于发展乡村旅游的投资,在行业大规模的投资背后,是人民群众对于实现乡村经济、文化、社会全面发展的强烈愿望和急切需求,也是国家对于乡村旅游经济效益的充分肯定。由此可见,乡村旅游作为旅游产业的重要组成部分,既能延续其产业价值链条长的经济特征,具有较大的前后关联及旁侧关联经济效益,又能实现乡土文化与民俗风情价值、古村落与古建筑、青山绿水等人文价值。

三、乡村旅游供给端问题逐渐凸显

与此同时,乡村旅游在发展过程中呈现出众多供给端问题。我国幅员辽阔,农村自然景观千差万别,农业景观多种多样,民风民俗多彩多姿,为满足游客观光、购物、求知、猎奇、尝鲜、休闲、度假、参与等多种旅游需求提供了广阔的发展空间,但目前各地的乡村旅游产品主要采用农业观光园和采摘果园的形式,产品雷同、重复较多,不能满足游客多层次、多样化和高文化

品位的旅游需求。由于乡村旅游供给尚处于卖方市场阶段,部分乡村旅游开发者片面追求效益,忽视游客的满意度、乡村旅游形象打造和长远发展设计,在配套不足、服务落后、管理混乱的情况下,草草推出了在原有农业生产基础上稍加改动、缺乏创新设计和文化品位的乡村旅游产品,损害了游客的旅游感受和乡村旅游的形象,从而大大影响了乡村旅游的可持续发展。综上可知,在我国低层次的旅游供给的影响下,目前我国乡村旅游者享受到的是较低价位的消费水准、较低层次的精神感受、较低档次的旅游服务,不利于乡村旅游的高质量发展。因此,基于乡村旅游者消费行为的演变,对当前我国乡村旅游供给体系现状进行优化研究,有利于推动我国乡村旅游高质量发展,由此更好地全面推进乡村振兴、实现共同富裕。

第二节 研究目标

本书的研究目标包括以下三点。

第一,系统回顾和梳理国内外学术界对于乡村旅游及其供给和支持系统、需求和感知系统等内容的相关研究。通过文献检索及分析,总结国内外学者已取得的研究成果及其在研究视角、研究内容、研究方法等方面的差异,为本书提供扎实的理论基础。

第二,通过整合国内外乡村旅游消费的阶段演变特征、乡村旅游供给模式,归纳消费行为演变下乡村旅游供给体系现状及优化路径。以网络情境下乡村旅游的消费感知文本为样本,以都市型乡村旅游为案例,构建消费模型,由此得出当前乡村旅游消费的基本内容、感知价值及选择偏好;从产业视角对乡村旅游供给效率进行测度,以产业专业化水平及全要素生产率为测度指标,分析当前乡村旅游的产业依赖度及其全要素生产率水平的时空分异情况,并深入分析经济发展水平、产业结构及乡村旅游资源禀赋对其全要素生产率的影响效应;从政策视角角度对乡村旅游发展的绿色政策环境进行测度,从政策主体、政策目标及政策工具三个角度对农村绿色发展政策进行量化分析研究,从政策效能角度对农村绿色发展政策进行量化评估研究,由此回答农村绿色发展政策"谁在做""做什么""怎么做"及"做得如何"的问题。在融合消费者行为理论、新供给主义经济学理论、旅游产业发展等相关理论的基础上,构建基于消费行为演变的乡村旅游供给体系优化框架,为乡村旅游产业供给的完善和高质量发展提供理论依据。

第三,结合所获取资料的实证分析,探讨消费者行为演变下乡村旅游供给体系该如何进行优化,以此解决当前乡村旅游供给中出现的问题,在供需平衡角度下构建乡村旅游供给体系的优化机制,并提出相应的对策建议,以切实促进乡村旅游产业潜力的挖掘、提升、高质量与可持续发展,由此全面推进乡村振兴,实现共同富裕。因此,本书的分析具有较强的现实意义。

第三节　研究内容

乡村旅游对于经济的带动作用很大程度上依赖于其供给体系的质量状况。完善且高质量的乡村旅游供给能够更好地满足乡村旅游者的旅游需求,为旅游者提供更好的旅游体验。与此同时,乡村旅游供给体系的优化需以旅游消费行为的演变特征为引导,供需契合的前提下才能更准确地定位乡村旅游供给体系的优化方向与路径。基于此思路,本书主要分为以下六章。第一章是绪论,包括选题背景、研究目标、研究内容与研究方法等。第二章是研究评述与相关理论基础,包括国内外乡村旅游、乡村旅游供给和支持系统研究以及乡村旅游需求和感知系统研究等评述,消费者行为理论、新供给主义经济学理论等相关理论基础。第三章是乡村旅游消费的阶段演变与选择偏好,包括乡村旅游消费的阶段演变特征、基于 IPA 分析的乡村旅游消费行为满意度测度、基于扎根理论的都市型乡村旅游消费感知研究。第四章是乡村旅游供给体系构建及其测度研究,包括中国乡村旅游供给体系及现状归纳、乡村旅游产业专业化水平及全要素生产率测度评价、基于PMC 模型的乡村旅游绿色发展政策量化研究。第五章是基于国内外经验的乡村旅游供给体系优化路径,通过国内外乡村旅游案例的总结,归纳乡村旅游产业供给体系的融合创新、乡村旅游供给体系优化的激励性政策规制。第六章是基于上文对需求和供给两大系统的多层次测度分析,从整体角度对全书内容进行归纳和总结。

第四节　研究方法

在经济学研究范式的基础上,本书拟采用消费者行为理论、产业经济学理论、产业融合理论、产业政策理论、产业创新理论、评价指标体系、计量分析模型与问卷调研相结合的方法作为主导分析方法,形成集产业经济学、区域经济学、行为经济学、制度经济学以及旅游地理学等多门学科的"多维理论分析框架"作为基本分析体系,具体如下。

第一,文献分析法。借助中国知网、万方、Web of Science 等文献数据库,对所研究问题及研究对象的相关文献资料进行收集和整理,了解和掌握当前乡村旅游供给体系的相关理论、研究现状、研究趋势和亟待解决的问题,明确本书的研究重点和研究方向,为下一步研究提供思路和突破口。

第二,运用评价体系构建与计量分析开展测度。对需求层面的测度,一是采用问卷调查法进行数据的收集。问卷调查法是通过书面的形式,向研究对象收集研究资料和数据的一种方法。继而运用 IPA 分析法对当前乡村旅游满意度进行评测。二是以典型都市型乡村旅游目的地为研究对象,抓取"马蜂窝""携程网"和"小红书"等平台发布的相关游记文本进行扎根理论分析,形成都市近郊型乡村旅游消费模型,由此分析乡村旅游消费的主要内容、感知价值与选择偏好。对供给层面的测度包括三个方面。一是运用定性分析研究方法进行乡村旅游全要素生产率测度指标体系构建、影响因素作用机理和指标选择,数据来源于各城市的《统计年鉴》《国民经济和社会发展统计公报》与《中国旅游统计年鉴》等。二是在乡村旅游专业化水平测度、乡村旅游全要素生产率测度和两者之间关系研究中使用定量分析方法,并构建相关动态面板模型进行分析。三是运用扎根理论、文本分析以及 PMC 模型等方法,从政策发布主体、政策工具、政策目标以及政策效能四个维度构建农村绿色发展政策的四维分析框架,以国家各部门及各地方政府发布的政策文本为研究样本,全面且系统地分析政策发布主体分布、内容聚焦以及执行效能特征,探讨已出台政策中所存在的问题。

第三,注重国内外借鉴比较分析法。将国内外乡村旅游供给优秀案例与本书研究相结合,力求在对标借鉴与比较分析中更准确把握问题,寻找差距。在此基础上,基于需求、供给两大视角的多层次测度分析和评价,运用对策论方法,以协同机制与对策建议为抓手,全面而系统地提出基于消费行为演变的乡村旅游供给体系优化路径,为乡村旅游的高质量发展提供有力的借鉴。

第二章
研究评述与相关理论基础

第一节 国内外相关研究评述

一、乡村旅游发展研究

(一) 乡村旅游相关概念

1. 乡村旅游的概念界定

乡村旅游出现于20世纪70年代的政治性接待活动,但初期的概念较为模糊。乡村旅游真正意义上的概念界定开始于20世纪末,并在21世纪不断发展丰富。由于乡村旅游的综合特性,以及研究乡村旅游的角度、方法等的不同,乡村旅游的概念至今没有统一,呈现众说纷纭的状态。

在概念界定的早期,乡村旅游的概念主要涉及构成旅游景观的旅游资源和生态、立体的农业两个要素,被定义为"由农业生物资源、农业经济资源和乡村社会资源所构成的,以立体景观为对象的旅游活动"(杨旭,1992)。随着国内外研究的不断发展,对乡村旅游的界定更加全面且综合,有学者从地理、资源、区别、功能、特色等多个角度将乡村旅游界定为"以乡村空间环境为依托,以乡村独特的生产形态、民俗风情、生活形式、乡村风光、乡村居所和乡村文化等为对象,利用城乡差异来规划设计和组合产品,集观光、游览、娱乐、休闲、度假和购物为一体的一种旅游形式"(肖佑兴等,2001)。何景明和李立华(2002)经过进一步的分析比较,突出其地区特征和吸引物特点,提出了狭义的乡村旅游概念,即"在乡村地区,以具有乡村性的自然和人文客体为旅游吸引物的旅游活动",并划分出乡村自然风光、农庄农场、乡村民俗和民族风情 3 个大类。此外,其他学者结合案例分析,使用定量分析的方法,使乡村旅游的概念与内涵进一步丰富(林刚等,2006;卢小丽等,2017),并且衍生出了乡村旅游的二级(王艳平,2006)、三级(陶玉霞,2009)概念。

在国外,欧盟和世界经合组织将乡村旅游(rural tourism)定义为"发生在乡村的旅游活动",因而天然以乡村性为核心,发生于乡村区域、依托乡村面貌,具有规模小、空间开阔、可持续等特性(何景明,2003)。许多学者则认为乡村旅游的概念更加复杂且多元,具有不同的形式,并作出了进一步界定,认为乡村旅游不仅仅需要位于乡村地域,还需要符合其旅游活动是乡村的、规模是乡村的、社会结构和文化具有传统特性、具有不同种类的要求(Bramwell B. and Lane B.,1994)。世界旅游组织也对乡村旅游进行界定,即"指旅游者在乡村(通常是偏远地区的传统乡村)及其附近逗留、学习、体验乡村生活模式的活动"(WTO,1997)。此后,学者不断地对概念进行辨析与丰富,如区分乡村旅游和农业旅游(Streifeneder T.,2016),使得概念更加完善精准。

2. 乡村旅游的类型划分

乡村旅游的类型划分有许多种,有按照旅游基本属性划分的,如按照旅游客源地与目的地之间距离长短划分、按照旅游时间划分、根据目的地的地理区位划分等;也有根据乡村依托的核心吸引物划分乡村旅游类型的,可分为田园风光型、地方乡土型、民俗文化型等;还有根据游客参与类型划分乡村旅游的,如乡村观光类、乡村休闲度假类、乡村研学类、乡村商务类等。随着对乡村旅游的研究不断深入,学术界开始从乡村旅游的发展模式、游客的参与形式以及产品的类型等角度来划分乡村旅游的种类。由于划分的方法不同,划分出的类型各异,种类从 3 种到 7 种不等,即使用同一个方法划分,由于时期不同、研究背景不同,乡村旅游种类的划分也存在差异,同时,学者结合乡村旅游的内涵,从不同的角度分析并梳理出乡村旅游的特征,为处理乡村旅游发展中的现实问题提供借鉴(见表 2.1)。

表 2.1　乡村旅游的类型与特征

序号	作者	主要内容
1	许春晓 (1995)	基于乡村旅游的发展模式划分种类,通过对资源丰富但欠发达的农村旅游的分析,将乡村旅游分为旅游业先导类型、旅游业伴生类型、旅游业后继类型 3 种乡村旅游发展类型。
2	王云才 (2006)	在新时期,乡村旅游具有新的产品形态与发展类型,包括传承乡村地方遗产的博物馆类型、主题化的农村与农庄类型、俱乐部等基地化乡村旅游类型、乡村文化与民俗体验类型、农业产业化与产业庄园类型、乡村商业度假以及企业庄园类型、区域景观的整体化和乡村意境的梦幻体验类型,共计 7 种类型。
3	郭焕成等 (2010)	总结了乡村旅游发展的 7 种类型,乡村田园农业类型、乡村民俗风情类型、乡村农家乐类型、村落乡镇类型、乡村休闲度假类型、乡村科普和教育类型、乡村回归自然类型。同时,还在旅游特点的基础上,总结了乡村旅游的 7 个特征,包括旅游资源具有丰富性、分布具有地域性、时间具有季节性、游客行为具有参与性、产品具有文化性、人与自然的和谐性、旅游经营的低风险性。
4	邓爱民 (2006)	基于乡村旅游的参与形式与产品类型进行分类,根据参与的形式大致分为观光、休闲、文化主题、康养 4 类,并从乡村旅游的要素类型、游客感知内容、游客需要三方面分析了产品的类型。同时,从乡村旅游的多元性分析了乡村旅游景观的丰富、复杂、体验、经济、灵活以及散客多、重游率高的特性。
5	于法稳等 (2020)	随着乡村旅游进入高质量时代,乡村旅游又有了新的内涵特征,包括以绿色发展理念为指导,资源可持续为前提,产业融合为路径,绿色旅游产品为内核,以农业强、农民富、农村美为目标,以生态与经济协调发展为归宿 6 个特点。

此外,还有通过对目的地案例分析来划分乡村旅游类型的方法。李涛等(2014)以江苏省乡村旅游为案例,从实际景点出发,将乡村旅游分为了乡村休闲光、乡村农业科技、乡村农事体验、乡村文化和乡村特色村镇 5 个类型,并在各个类型下共划分了 17 个次级类型。冯娟等(2020)通过对武汉郊区乡村旅游的分析,划分了同样的一级类型,但在二级类型的划分上有所不同。马斌斌等(2020)将研究对象进一步扩大到全国,结合乡村旅游的特点,以乡村景点依托、城郊休闲游憩、乡村生态休闲农业、乡村文化民俗、乡村特色资源开发、乡村特色产业主导 6 个类型划分了乡村旅游,通过最邻近指数、地理集中指数、核密度分析等方法,分析了乡村旅游时空分布的特征。

（二）乡村旅游研究历程

1. 国内研究发展历程

通过统计中国知网（CNKI）中相关论文的数量，研究中国学者对乡村旅游的研究情况，文献来源限定为"北大核心""CSSCI"和"CSCD"。首先检索了1992年1月到2021年12月期间主题为"乡村旅游"的所有期刊论文，共计4 411篇，根据每年文献数量的发展情况（见图2.1），大致可分为三个阶段（陈佳鹜和瞿华，2021）。1992—2005年为乡村旅游的探索阶段，文献数量较少，在三位数之内，主要是针对刚出现的乡村旅游需求，开始进行基础研究。2006—2015年是乡村旅游研究的初步发展阶段，2006年中国旅游主题为"2006中国乡村游"，以2006年为界文献数量有了大幅增长，在此阶段对乡村旅游的研究开始形成体系。2016年至今是乡村旅游研究的高速发展阶段，其研究主题集中于乡村旅游振兴、旅游扶贫、生态旅游、全域旅游等方面，其中2016年强调的绿色发展理念和全域旅游思想，以及2018年提出的乡村振兴战略，再次丰富了乡村旅游研究的内容，乡村旅游的研究进入新阶段。

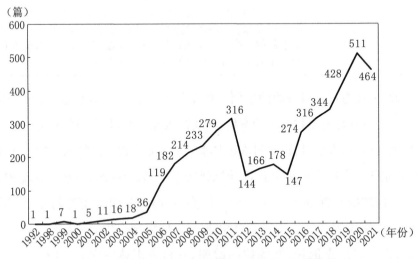

图2.1 1992—2021年中国知网乡村旅游文献数量统计

在研究内容上，国内对于乡村旅游的研究始于概念，并不断发展，主要集中于乡村旅游的发展动力及驱动机制（董广智，2017；陈志军和徐飞雄，

2019），乡村旅游的经济特性，包括乡村旅游的扶贫作用和助力乡村振兴的作用（陆林等，2019；孙九霞等，2020），乡村旅游的利益相关者（赵承华，2007；刘婷婷，2017），乡村旅游与社区间的关系（杜宗斌和苏勤，2011），乡村旅游的发展策略或发展模式（邹统轩，2005；尚子娟和任禹崑，2021），乡村旅游的开发与规划（李伟，2003；崔宁，2019），以及新时代乡村旅游高质量发展（于法稳等，2020）等领域（王琼英和冯学钢，2006）。

在研究方法上，国内学者研究乡村旅游的方法早期以定性研究为主，此后引入并使用定量研究，并逐渐以定性与定量结合的研究为主（黎祖聪和郑江华，2021）。定性研究的方法主要有观察分析法和文献法，集中应用于乡村旅游的概念、驱动机制等基础理论研究；定量研究的主要方法有问卷和大数据统计分析、建立模型、空间分析、双基点法等方法，集中应用于乡村旅游的经济特性、开发规划、空间优化等案例分析研究；定性与定量结合的方法主要有文献分析结合因子分析、模型分析结合图谱比较等方法，集中应用于乡村聚落空间格局和多元化价值空间结构等领域。

2. 国外研究发展历程

本书通过研究 *Land Use Policy*，*Tourism Management*，*Journal of Rural Studies* 等顶级期刊中主题词为"rural tourism"的文献，整理国外乡村旅游的研究情况。国外关于乡村旅游的系统研究开始于 19 世纪 70 年代，就文献的研究内容而言，更加细分、广泛且深入，研究的对象涉及多个领域。在乡村旅游发展的领域，主要研究旅游与农业的融合发展（Carte L. et al.，2010）、乡村旅游发展的核心途径（Hernández J. M. et al.，2016）、影响乡村旅游发展的主要因素（Pudianti A. et al.，2016）以及乡村旅游的可持续发展（Hashemi N. and Ghaffary G.，2017）；在乡村旅游对旅游目的地产生影响的领域，研究主要集中在乡村旅游产生的经济影响（Rid W. et al.，2014）、社会影响（Rainer G.，2016）、文化影响（Fatimah T.，2015）以及生态影响（Aryal S. et al.，2018）；在乡村旅游市场领域，从供给方的角度主要研究旅游企业（Bosworth G. and Turner R.，2018）、供给动机（Thompson C. S.，2004），从需求方的角度研究乡村旅游者的动机（Huang W. J. et al.，

2016)、行为(Martín H. S. and Herrero A.，2012)、体验(Thanh T. V. and Kirova V.，2018)以及满意度(Christou P. and Sharpley R.，2019)，同时涉及市场细分(Frochot I.，2005)、市场营销(Roberts L. and Hall D.，2004)和政府干预(Hwang J. H. and Lee S. W.，2015)；在乡村旅游社区领域，主要研究社区居民的感知、态度(Bitsani E. and Kavoura A.，2014)等问题，同时涉及社区与各个利益相关方之间关系的研究(Saxena G.，2014)。

就文献的研究方法而言，早期以定性研究为主，中期定性与定量研究并重，如今研究方法进一步丰富多样，更加复杂且准确(陈辰，2011；安传艳等，2020)。相关研究使用问卷调查、观察、访谈、数理统计等方法，对乡村旅游发展、规划设计、可持续性评价进行定性描述以及定性、定量研究；使用量表测量、心理问卷和问卷调查等方法，对游客、目的地居民与企业的态度与感知、认知与行为进行聚类分析、相关性分析或构建结构方程模型加以分析；使用质性分析、社会网络分析和目的地实地调研、民族志调查研究等方法，对各个利益相关方的合作以及关系进行分析；使用数理统计模型等统计学方法，分析经济学问题，如分析目的地经济效益、计算脱贫的作用、评价政府的经济绩效等；使用焦点小组讨论、深入访谈、田野民族志、口述历史等方法，研究政府干预以及乡村旅游发展对目的地经济、社会等各个领域的影响。

乡村旅游研究的地域集中在美国、欧洲、加拿大等地，并不断延伸到其他国家；乡村旅游研究的视角突破了旅游学，进行跨学科研究，涉及经济学、社会学、心理学、统计学等，同时更加具有批判性，针对理论与实践困境进行理论重构；乡村旅游研究的背景基于现代化与资本化，突出资本力量主导下乡村旅游的现代化发展，符合资本社会环境，对乡村旅游的功能、价值与实践的研究更加符合现代化特征。

二、乡村旅游供给和支持系统研究

(一) 关于乡村旅游产业发展的相关研究

近年来，乡村旅游产业蓬勃发展，相关课题备受国内外学者关注。梳理已有的研究，学者从影响因素、发展模式、策略路径以及可持续发展等多个角度进行分析论述,广泛讨论了发展背后的原因、优秀的发展模式以及未来的发展道路,主要包括以下几个方面。

一是乡村旅游产业发展的动力与主要影响因素。从市场的角度,乡村旅游目的地的供给拉力与产生动机的需求推力会影响产业的发展(彭华,1999),同时乡村旅游也受到营销作用力以及政府扶持作用力的影响(叶红,2007),这些作用力可分为8个不同的因子,相互摩擦,共同的合力驱动产业发展(杨军,2006)。从利益相关者的角度,农民对发展和成长的期望(Pudianti A. et al.,2016)、志愿者与游客与东道主间的知识传播(Prince S. and Ioannides D.,2017)、居民的参与和与其他利益相关者的关系(何小怡,2010)、外来户在旅游产业中的地位(Kontogeorgopoulos and Nick,2005)、企业家的催化作用(Mottiar Z. et al.,2018)、政府的规划和非政府的参与(Paven I. G. and Vasile V.,2015)都在一定程度上影响着乡村旅游产业的发展。同时,国内外的学者逐渐构建出影响乡村旅游产业发展的维度体系,并不断丰富发展,比如分为资源基础、发展模式和运营机制(孙琳,2017)的助推体系,以及由经济、文化、社区、游客、环境、技术和政治等要素组成的利益驱动体系(Choi H. C. and Sirakaya E.,2006),等等。此外,创业行为(Mitchell C. J. A. and Shannon M.,2018)、服务质量(Fotiadis A. and Vassiliadis C.,2010)、当地文化习俗(Adom D.,2019)、资金和闲置的建筑遗产(Randelli F. et al.,2014)等,也会影响乡村旅游产业的发展。

二是乡村旅游产业融合的发展模式。乡村旅游消费结构的变化促使着旅游产业在供给侧的结构不断转型升级,推进旅游产业与农村的各类资源要素融合互动,旅游产业的融合式发展势在必行,因而该领域成了研究热点,并在学界积累了大量研究成果。产业融合的研究主要集中在农业,农业与旅游业的融合能够通过增加产业边际效益、调整产业结构、促进新兴产业等方式达成双赢(杨振之,2011),可以通过优质的农业景观(Calheiros C. S. C. et al.,2015)及农业产品(Fernández J. I. P. et al.,2019)等资源加强旅游目的地的吸引力,在旅游和农业融合中渐渐引入了文化(Mitchell R. et al.,2012)等要素,衍生出了包含异质性农业、地理、文化资源的大农业融合概念(袁中许,2013),但若未处理好产业融合的关系,旅游业的发展会导致农业的衰落(Carte L. et al.,2010)。除了农业,乡村旅游产业也会与文化创意(赵华和于静,2015)、生态健康(金媛媛和王淑芳,2020)、休闲体育(曹庆荣等,2018)、移动互联(许莲,2017)等产业融合发展,相互促进提升,找出农村一、二、三产业融合发展的思路和形式(王兴国,2016),打造全产业链模式,实现区域的资源整合和协同发展,推进全民参与,升级产业结构(姜春燕等,2017),从全域旅游的视角发展乡村旅游产业融合体系(孟秋莉和邓爱民,2016)。

三是乡村旅游产业发展的策略与路径。从旅游目的地与企业关系的角度,参与和融入是乡村旅游整体发展的核心(Saxena G. and Ilbery B.,2008);从乡村旅游产品的角度,针对游客的需求,以村落的地方性和历史文化为核心竞争力(Chin C. H. et al.,2014),打造娱乐、教育与休闲的产品形象(Petroman C. et al.,2016),展示农村生活、塑造农业形象;从产业特征的角度,采取必要的营销措施(Hernández J. M. et al.,2016)。乡村旅游产业的发展,以经济需求、社会问题和旅游发展贡献三个方面为现实背景(马勇等,2007),以国家支持、社区支持和重视旅游经济作用为保障(Clarke J. et al.,2001),经历乡村开始引入旅游、制订计划以协调各方利益、规划产品以保障长短期发展、整体规划保证可持续发展四个发展阶段(Macdonald R. and Jolliffe L.,2003),实施统一领导、以社区为基础、统筹整体与部分、技术资金支持四项发展策略(Sharpley R.,2002),走生态、文化、景观共同发展的道路(邱玉华和吴宜进,2012),结合不同发展时期的具体情况,从精准扶贫(陈秋华和纪金雄,2016),到乡村振兴(银元和李晓琴,2018),再到新时代(于法稳,2019)以及高质量发展(王勇,2020),研究最符合国情的发展道路。

四是乡村旅游产业可持续发展。随着旅游产业的发展,乡村的自然风光、历史遗迹及文化特性等资源可能会逐渐丧失(Thompson C. S.,2004),同时乡村旅游产业涉及经济、文化、环境等多个领域,因此可持续原则在其中发挥着不可替代的作用。然而乡村旅游目前仍然存在缺乏规划、各自为政、产品雷同内涵不足、环境与设施薄弱等问题(杨春柏,2022),为了进一步评估乡村旅游的可持续发展状态,学者设计了诸多评价体系,包括测量乡村发展可持续性的指标体系(Niloofar et al.,2017),测量乡村旅游资源可持续性发展的指标体系(莫莉秋,2017),以及测量乡村旅游目的地可持续性发展的指标体系(孙九霞,2022)等,并且在系统地测量目的地可持续性时,需要结合目的地的实际使用适合的测量体系(Lenao M. and Saarinen J.,2015)。而针对这些问题与现状,目的地需要通过资源可持续利用(胡静等,2007)、环境治理(Augustyn M. M.,2002)、"互联网＋"转型升级(毛峰,2016)、文化创意赋能(尹贻梅,2014)、全域可持续发展(刘焕庆和吴健,2017)等手段,促进乡村旅游产业高质量持续发展,并从经营管理、产业链与结构、保护与创新等角度(赵承华,2018)形成系统的可持续发展策略与发展道路。

(二)关于乡村旅游社会效应的相关研究

随着世界上诸多国家进入大众旅游时代,乡村旅游的影响力不断增强,产生了巨大的社会效应,成为学者广泛关注与研究的热点,主要集中在经济、社会、文化、环境等领域。

针对在经济领域产生的效应,学界普遍认为乡村旅游在大多数情况下有助于经济发展,认为乡村旅游的发展盘活了自然资源和文化资源(蔡文芳,2017),通过提高土地利用效率(王涌涛,2017)、优化乡村产业结构、促进城乡一体化(王小军和张双双,2012),为经济发展注入了新活力,不但能够促进目的地摆脱贫困,而且有助于提高当地居民的就业率与幸福感(Li K. X. et al.,2018),并且通过1990—2000年美国乡村的经济数据,证实了乡村旅游有助于经济发展与脱贫的观点(Deller S.,2010)。然而,还有学者持有不同的观点,认为乡村旅游的发展对目的地的居民生计的影响很小,参与的回报率低(Biddulph R.,2015),与娱乐业一起都无法起到脱贫的作用(Deller S.,2010),甚至存在游客不关心、否认目的地贫困,认为目的地无须改变的情况(Nisbett M.,2017),以及乡村旅游产生的经济效益反而增强了收入不平等,导致精英与乡绅的资本骤增,而大多数居民生活质量下降的情况(Gascón J.,2015)。

针对产生的社会重构效应,乡村旅游会促使社会现象变迁,重构居民的生计方式、价值观念、人际关系及性别认同等领域。乡村旅游的发展会影响居民与农户的生计,一方面会促进生产方式从单一到多元、生产模式从传统到新型,能够提高居民的资本储量并改善生计环境(贺爱琳等,2014),另一方面也会导致生活成本上升、资源获取不公,加剧社会不平等(Rainer G.,2016)。随着乡村旅游的发展,利益相关者对于经济功能、乡村性等方面的认知与观念会发生转变(尤海涛等,2012),并通过目的地的物质、话语等方面表现出来(Sims R.,2010),需要端正认知。乡村旅游可以通过乡村的空间布局、人际关系、特殊意象等要素影响游客,缓解他们现实中的疏离感,再造亲和的人际关系(史艳荣等,2020),并由于外来者的进入、观念、活动与经营管理,影响当地居民或旅游经营者的社交行为(Ooi N. et al.,2015)。乡村旅游的研究较为重视性别问题,尤其是女性,乡村旅游能够改善女性在传统农业中的弱势地位,女性体力不足的重要性减弱,而她们善于沟通、耐心等特质的重要性上升,能够在旅游业中大显身手,会提高女性的经济收入、教育水平和社会地位(Evans N. J. and Ilbery B. W.,1992)。此外,还有学者认为部分前卫的观念会模糊城乡的分割,使得乡村好似国际都市(Gorman-Murray A. et al.,2012)。

针对在传统文化领域产生的效应,随着乡村旅游的发展,旅游目的地在满足大众的需求的同时往往都会产生文化异化(Randelli F. and Martellozzo F.,2019),有学者认为这种异化有助于文化的发展与保护,能够提高居民的自豪感与游客的认同感(Organization W. T.,1997),也有学者认为旅游的发展往往对历史遗址与传统文化不够重视,产生了消极影响(Agnoletti M.,2014),然而传统文化终究不是静止的,不能仅仅被动地封存,而是发展的,这种发展与商业化既值得保护,又可能产生不可控制的破坏(Hogne Ø.,2013),因此需要找到传统要素与现代功能恰当结合的模式,对文化进行高质量活化(吴必虎,2016)。

针对生态效应,乡村旅游对目的地生态环境的影响具有两面性(孔英丽,2014),一方面会引入大量的人流与物流,会破坏当地的生态和人文环境,产生噪声、垃圾、污水等污染(Maude A. and Rest D. V.,1985),建造设施破坏自然环境;另一方面,也会激发游客与目的地对于乡村景观的保护,通过减少伐木(Hoang H. T. T. et al.,2014)、保护动植物、提高消费道德等手段(Derek and Hall,2000),达到提高美学价值、维持目的地的持续吸引力的效果。此外,乡村旅游还会对目的地的社会犯罪率(Park M. and Stokowski P. A.,2009)、关联产业的生产与工作效率(Fleischer A. and Tchetchik A.,2005)、消费、法制及目的地综合(张学银,2009)等领域产生效应。

(三) 关于乡村旅游政策的相关研究

乡村旅游的发展除了依赖于市场需求的持续增加,还离不开政策的有效支撑。在某次两个小镇的对照试验中发现,受到充分的政策支持的小镇能够吸引大量的资金、人才、技术,并通过乘数效应促进当地经济快速发展(Ionela G. P. et al.,2015)。政策的有效制定不但能够指出旅游的发展方向,还具有很强的指导性,能够为目的地旅游业发展提供因地制宜且高质量的道路。并且随着环境与趋势的变化,政策也需要适当地新增,并不断调整与创新。此方面受到学界的持续关注,并吸引国内外学者不断加深对旅游政策的研究。

国外学者对乡村旅游政策重点研究了两个方面(舒伯阳和马静,2019):一方面注重理论,主要研究乡村旅游政策的性质,从政策的对象、目的、影响因素、利益相关方关系等角度,研究政策引导乡村旅游发展的内在逻辑与机制(Zasada I. and Piorr A.,2015;Bramwell B.,2014);另一方面注重实践,主要研究乡村旅游政策的制定,从政策的制定原则、执行效果、评估体系等角度,研究乡村旅游政策体系的制定和调整(Hwang J. H. and Lee S. W.,2015;Aytu H. K. and Mikaeili M.,2017)。此外,国外学者通过研究政策与目的地社区居民间的相互影响,突出了政策发展多层次性与多元化的倾向,认为政府与居民、企业间的关系不仅是帮扶与被帮扶的关系,政策除了发挥引导、监督、组织等功能,还需要通过中介管理等行为取信于居民,构建信任与依赖关系(Panyik E. et al.,2011),挖掘出政策除了引导、组织与取信于民的作用外,还具有缓解社会冲突(Park D. B. et al.,2012)、构建国家身份认同等作用(Silva L. and Leal J.,2015),强调了合理制定政策的重要性。

国内学者的研究主要集中在三个角度:影响因素政策的研究、不同旅游类型政策的研究以及综合作用研究。第一个角度是对影响乡村旅游发展的要素进行政策研究:在土地要素方面,学者研究土地流转促使的旅游规模化和资源资本化,从更好发挥政府作用、管理旅游用地、维护当地居民权益、统筹规划、旅游景观可持续的角度研究政策的有效实施(梅燕和肖晓,2009),以及在"双循环"背景下,研究完善用地政策的分类标准和供给政策体系,提高供地机制的稳定性与可持续性(王德刚,2022)等;在文化要素方面,乡村旅游文化政策的政策设计包括将理论研究与文旅规划的资源引入乡村建设,构建乡村经济与文化共同体,以及形成法律基础与服务平台等(傅才武和程玉梅,2021),并在政策落实与实践中,通过"一干两翼式"政策框架(陈建,2021)解决政策迟滞、粗放、同质等问题,深化文旅融合;在绿色农业要素方面,参考欧盟绿色农业政策的优点,设计具有层次清晰、结构合理、工具多元等特点的绿色农业政策(崔海霞等,2018);在人才要素方面,借鉴美国在立法、培训、教育、经费等领域培养现代职业农民的做法,研究符合中国国情的人才培养政策体系(杨柳等,2019)。

第二个角度是对不同的乡村旅游类型进行专项政策研究:针对乡村休闲旅游,结合乡村休闲旅游产业特点,研究发现政策工具的使用应当有内部组合结构、增强文化与生态政策的比重、构建政策体系与配套机制(高瑞龙和胡晓舟,2021);针对特色小镇,对其特殊的政策环境、内涵和作用进行研究梳理,在其目标、标准、培育扶持、检测考核等公共政策的基础上,提出以长效管理代替过渡性措施、以"宜居城市"的常住标准代替"3A景区"的旅游标准,并完善城乡融合政策以及规范管理政策(蒋丽和袁刚,2021);针对田园综合体,结合其农业、休闲、社区融合的特点,研究政策的框架与可行性,结合案例分析不同模式的特点、经验和内在依据,并对政策进行填充与创新(曾盛聪和卞思瑶,2019);针对美丽乡村,研究其政策性建议(于法稳和李萍,2014),并参考日韩的经验进行政策调整(王文龙,2016)。

第三个角度是对政策进行综合研究,基于对国外的政策体系的研究,学者在旅游替代产业、旅游基地、社区参与、主题工作组、法规体系等领域对乡村旅游政策进行本土化转化(王云才,2002),并在实践中不断发展,政策的重心从产业局部发展到战略统筹、从资源导向到市场导向开发产品、从建设基础设施到建设服务设施、从行政主导资源到社会支撑资源配置、从产业组织的个体化到多元化(姚旻等,2021),在理论、实践与保障层面,促进着乡村振兴的健康、持续、科学发展(陆林等,2019)。

然而政策在具体实施中存在许多障碍,需要从多个角度优化政策的效果。在已有的研究中,存在由于国家经济落后,政策帮扶覆盖面狭小,导致政策作用极为有限的情况(Dimitrovski D. D. et al.,2012),也存在干预途径不理想,促使非农收益减少,导致内部竞争力不足和人才流失的情况(Hwang J. H. and Lee S. W.,2015)等。因此,政府需要制定有效评价政策绩效的体系,从开发、促销、规划、评价、管理等方面(Park D. B. et al.,2014)切实评价政策绩效,并根据评价因地制宜地进行创新与改进;在政策目标上,契合阶段发展进行从点到面、从个体到集体、从外部帮扶到内生发展的转变;在政策过程上,增强农民参与、优化发布机制、落实政策实施、保障政策稳定;在政策内容上,鼓励政策差别化、集成化并加强要素支撑(宋潇玉和宋子千,2021)。

三、乡村旅游需求和感知系统研究

(一) 关于乡村旅游出游决策的相关研究

根据乡村旅游出游决策的基本特性,可将其分为不同的阶段。旅游决策是指个人根据自己的旅游目的,收集并加工相关的旅游信息,提出并选择旅游方案或计划,最终把选定的旅游方案或计划付诸实施的过程。参考消费决策领域中期望理论(Von N.,1947)、后悔理论(Bell D. E.,1982)、理性行为(Ajzen I. and Fishbein M.,1980)与计划行为(Ajzen I.,1985)理论等决策理论,有学者认为决策过程应分为 7 个阶段(邱扶东和汪静,2005),也有学者将某些阶段合并,提出决策过程可分为 4 个阶段(郭克锋,2009),即旅游动机、信息搜集与分析、最终决策和游后评价,并指出不同的阶段都有各自的影响因素。随着旅游业发展,为了进一步吸引游客出游、提高出游率与重游率,学者不得不站在需求端研究出游决策,并由于乡村旅游的独特性质,对乡村旅游出游决策的研究主要集中在游客的需求与出游动机阶段,也有一部分研究其他阶段的决策行为。

游客决策前往乡村进行旅游的动机是复杂多样的,关注点与兴趣点也各异。前往家庭农场旅游的游客,他们的动机大多为逃离压力大的常住地,倾向低价格消费,多由有老人或小孩的家庭构成(Oppermann M.,1996);参与乡村文化旅游的游客,他们的动机主要是放松身心、远离日常(Royo-Vela M.,2009);体验乡村小型遗产的游客,他们的动机主要是娱乐和学习(Wei-Jue et al.,2016);驱动游客在乡村海岸旅游的动机是为了放松、新奇与冒险,而在乡村进行环岛旅游的动机则是渴望浪漫(Lewis C. L. and D'Alessandro S.,2019)。这些动机受到游客的内部因素影响,如性别、年龄、受教程度、职业(徐培和熊云明,2009)、自我的情感、求实、社交(高海霞和姚瑶,2018)等,以及外部因素影响,如宣传推广和营销(杨延风等,2006)等,可以大致分为亲近乡土与逃避压力的心理动机(Pearce P. L.,1990)、体验高性价比的经济动机(Oppermann M.,1996)、社交与增长知识的社会文化动机(Frater J. M.,1983)与欣赏自然景观的环境动机(Murphy A. and Williams P. W.,1999)4 类。也有学者从其他的角度进行分类,如从主次的角度分为缓解压力、交际、求知和怀旧四类(胡绿俊和文军,2009),或基于动机类型将游客分为渴望家的归属感的游客、被动的游客、主动寻找的游客以及渴望学习与兴奋的游客 4 类(Park D. B. and Yoon Y. S.,2009)。

学者除了关注动机,还分析了乡村旅游出游决策中信息获取、最终决策、评价与重游等问题。在产生出游动机后,游客开始进行信息的搜集。针对这个领域,学者主要研究了互联网信息检索(Herrero A. and Martín H. S.,2012)、网络信息评价(李莉和张捷,2013)、熟人介绍以及旅行社(李志飞和丁黎明,2010)对游客乡村旅游决策的影响。在搜索信息后,游客以效益最大化为原则进行决策,但由于不同游客对不同效益的评判不同,既有差异又有共识(Lindberg K. and Veisten K.,2012),导致游客对决策行为差异较大,可将游客分为较高地关注环境和文化遗产的游客、较少参与可持续行为的游客和行为在总体上最可持续的游客 3 种(Kastenholz E. et al.,2018)。在完成一次旅游经历后,游客下次出游时会决策是否重游,乡村重游游客可分为乡村偏好、乡村冷淡和乡村无所谓 3 种类型,他们的重游决策主要受到往次的旅游经历、游客的偏好和下次的旅游预期价值这 3 个因素的影响(唐德荣等,2010)。基于此过程,综合考虑决策的整体过程及乡村旅游的特点,也有学者从满足乡村旅游消费需求、有效落实规划、宣传营销、品牌经营等角度提出了乡村旅游。

（二）关于乡村旅游消费感知的相关研究

一直以来,有关乡村旅游消费感知的课题备受国内外学者关注。乡村旅游消费感知对游客的行为、满意和忠诚具有极大的作用,通过已有的研究可知,游客消费行为的决定因素不是满意而是感知,这种感知是由多维组成的,涉及旅游质量、经济成本、情感、社会等多个方面,因此对于感知的研究也从单一影响要素渐渐发展为多维量表的形式(黄颖华和黄福才,2007)。正是由于乡村旅游游客的动机不同、期望不同、标准不同,心理预期与感知价值产生了不同的差异,会导致满意度与感知不同(Devesa M. et al.,2010),在旅游过程中,有许多要素影响着游客的感知。

在游客参与乡村旅游的过程中,影响游客感知的因素复杂多样。游客对目的地乡村旅游发展的态度会对消费感知产生积极的影响(Maestro R. et al.,2007);家庭环境的约束与家庭相比于目的地的差异性会对乡村旅游的感知产生影响(Qiu S. Z. et al.,2019);社会的分化和社会的阶层会塑造不同的旅游感知(Silva L. and Prista M.,2016);5G 等技术会引导乡村旅游游客的感知,在产生新的感知的同时带来优化(刘秀丽,2020);乡村公共空间具有的物理性功能和心理性功能对游客的乡村旅游感知具有积极意义,尤其是心理性功能(胡烨莹等,2019);主人的接待意愿与能力决定着乡村旅游服务的感知,并引导着企业的价值观从以我为中心转向以人为中心

(Christou P. and Sharpley R.，2019)。情感因素在诸多影响旅游感知的因素中极为重要。现代人进行旅游与决策是为了满足精神需求,而游客在目的地的体验又是短暂且被动的,因此游客对乡村社会的情感因素往往是决定消费感知的最重要的一部分,哪怕游客在决定进行乡村旅游时没有主动追求精神上的感受,他们在游览中的感知也包含着情感的维度(Sharpley R. and Jepson D.，2011),结合着乡村旅游的特性,游客从城市社会中解构出来,在迥异的自然、生活环境与文化历史中,情感因素与对乡村社会的感知决定着游客是否满意(Kastenholz E. et al.，2012),并在经济体验 4Es 模型的四个维度中,教育与娱乐维度占据着主导的地位(Thanh T. V. and Kirova V.，2018)。

随着对单一影响因素的研究不断发展与完善,学者构建了乡村旅游消费感知体系。由于研究对象的不同,建立的感知体系各有不同:针对绿色发展的生态村,使用因子分析和 IPA 分析等方法,对乡村生态旅游目的地进行实地调研,构建包含娱乐与购物价格、特色农产品、旅游体验项目等要素的感知体系(周妮笛等,2018);选择城郊型的乡村旅游目的地,运用因子分析和结构方程模型等方法,探索游客消费感知维度和模型——由乡土文化氛围、乡村服务与产品、乡村环境与设施、乡村景观和建筑四个维度组成(刘锐等,2018);而对于体验性乡村旅游,通过文献梳理和分析,可将游客消费感知体系分为田园风光、生活方式、教育体验、娱乐体验、成本、情感体验六个要素(龙鸥,2016);选取少数民族村案例,通过访谈与问卷的方法,经过统计分析,构建少数民族的游客消费感知体系,包括外部综合形象、接待服务的态度和质量、核心吸引要素、农庄旅游基础设施四个维度,并从游客自身的收入水平、性别、家庭所在地等角度分析其对感知的影响(姚娟等,2008)。基于乡村旅游消费感知维度,学者提出针对性改进建议,比如提高游客的精神体验的质量和娱乐性,增建游客参与程度高的项目活动和设施(蔡伟民,2015),改善自然环境并提高配套服务设施,创新乡村旅游文化线路(肖晓莺,2015)等,从而提高游客消费感知和游客满意度,增强目的地声誉,提升游客忠诚度。也有学者将消费感知的研究领域进一步细化,除了分析游客对旅游目的地整体的感知体系,还分析了游客对乡村书店(孙明慧和陈少华,2021)、乡村餐饮(于静静等,2009)、文化与品牌(杜雅文等,2017)等特定领域的消费感知。

(三)关于乡村旅游市场特征的相关研究

在乡村旅游市场特征研究领域,国内外研究主要集中在乡村旅游市场细分及特征和案例地乡村旅游市场整体特征两个方面。

根据不同的细分标准,乡村旅游市场可进行不同的划分。由于游客寻求的利益不同,乡村旅游市场可细分为追求一切并渴望运动的活跃型游客市场、寻求放松且不愿参与活动的消遣型游客市场、渴望户外与自然的观览型游客市场,以及对乡村生活和历史遗址感兴趣的乡村型游客市场(Frochot I.,2005)。基于游客的旅游动机,通过游客自述的方式归纳分析,将乡村旅游市场分为随便逛逛、文化与乡村体验、休闲放松、自然观光和陪同他人五个种类(龚金红和李健仪,2011)。同样基于动机理论,以社会调查的方式换了一个角度分析,乡村旅游市场被分为家庭教育型游客市场、休闲放松型游客市场、探索娱乐型旅游市场以及全面活跃型旅游市场(殷章馨,2018)。此外有学者强调乡村会议旅游市场也是一个重要的市场细分(Cai L. A. et al.,2001)。不同的细分市场具有不同的特征。根据各自的市场细分,学者们分析了市场细分下不同市场的特点,涉及出游时间、出游方式、旅游花费、消费者年龄与受教育程度等特征,影响出游因素、客源地等要素,不同的市场具有不同的偏好、行为特点、需求和社会经济特征(汪惠萍和王玉玲,2012),并提出针对不同的乡村旅游细分市场开发不同的旅游产品,在自然生态观光市场开发田园风光旅游产品、在少年或儿童修学市场开发农事体验产品、在高学历中老年市场设计乡村建筑观览旅游市场、在渴望体验文化差异的市场打造乡村民风民俗旅游产品等(熊元斌和邹蓉,2001)。

基于对乡村旅游市场的深刻认识,学者通过研究案例提炼乡村旅游的市场特征,为更好地发展乡村旅游市场提供理论支持。通过 SWOT 分析法,有学者分析了国内乡村旅游市场的优势、劣势和机遇、威胁。优势是资源丰富、拉动就业和丰富了文旅活动,劣势为经营观念落后、产品同质、乡村文化商业化及城市化,机遇为契合社会发展、符合政策目标、满足未来的需求趋势,威胁是产品单一且竞争激烈、自然环境受到破坏、受季节影响大(卢冲和张晓慧,2008)。为了进一步揭示乡村旅游市场的规律,指导乡村旅游市场科学发展,学者选取了不同的案例分析乡村旅游市场的特征:通过问卷调查和交叉分析等方法研究长沙市周边的乡村旅游市场,发现市场总体具有潜力大、参照群体的作用显著、活动重视亲情、自驾为主、频率高、休闲度假动机凸显、游客理想的时间距离差距大、花销大、重视乡村特色等 12 个特点(粟路军和王亮,2007);使用同样的方法分析西安市乡村旅游市场特征,研究发现具有发育面广、门槛低、潜力大、可培育性高等全国相似的特征,此外还从出游动机、获取信息方式、交通工具选择、购物偏好、出游时间特性、游客年龄及特征、住宿和游伴选择等领域分析了乡村旅游市场的特征,并提出了针对性建议(高佩佩等,2011)。此外,学者还分析了乡村旅游客源市场的特征,研究了客源市场结构、出游行为特征、旅游者需求偏好(刘昌雪和汪德根,2008)、市场时空特征(荣慧芳等,2020)等领域的特点。

第二节　相关理论基础

一、消费者行为理论

消费者行为理论又称效用理论,是研究消费者如何在各种商品和劳务之间分配他们的收入,以达到满足程度的最大化。"效用"作为经济范畴的效用,最初出现于费迪南多·加利亚尼 1751 年出版的《论货币》,其含义为"事物能使我们获得幸福的属性"。可将效用理解为消费者从消费某种物品中获得的满足程度:消费者从消费某种物品中得到满足,则是正效用;感受到痛苦,则是负效用。序数效用论者认为效用反映个人的偏好,作为一种心理现象,它既不可以计量,也不可能加总求和,只能用序数来表示。效用具有主观性、可计量性、递减性和可再生性(李锦春,2009)。

关于消费者行为的研究历程,在亚当·斯密等的相关理论著作中已有初步迹象,在马歇尔所提出的新古典经济学理论中已逐步形成研究体系,在20世纪中期,消费者行为学已形成独立的研究科目(杨楠,2015)。基于亚当·斯密的古典经济学理论与马歇尔的新古典经济学理论的结合,逐渐衍生出消费者行为理论,"经济人"的假设角色贯穿了消费者行为理论的前期。随着多门学科的不断融合与发展,心理学、社会学、民族学以及人类学等理论与经济学理论的相互借鉴(薛红,2017),消费者的角色从"经济人"过渡到"社会人"的研究假设,消费者行为的相关因素研究纳入了情绪、社会等新角度。20世纪末,随着市场推广手段的作用力日益显著,消费者行为的研究不仅需要分析消费者的购买决策行为,更需要深入分析消费者的心理需求(武钰敏,2017),消费者的角色由此步入"自由人"阶段,其自身的心理需求得到满足与释放。消费者角色从"经济人"到"社会人"再到"自由人"的转变,标志着消费者行为理论的逐步完善,其研究方法也逐步从实证主义分析向非实证主义分析过渡。

消费者行为理论的一般假定有四个。一是消费者是理性的经济人。理性是指消费者将自己的"所得"与"所失"进行比较;当"所失"一定时,会追求最大化的"所得";当"所得"一定时,会追求最小化的"所失";当有限的资源面对一系列给定的"所得"与"所失"时,会选择其中差距最大的。二是消费者的收入和商品的价格是既定的。在不同的收入条件下,消费者购买商品的数量不同,获得的商品效用也不同;只有在相同的收入条件下,在不同的消费决策中选择效用最大化的消费决策才有意义。同理,商品的价格不同,导致最佳消费组合不同,只有商品的价格不变,在不同的消费决策中选择最佳的消费组合才有意义。三是消费者的偏好是既定的。由于效用具有主观性,消费者对同一商品组合的效用会因时、因地的不同而发生变化,因此在确定最佳消费决策时,只有消费行为发生在既定的时间、地点才有意义。四是单位货币的边际效用对消费者是相同的。消费者用货币交换商品,实际上是用货币的效用去交换商品的效用,只有假定货币的边际效用不变,才能用货币的效用衡量商品的效用。在上述假定条件下,研究消费者如何把既定的收入分配在各种商品的消费上,以获得最大的效用,由此实现消费者均衡,这便是消费者行为理论的最大价值。

二、新供给主义经济学理论

新供给主义经济学(也称"新供给经济学")是2012年以来在中国形成的一个新学派。传统供给学派经济学认为,在供给和需求的关系中,供给处于首要的决定地位,但并不认为经济完全不需要干预,而是认为干预的重点在于供给方面,而非需求方面,所以其提出的干预措施同自由主义比较接近,比如反垄断、解除各种管制、主张经济的民营化和自由化,并建议在国内限制甚至取缔工会组织以便降低企业的人工成本,在国际上通过政治力量干预石油价格以便降低企业的原材料成本等。传统供给学派仍然停留在哲学认知和零散主张阶段,并没有提出完整的经济理论体系,而是一些不系统的政策建议。新供给主义经济学在吸收和借鉴上述认知的基础上,一方面把传统供给学派的上述零散建议,归纳到新供给主义经济学体系的"放松供给约束"部分中,另一方面提出了新供给创造新需求、新供给经济周期等新供给周期理论基础,放松三大供给约束的系统理论,解除五大财富源泉的长期改革主张,从而使三种增长模式理论、供给侧出发的房价和物价管理模式以及新供给主义的公平分配的理论主张,共同形成一个包括经济均衡、经济增长、结构调整、房价与物价管理、公平分配的系统理论体系。其中,新供给主义经济学的微观核心理论是新供给创造新需求,宏观核心理论是新供给经济周期理论。

(一) 新供给创造新需求理论

新供给是能够持续创造新需求、形成新市场的一种新技术、新产品或新的商业模式、新的管理模式(滕泰,2017)。新供给形成并创造新需求往往会通过自然规律的认识、新要素的发现、新技术的应用、新的制度和管理方式创新等方式产生,并受到国家的经济政策和人文环境等因素制约。

新供给创造新需求的实现基于五个主要条件(滕泰,2018)。第一,人们对自然规律的认识导致对资源应用能力的提高,进而形成新的供给创造新的需求。第二,新化学元素或资源要素的发现形成新的供给,提升供给创造需求的能力,如新大陆的发现,提高了商业产品的供给能力,形成了新的市场。第三,新技术的产生和应用,也能够形成新的供给,如化学提取分离技术在石油方面的应用,化学家从石油中分离出汽油、煤油,合成了染料、香料和医药,供给能力得到了进一步的提升。第四,制度性变革也会提高资源利用能力,进而形成新的供给,如19世纪70年代末,中国采取了"农业联产承包责任制"改革,在土地、劳动、技术等短期均没有变化的情况下,通过极大地刺激要素的生产效率,形成了新的供给能力。第五,影响新供给形成的软环境,如1980年,美国政府开始加大对页岩气开采的政策扶持力度,通过了《能源意外获利法案》,实行税收补贴等优惠政策,通过设立非常规油气研究基金的方式加大研究投入,促进了页岩气工业的发展,形成新供给。

新供给创造新需求体现在经济发展的各个阶段和人们生活的很多方面。第一,新的商业价值附加是新供给形成的基础。第二,持续的研发投入和体验改进能够提高供给的创造能力,如苹果公司数次采用新的操作系统和新的芯片构造,不断推陈出新,提高用户体验。第三,新供给会逐步打造上下游生态链,形成良好的协同效应,形成新市场。第四,相对开放的贸易环境和完善的配套设施有利于拓展供给创造的市场空间。第五,加速供给创造需求效率的乘数效应是新供给形成新动力、拉动经济增长的重要方式。

(二)新供给经济周期理论

新供给主义经济学从供给角度重新定义了经济周期,把一个完整的经济周期划分为新供给形成、供给扩张、供给成熟和供给老化4个阶段(见图2.2)。新供给主义把经济衰退的原因归结于供给结构老化,其战胜周期性经济衰退的建议为"刺激新供给、创造新需求"的结构调整措施(滕泰,2013)。

新供给主义认为,技术和产业的演进、供给和需求结构的变化,以及供给与需求循环往复的交互作用是形成经济周期波动的主要力量。从供给端和供给结构变化出发,一个完整的经济周期可以划分为4个阶段。

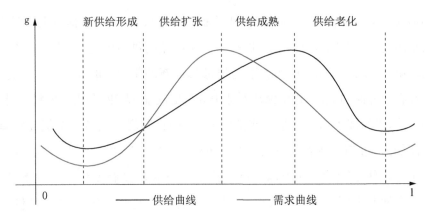

图 2.2　新供给经济周期

一是新供给形成阶段。当新供给随着技术进步孕育产生,社会旧有供给和需求结构仍在延续,经济处在新周期的导入期,经济潜在增长率开始回升。二是供给扩张阶段。当新供给内容被社会普遍接受,新的需求被新供给开发创造出来,新供给与新需求形成良性促进,经济进入快速增长阶段,经济增速不断提高。三是供给成熟阶段。该阶段的生产技术进一步普及,社会资源纷纷涌向新供给领域,供给数量迅猛增加,需求逐步趋稳,供给自动创造需求的能力降低,但供给仍然维持惯性增长,社会资源配置效率开始降低,经济增速回落。四是供给老化阶段。过剩供给短期难以消化,过剩产业资本沉淀不能退出;老化供给不能创造新的需求,造成总需求持续下降;新的供给力量尚未产生,经济整体将陷入萧条期。

三、旅游产业发展相关理论

(一) 产业结构及其优化理论

产业结构是指一个产业的构成及产业中各行业之间的联系和比例关系。旅游产业结构是指旅游产业中各行业部门以及各种经济成分和经济活动各环节的构成及其相互比例关系(于秋阳,2021)。旅游产业是综合性极强的经济产业,通常将其界定为包括旅游业和为旅游业直接提供物质、文化、信息、人力、智力、管理等服务和支持的行业的总称。旅游者在旅游活动的全过程中,一般都要经历六个主要消费环节,即食、住、行、游、购、娱。因此,从供给角度出发,旅游产业的六大要素为旅游餐饮、旅游住宿、旅游交通、旅游景点和旅行社、旅游购物和旅游娱乐。由于旅游产业的综合性,六大行业部门中的大多数又分别是其他行业的子行业,在现实生活中相互交织、职能交叉,为行业管理和统计工作带来了极大的复杂性,但也是因为这种综合性,使旅游产业产生了全面拉动国民经济增长的关联效应,成为多个地区和城市的战略性支柱产业。

产业结构优化主要包括产业结构合理化和产业结构高级化。产业结构合理化反映了经济的发展符合社会需要,内部各产业间协调发展,能实现整体经济的良性循环;产业结构高级化则反映产业结构的技术水平高,经济和社会效益好(崔晓文,2009)。其中根据产业经济学的理论,"合理的产业结构"应当满足以下要求:能满足有效需求(包括消费上的最终需求和生产上的中间需求),并与需求结构相适应;具有较为显著的结构效益;资源配置合理并得到有效利用;各产业间能相互补充配套、协调发展;能吸收先进技术、有利于技术进步;在保证技术进步的前提下吸引较多的就业人数;有利于保护自然资源和生态平衡。因此,判断产业结构合理化的标准主要包括五个方面:第一,与"标准结构"的差异;第二,对市场需求的适应程度;第三,产业间均衡的比例关系;第四,对资源的合理利用;第五,可持续地发展。产业结构的高级化则主要指产业结构从低级向高级的转变和演进过程,表现为产值结构、资产结构、技术结构和劳动力结构的高级化(杨公朴,2008)。

旅游产业结构优化是促使整个旅游经济协调发展、技术进步和经济效益不断提高的过程。其中,旅游产业结构的合理化是指,在现有的社会经济技术基础上,旅游经济内部各结构保持较强的互补性和协调性,具有符合现代旅游经济发展要求的比例关系,可以实现整个旅游经济的持续稳定的发展。旅游经济的高级化则是在旅游经济合理化的基础上,充分应用现代科技成果,有效利用社会分工的优势,不断提高旅游业的技术构成和要素的综合利用率,促进旅游产出向高附加值发展,不断提高旅游经济的社会经济效益。旅游产业结构的合理化同旅游产业结构的高级化有着密切的联系(崔晓文,2009)。

(二) 产业驱动力理论

美国管理学家迈克尔·波特(Michael E. Porter)在研究国际竞争优势时提出,一国的经济产业参与国际竞争的过程大致可以分为四个依次递进的阶段:生产要素驱动阶段(factor-driven),投资驱动阶段(investment-driven),创新驱动阶段(innovation-driven)和财富驱动阶段(wealth-driven)(迈克尔·波特,2002)。生产要素驱动阶段,推动发展的主要力量是土地、矿产、低成本劳动力等资源要素,产业技术含量低、附加值低,竞争优势主要来自成本和价格,产品的替代性很强。投资驱动阶段,是以资本投资作为经济发展的推动力,对基础设施、成熟技术、先进机器设备等的大规模投资使产能扩张、产量提高,与发达地区和国家的差距逐渐缩小。创新驱动阶段主要依靠产品、技术、管理、市场营销等方面的持续创新,劳动效率和资源利用率不断提高,产业主体之间的竞争集中在创新能力和技术、产品的差异性等方面。财富驱动阶段,追求人的个性的全面发展和高质量的生活成为经济发展的主要驱动力,是产业发展的高级阶段。

竞争战略的四阶段理论同样适用于划分和解释一个国家或地区旅游产业结构的发展阶段。在旅游业发展的初期,主要依靠自然景观和历史文化遗产等旅游资源发展观光旅游,以旅游线路为代表的旅游产品基本不存在差异,属于典型的要素驱动阶段。随着市场需求的多元化,单纯的观光旅游已经不能满足旅游者诸如休闲、度假、养生、探险等需要,对基础设施、宾馆饭店以及旅游景区等的投资建设成为必然选择,主题公园、森林公园、养生农庄、休闲度假区等多种类型和功能的旅游目的地开始兴起,大众旅游和休闲旅游蓬勃发展。同时,创意和策划逐渐成为推动旅游产业结构升级的另一有效手段,会展、演艺、旅游节事等文化体验项目层出不穷,旅游活动的体验性和参与度不断增强,这可以看作是旅游产业发展的投资驱动和创新驱动阶段。从国内外旅游业发达地区的发展趋势来看,旅游者在旅游活动中的自主性和自助性日益增强,旅游已不仅是外出探访、放松身心的一种活动方式,更是人们彰显个性、实现自我价值的一种高层次需求,旅游者开始亲自设计行程、策划路线、组织活动,甚至以探索尚未开发的目的地为乐,驴友团队、自驾游、自由行、露营等旅游方式方兴未艾,旅游产业发展的财富驱动阶段必将到来。当然,旅游产业发展的四阶段并不是绝对独立的划分,它们相互叠加、过渡和融合,是一个动态平衡的过程。基础设施发展程度也是旅游产业竞争优势得以加强的重要因素。旅游产业是为旅游者提供综合服务与产品的体系,区域旅游产业的基础设施关系到旅游者在目的地的正常活动,目的地基础设施比较优越,那么其竞争优势就会得到加强。

(三) 产业融合理论

产业融合是经济发展到一定程度的产物。产业融合研究最早始于1713 年英国学者威廉·德汉在讨论光线的汇聚与发散中首次提出,随后扩展到气象学、生物学等众多领域。随着工业革命的爆发,生产力和生产关系出现了重大变革,首先在计算机及网络技术中出现了产业融合的相关概念。马克思在《资本论》(1861)中认为分工可以使工作内容细化,从而提高效率,让已经分开来的工业可以重新整合。马歇尔(1890)提出每个行业界限可以越过并且会随着分工的细化使得分界线逐渐缩小。伴随着第三次技术革命,产业融合现象不断加剧,理论研究也层出不穷,产业融合不断走进大众的视野。1985 年,英国学者赛哈尔认为"某一种技术范式向不同的产业扩散,促使这些产业出现技术创新,进而产生产业融合"。1997 年,美国学者格利斯坦和卡恩指出,"产业融合即为了适应产业增长而发生的产业边界的收缩或消失"。同年,欧洲委员会绿皮书提出了产业融合三个角度的重合,分别是技术网络平台、合并及市场,并针对性地提出了发展趋势,认为融合不仅涉及技术领域,而且是一种促进就业的新手段,是一种需要社会运作的服务共同参与的新方式。从产业发展的角度研究,国内学者厉无畏(2002)认为,产业融合是通过资源、市场、技术等相互渗透、交叉、重组,使不同产业实现融合形成新兴产业的动态过程。李美云(2005)认为,产业融合的狭义概念指数字技术发展过程中两种及以上产业的界限被打破,产业间阻碍变得模糊;中义概念指服务部门的机构变化;广义概念指广泛的内容和范围,或产业的演化发展。总的来讲,本书认为产业融合是指多种产业或聚集一起或相互渗透影响,共同发展,最后交叉融合为新的产业的发展现象,是一个复杂、多变且不以人的意识为转移的长期发展过程。

产业融合按照不同的划分标准，可分为不同类型。一是按产业性质进行分类。格林斯滕和汉纳（1997）按产业性质将产业融合分为两个维度：替代性融合与互补性融合。在此基础上，Pennings 等人（2001）引入全新的两个维度——需求和供给，构成一个全新的矩阵，分别是需求替代性融合、需求互补性融合、供给替代性融合和供给互补性融合。Stienglitz（2003）将产业融合分为技术替代性融合、技术互补性融合、产品替代性融合、产品互补性融合四种。二是按产业融合的过程进行分类。Malhotra（2001）将产业融合分为功能性融合与机构性融合，功能性融合（functional convergence）是当购买者认为两个产业的产品具有替代性或互补性时发生的融合；机构性融合（institutional convergence）是假设企业间产品存在相关性，那么在生产、销售等环节会发生融合。根据融合程度的不同，也分为高功能、高机构，高功能、低机构以及低功能、高机构三种不同的融合形式，分别代表了融合的程度。三是根据融合技术的新奇性程度分类。Hacklin 等人（2005）将产业融合分为应用融合、横向融合、潜在融合三类，其中应用融合基于问题提出已解决方案形成新的创造力，例如平板电脑；横向融合指的是新技术和已知技术组合，从而产生横向加强的融合类型，例如无人驾驶汽车；潜在融合指的是全新技术的融合，进而产生的新技术并且带来具有突破性的解决方案。

针对产业融合的驱动力，波特等认为，技术创新和技术融合是产业融合发生的主要动力。哈梅尔认为，政府放松管制、经济全球化、私有化、新技术应用正在使产业边界变得毫无意义。Yoffie（1997）将政策管制、技术创新、管理创新和战略联盟等作为产业融合的动力。植草益（2001）认为，不同领域的产业由于技术领域的不断创新而具有可以相互代替的关系，产业融合与技术创新和相关政策放松造成的产业边缘模糊有着直接的关系，可以为企业提供扩大规模、开拓市场、开发新产品的有利条件，帮助企业演化出更新更好的格局。马健（2002）认为产业融合由产品特征和市场需求共同左右，不仅可以改变原本的竞合关系，而且造成产业边界的模糊化甚至产业被重新划分。基于此，本书认为产业融合的发生由以下几种情况驱动：技术融合和业务融合造成的竞合关系的改变,市场融合造成的需求侧改变,产业管制环境变化造成的竞争环境的改善。

(四) 产业竞争力理论

产业竞争力(industrial competitiveness),亦称"产业国际竞争力",指某国或某一地区的某个特定产业相对于他国或地区同一产业在生产效率、满足市场需求、持续获利等方面所体现的竞争能力。产业竞争力的概念是多角度和多层次的,因而学者对产业竞争力的定义也从不同角度予以诠释。在国际上影响最大的当数迈克尔·波特(2002)关于产业竞争力的定义,他指出产业国际竞争力是在国际自由贸易条件下(在排除了贸易壁垒因素的假设条件下),一国特定产业以其相对于其他国家更高的生产力向国际市场提供符合消费者(包括生产性消费)或购买者需要的更多的产品,并持续获得盈利的能力,其中国际竞争环境对一个国家经济发展水平及其国际竞争力水平起着极其重要的作用。另有学者从比较优势与竞争优势角度对产业竞争力内涵进行诠释,如裴长洪(2002)从产业"集合"的属性出发认为产业竞争力首先体现为不同区域或不同国家不同产业或产品的各自相对竞争优势,即比较优势。这时竞争力将取决于他们各自的绝对竞争优势,即质量、成本、价格等一般市场比较因素。除此之外,也有学者从生产力、效率、要素资源配置、区域环境等方面对产业竞争力进行了不同角度的内涵界定,由此形成了产业竞争力下的不同学说。

产业竞争力是竞争力研究领域的一个重要分支,其理论基础也基于竞争力的理论渊源展开,可归纳为以下五大理论基础(汪莹,2008)。一是比较优势理论。古典经济学家亚当·斯密于1776年提出经典的绝对优势理论,认为不同国家在其拥有的绝对优势基础上的国际分工进行贸易,双方都能得到益处。绝对优势理论无法解释当一国在所有产品上都有较高的生产率,而另一国在所有的产品上生产成本都高于其他国家时的国际贸易情况。二是要素禀赋理论。20世纪初赫克歇尔和俄林发展了比较优势论,提出要素禀赋论(H-O模型),该理论认为,在给定一个区域里,供给量丰富的要素,其相对价格较低,密集使用这一要素的产品相对成本必然也低;而供给

量较少的生产要素相对价格较高,密集使用这一要素的产品相对成本必然
也高。因此,资本富裕的国家具有生产资本密集型产品的比较优势,劳动资
源丰富的国家具有生产劳动密集型产品的比较优势。在自由贸易情况下,
市场竞争的结果是实现最佳的国际分工,产品价格和要素价格在世界各国
趋于统一(要素价格的均等化),各个国家在国际分工中逐渐形成自己的优
势产业。三是比较优势和竞争优势双重理论。金碚(2003)为,各国产业在
世界经济体系中的地位是由多种因素所决定的,从国际分工的角度看,比较
优势具有决定性作用;从产业竞争的角度看,竞争优势又起决定性作用;而
在现实中,比较优势和竞争优势实际上共同决定着各国各产业的国际地位
及其变化趋势。四是国际竞争力理论。1994 年 9 月世界经济论坛(WEF)
和洛桑国际管理开发学院(IMD)联合发表了《1994 年国际竞争力报告》,该
报告认为国际竞争力是指一国或公司在世界市场上均衡地生产出比其竞争
对手更多财富的能力。在此基础上,WEF 和 IMD 总结出了国际竞争力理
论,即国际竞争力是竞争力资产与竞争力过程的统一,用公式可表述为:国
际竞争力=竞争力资产×竞争力过程。五是产业集群理论。随着经济全球
化趋势的不断蔓延,产业集群已经成为区域经济发展的主要模式和产业发
展的重要组织形式,真正具有竞争优势的产业,往往带有明显的区域特征,
其企业往往以群居的形式存在。

产业竞争力理论为学者进一步的细化研究提供了基础,基于此便形成
了许多产业竞争力的分析范式,其中较为流行的便是波特的"钻石模型"、邓
宁的"国际化钻石模型"、鲁格曼和克鲁兹的"双钻石模型"、赵东成的"九因
素模型"以及金碚的工业品国际竞争力分析框架等。

1. 钻石模型、国际化钻石模型和双钻石模型

波特的钻石模型主要解决产业或企业如何长期盈利的问题。它通过对
复杂数据和资料的比较分析和提炼,总结出决定产业国际竞争力的六大因
素的菱形图(见图 2.3)。他认为产业竞争优势最大最直接的影响因素有四
项:生产要素、需求条件、相关和支持性产业及企业战略、企业结构和同业竞
争。机会和政府这两个重要变量可能对产业竞争优势产生重要影响,但是其

影响不是决定性的。能否利用机会以及如何利用机会还要取决于四种基本因素。政府对产业竞争优势的作用在于对四个关键因素的引导和促进上。

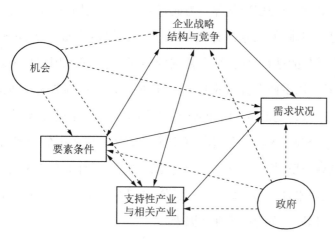

图 2.3　波特"钻石模型"

20世纪90年代以后,由于经济全球化、国际资本活动和跨国公司的行为对各国经济发展的影响日显突出,于是英国学者邓宁(J. Dunning,1993)对波特的钻石模型进行了修正。他认为,日益增加的跨国界经济活动和跨国公司的经营活动会直接或间接地影响波特钻石模型中的各个互动的关键要素,应该将跨国公司的活动看作第三个外生变量添加到波特的钻石模型中,这样可以解决波特的钻石模型低估产品和市场全球化对国家竞争优势影响的问题。据此,邓宁在波特钻石模型的基础上构建了他的国际化钻石模型。鲁格曼和克鲁兹(1993)在分析加拿大的国家竞争优势时,发现波特的钻石模型在应用于经济规模小、贸易开放的国家时,存在一定的问题。加拿大—美国自由贸易协定使得国家之间的边界对发展加拿大产业战略和产业政策的影响越来越小。为了能够和美国的领先产业竞争并生存下来,加拿大本土经营者必须将加拿大钻石模型和美国钻石模型联系起来。随着创新和成本的竞争日益激烈,加拿大不再是单独的一个钻石模型和自然资源基地,必须考虑美国模型,因而形成了双钻石模型。

2. 九因素模型

波特的钻石模型很好地解释了发达国家经济的国际竞争力来源,然而对于欠发达国家或发展中国家而言,它们的现实经济并不必然地具备与波特钻石模型相称的国内经济环境,它们不得不依靠自身不断地去为提高本国的产业国际竞争力创造条件。为此,很多学者对钻石模型进行了修改和完善,以适合不同的国情。韩国汉城大学教授赵东成(Dong-SungCho,1994)根据波特的钻石模型,结合韩国的实际,提出了九因素模型,他认为,新模型应符合以下两个目标的要求:一是更好地评估创造欠发达国家国际竞争力的因素;二是说明一国如何增强其国家优势。于是,他将产业国际竞争力的要素分为三大类九个因素:有四种决定国际竞争力的物理因素,即资源禀赋、商业环境、相关和支持产业与国内需求;同时也有四种决定国际竞争力的人力因素,即工人,政治家和官僚,企业家与职业经理和工程师;外部机遇是决定国际竞争力的第九个因素。

3. 工业品国际竞争力分析框架

金碚(1997)等指出波特的分析范式尽管十分富于启发性,但也不是完美无缺的。对于不同的国家、不同的经济发展阶段,分析范式也未必一成不变。由于我国关于产业国际竞争力的研究尚处于起步阶段,研究的视野应集中于经济分析较易把握的领域及因果性比较清晰的关系。因此,可以从对工业品的国际竞争力研究开始,因为目前我国大多数企业参与市场竞争的关键之一,是必须能生产出可以为市场接受的产品,所以从国产工业品的市场占有率和盈利状况及其直接和间接决定因素的分析入手,逐步建立起适合我国产业发展具体情况,并易于进行更深入的国际比较研究的经济分析范式。在此基础上,他构建了工业品国际竞争力分析框架(见图2.4)。

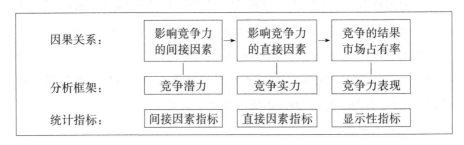

图2.4 金碚的工业品国际竞争力分析框架

（五）产业创新理论

产业创新衍生于创新理论，是国家经济增长与产业结构转型的重要保障（曹平，2018）。弗里曼（1997）是第一位系统提出产业创新理论的学者。他认为产业创新包括技术和技能创新、产品创新、流程创新、管理创新（含组织创新）和市场创新，并在产业创新理论的基础上，提出国家创新理论，指出国家创新的核心是产业创新。

产业创新拥有三个理论基础。一是熊彼特的技术创新理论。产业创新理论起源于奥地利经济学家熊彼特（Schumpeter J.A.，1939）提出的"创新"概念和理论。熊彼特认为创新就是把一种从来没有过的生产要素和生产条件的新组合引入生产体系，实现创新的途径主要靠企业的创新行为，特别是有创新性的企业家精神和掌握先进技术和生产能力的垄断企业。技术创新是其研究的核心内容。二是诺斯的制度创新理论。20世纪中叶兴起的新制度学派将创新的研究深入制度层面，关注制度创新问题。诺斯（1999）运用熊彼特的创新理论来考察制度变迁现象，首次提出了制度创新的概念，并基于此建立了制度创新理论。诺斯认为，制度创新是使创新者获得更大利益的对现有制度的变革，制度创新的动力来源于创新的预期净收益大于预期成本，而这种预期收益在现有制度下是无法实现的，因而只有通过主观的改造现有制度中的阻碍因素才能够实现预期收益。三是弗里曼的国家创新系统理论。弗里曼（1997）认为，产业创新是一个系统的概念，系统因素是产业创新成功的决定性因素。可以说，产业创新系统是技术创新、产品创新、市场创新等的系统集成，是企业创新的最高层次和归宿，是企业突破已结构化的产业约束，运用技术创新、产品创新、市场创新或组合创新等来改变现有产业结构或创造全新产业的过程。他对日本、美国和苏联的产业发展情况进行了对比研究，认为一国只有建立起将技术创新转化为产业创新的能力才能在国家竞争中占据优势，他进而从历史变迁的角度对电力、钢铁、石油、化学、合成纤维、汽车、电子和计算机等许多产业的创新作了实证研究，得到的结论是产业不同，产业创新的内容也不相同。

基于产业创新理论，国内外学者提出不同类型的产业创新模型。其中，应用较广泛的是 Abernathy 和 Utterback(1975，1978)提出的 A-U 模型，此模型首次将产品技术和工艺技术变化结合在一起，提出了技术生命周期模型，并明确指出了技术变化过程中各阶段的技术变化特点，尤其是创新的特点和类型，以及实施这一创新所需要的关键资源和需要解决的潜在问题。除此之外，Rothwell(1992)总结了产业技术创新的演进过程，归纳了从简单线性创新模型到复杂网络模型的五个演化模型，即"技术推动模型""需求拉动模型""相互作用模型""链状创新模型"以及"网络状创新模型"，对于系统理解产业创新的发展路径具有指导性作用。张治河(2006)构建了产业创新系统模型，包括产业创新政策系统、产业创新技术系统、产业创新环境系统和产业创新评价系统，对各子系统结构、功能和运行机制进行了分析。张耀辉(2002)探讨了高新产业的科技要素、市场创新等发展规律，认为产业创新是高新产业形成的基础和动力，并基于产业经济理论提出了产业创新的"创新—扩散"模式和"分工创新"模式。胡树华(2000)从战略的角度研究产业创新问题，将产品创新的整体战略分为攻势战略与守势战略、速度战略、成功率战略和精益战略、专利战略，并提出目标、对象、力度、动力、主体、组织是支撑创新结构的六个基本维度，以及与这些维度相对应的目标模式、对象模式、力度模式、动力模式、主体模式、组织模式六大创新模式。

(六) 产业政策理论

产业政策理论是用于制定产业政策的一种经济理论，通过对产业政策的研究，为产业政策的制定与选择提供原理、原则和方法。产业政策的概念产生于第二次世界大战之后，但在此之前产业政策的思想及其实践就已经出现了。19 世纪 40 年代，德国历史学派的代表李斯特发表了他的名著《政治经济学的国民体系》，从历史的角度对各国的经济与政策进行了比较分析，并特别对比了英国的自由贸易政策与海外扩张政策，以及美国的关税保护与产业扶植政策，提出国家应在经济发展的不同时期采取不同的经济政策。日本是世界公认的提出并实施产业政策且卓有成效的国家(翟祥龙，1991)。

产业政策的理论依据源于七个方面(刘家顺，2006)。一是市场失灵理论。市场机制不是万能的，即使在市场机制十分健全的情况下，仍存在着不少缺陷。产业政策主要是为了弥补市场机制可能造成的失误而由政府采取的一种补救措施。二是比较优势理论。比较优势理论有两个理论来源：一是李斯特的动态比较成本理论；二是弗农的产品循环理论。传统的比较成本理论源自李嘉图的国际分工理论，德国经济学家李斯特对此提出挑战，他认为比较成本优势不是绝对的，是可以变化的。三是结构转换理论。这一理论的基本思想体现在，一个国家的产业结构必须不断实行从低级向高级的适时转换，才能真正实现赶超和保持领先地位。四是主导产业的选择理论。经济学家在研究产业结构演变规律时发现，一个国家或地区在不同的发展阶段上往往存在一个或几个"主导产业"或"主导部门"，这些主导产业或主导部门对其他产业的发展具有较强的带动作用，因而在很大程度上决定着这一时期产业结构特征及其发展演变的趋势。五是产业生命周期理论。产业发展的生命周期分为五个阶段：新兴阶段、朝阳时期、支柱时期、夕阳时期、衰落时期。六是规模经济理论。其基本内容是，由于生产费用中固定费用和可变费用的构成受市场开拓过程性等因素的影响，产业发展客观上存在着生产费用最低的最优经济规模，在达到最优经济规模之前，单位产品生产费用处于递减过程，继续扩大规模是有利的。七是技术开发理论。这一理论的基本内容是，技术是一种难以按一般市场原则进行交易的知识财富，其具有公共物品、开发与应用具有学习过程和规模经济的特征，且技术开发伴随着技术与市场的双重风险，因此，技术开发过程或开发结果经常存在着社会收益率大于企业收益率的可能性，而这种可能性会削弱企业技术投资的积极性，这便导致政府的产业政策干预是保证技术不断进步的必要条件。

第三章
中国乡村旅游消费的阶段演变与选择偏好

第一节 乡村旅游消费的阶段演变特征

一、旅游消费现状与特征

改革开放以来,中国旅游业一直处于上升阶段,无论是旅游规模还是经济效益都保持了快速、稳定的发展态势。2020 年由于受到新冠肺炎疫情的影响,中国旅游产业受到巨大冲击,国内旅游在经受巨大冲击后呈现缓慢恢复的态势,且相较于旅游规模,经济效益的恢复情况更为理想。

一是在旅游规模上,我国游客数量逐步恢复。根据国内旅游抽样调查统计结果显示(见图 3.1),2012—2019 年我国出游总人次持续稳步上升;2020 年受新冠肺炎疫情冲击,旅游行业严重缩水,出游人次降至 2019 年的 50.0%;2021 年旅游行业逐步恢复,我国国内旅游总人次为 32.46 亿,比上年同期增加 3.67 亿,恢复到 2019 年的 54.0%。其中,城镇居民 23.42 亿人次,增长 13.4%;农村居民 9.04 亿人,增长 11.1%。二是在旅游经济效益上,我国国内旅游消费(旅游总收入)以更快的速度恢复增长。2021 年我国国内旅游总消费为 2.92 万亿元(见图 3.1),比上年同期增加 0.69 万亿元,增长 31.0%,恢复至 2019 年的 51.0%。其中,城镇居民旅游消费 2.36 万亿元,增长 31.6%;农村居民旅游消费 0.55 万亿元,增长 28.4%。

虽然无论从旅游规模还是经济效益来看,中国旅游业都有所恢复,但是从人均消费情况来看,中国旅游产业尚有较大的消费潜力可以挖掘(见表 3.1)。

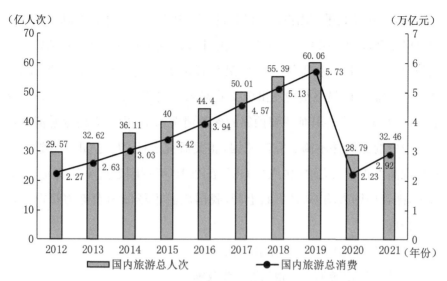

资料来源：国家文化和旅游局统计公报。

图 3.1　2012—2021 年国内游客人次及总消费变化情况

表 3.1　2012—2020 年国内人均消费支出情况

年份	国内旅游人均 花费（元）	居民消费水平 （元）	占全国居民人均 消费的比率
2012	774.1	27 439	2.82％
2013	953.3	27 504	3.47％
2014	925.8	25 245	3.67％
2015	913	22 969	3.97％
2016	888.2	20 801	4.27％
2017	857	18 857	4.54％
2018	839.7	17 220	4.88％
2019	805.5	15 586	5.17％
2020	767.9	14 074	5.46％

资料来源：国家统计局网站。

近年来，我国国内旅游人均花费虽有所波动，但其占全国居民人均消费的比率一直处于上升状态，2019 年，我国国内旅游人均花费 805.5 元，占全国居民人均消费支出的比例突破 5％，达到 5.46％。而根据美国劳工统计局关于美国民众消费支出调查经验数据可知，在美国消费者的平均消费支出中，2017年其娱乐支出占比便已超过5%，达到5.3%；根据全球数据网站的数据测算，日本2014—2016年两人以上家庭娱乐开支占其平均消费支出比例的9.9%；根据欧盟统计局以最新提取的欧盟年度统计数据计算，2018年欧盟家庭最终消费支出中文旅娱乐消费所占的比例为9.1%。综上所述，相较于世界其他主要国家的旅游消费水平，中国人均旅游消费占总消费中的比例并不高。究其原因，相关研究表明，人均GDP与旅游消费呈现高度正相关，而中国人均GDP在2019年刚刚超过1万美元，由此可见，随着中国人均GDP不断上升，我国旅游市场的消费潜力将得到进一步释放。

我国旅游消费呈现出以下新特征。

（一）游客出游的空间距离进一步收缩

根据2022年清明假日期间的国内旅游数据显示，清明假期7 541.9万出游人次中，省内游客占比高达94.9%。游客出游半径为95公里，较去年同期减少了44.9%；目的地平均游憩半径4.9公里，较去年同期减少60.4%。这是国内旅游市场中，游客平均出游距离首次收缩到100公里以内，目的地游憩半径首次收缩到5公里以内，双双创下节假日该项指标的历史新低。从游客群体来看，城镇居民更青睐远方的风景，其在300公里以上出游距离的比重为12.2%。[①]这表明，近郊游、短途游为主趋势的出游倾向并未改变，"3小时"旅游圈成为假期主要活动范围，以都市休闲、近郊游为主的"本地人游本地"特征明显。

（二）乡村旅游逐渐成为重要的出游热点

近年来，乡村游已成为国内游客出游的热点之一，特别是以短时间、近距离、高频次为特点的"轻旅游""微度假""宅酒店"成为很多人的热门选择。根据相关调查显示，五成左右游客选择城市周边乡村和郊区公园游玩，体验秋收、赏秋色、泡温泉，采摘等项目受到游客欢迎。从出游范围看，农村游客选择本省市内及城郊旅游的比例高达35.4%，比城镇居民高8.9个百分点；

① 前瞻经济学人.国内旅游产业发展现状及趋势分析［EB/OL］.https：//baijiahao.baidu.com/s?id=1727527259443659562&wfr=spider&for=pc，2022-03-17.

城镇居民选择跨省游的比重为 23.9%，比农村居民跨省游高 5.2 个百分点。从出游活动来看，山居民宿、赏花摘果、农耕研学等绿色、健康的休闲体验活动备受游客青睐；家庭组团式的采摘、烧烤、野炊等休闲方式明显增加，特色度假型民宿、农家乐带动旅游消费，各地民宿价格稳中有升。①在此背景下，游客对民宿软硬件质量提出更高要求，露营成为潮流，"赏花＋露营""房车＋露营""露天音乐会＋露营""旅拍＋露营"等众多特色精致露营产品受游客追捧。

（三）夜间文旅活动备受关注

近年来，全国各大目的地纷纷布局夜间旅游，江河夜游、夜间演艺、小吃夜市等各类项目相继亮相，不少景区也尝试延长游览时间，为游客提供了更多夜游选择。2020 年，我国夜间旅游消费已经突破 30 万亿元，较 2016 年增长 12.63 万亿元（见图 3.2）。夜间旅游概念的提出，为旅游资源开发和利用带来了新的增长方式。根据马蜂窝旅游发布的数据显示，72.22% 的 95 后游客会在旅行中专门策划夜间游玩的行程，其中 90 后和 00 后的夜游人群

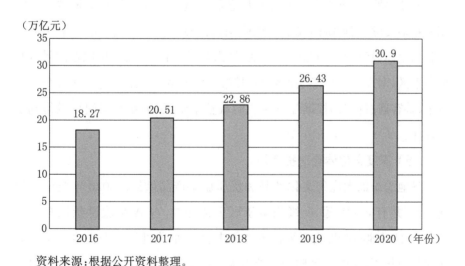

资料来源：根据公开资料整理。

图 3.2　2016—2020 年我国夜间旅游市场规模

---

① 文旅产业新视界."五一"假期游呈现四大特点，出游人次 1.6 亿，旅游收入 646.8 亿元[EB/OL]. https://mp.weixin.qq.com/s/5c32v64Vt5zgXDCjXZYQow，2022-05-04.

占比也超过 60%。在国内各大旅游目的地的"夜景""夜市"也都成为当地旅游的热搜关键词。相较于常规的日间游览,夜游能够从时间维度拓宽旅游资源的延展面,也为目的地文旅产业的发展提供了更多可能性。

(四) 科技助力旅游产品创新升级

一些平台型互联网企业与文博机构、旅游景区合作,通过"会员模式""流量转化模式""体验付费模式"等方式,整合打造市场化的数字文旅消费平台,不断提升数字文旅产品的供给质量、丰富文旅产品供给体系。如2022 年"五一"假期,河南推出"云展演""云旅游",举办线上系列演出活动;"安徽文旅"微信公众号推出线上专题宣传活动,让市民云游江淮美景,感受江淮大地的独特风光等活动。同时,各景区通过不断强化数字文旅体验和线上线下互动,将文化内容与数字娱乐充分融合,将文化场馆、旅游景区植入网络游戏、动漫、电影、直播等数字娱乐场景之中,采取"游戏＋虚拟游""动漫＋云展""电影＋沉浸式体验"等方式,构建数字"虚拟文化空间",带动由虚拟体验形成的周边产品消费,引导线上用户转化为文化场馆和旅游景区的实地游览、线下消费,将用户、信息和消费在实体空间和虚拟空间之间充分互动交融,实现游前线上虚拟体验、游中现场沉浸体验、游后数字回味体验的全体验流程。如"五一"假期,洛阳栾川王府竹海、杭州城隍阁景区和吴山景区、南京大报恩寺遗址公园、甘肃河口古镇等地纷纷打造实景户外剧本杀,游客通过换装,根据任务主线游玩整个景区,创新性文娱场景得到游客好评。

(五) 深度文化体验消费增加

各地纷纷加大优秀文化产品和优质旅游产品供给。2022 年"五一"假期,全国共有 8 716 家 A 级旅游景区正常开放,占 A 级旅游景区总数的61.3%,且各地不断推出系列传统文化体验活动,由此既防范游客过度聚集起到分流作用,又能满足群众出游需求。如文化和旅游部推出"乡村四时好风光——春生夏长 万物并秀"全国乡村旅游精品线路 113 条;福建开展"春回福地'艺'起出发"主题文艺活动,推出超过 150 场线上线下演出和展览等活动;江西开展"红五月再出发"文旅宣传推广季活动,包含了省级层面四大活动及各地市配套活动共 1 000 多项；新疆结合"肉孜节"举办 120 项旅游活动和 87 项文化艺术活动。由此可见，随着社会经济与消费者诉求的变迁，现代旅游的发展已不仅仅局限于"吃、住、行、游、购、娱"传统六要素，还涵盖了"商、养、学、闲、情、奇"等多元要素，文旅产品正在逐渐摆脱依赖于传统自然资源的单一性观光模式，逐渐通过文化与创意、科技等其他传统产业的结合，形成新的旅游要素带动文旅产品创新升级。

二、乡村旅游消费的阶段演变及特征

自 19 世纪 70 年代以来，乡村旅游在发达国家农村地区迅速增长，对推动经济较为落后农村地区的发展起到了非常重要的作用。乡村旅游是一个不断发展的过程，乡村旅游消费因此也具有不同的阶段特征（见表 3.2）。

表 3.2　乡村旅游消费阶段特征

发展阶段	1.0	2.0	3.0	4.0	5.0
阶段名称	乡村观光	乡村农家乐	乡村休闲与度假	乡村旅居	乡村露营
发展时间	20 世纪 80 年代	20 世纪 80 年代	21 世纪 00 年代	21 世纪 10 年代	21 世纪 20 年代
消费内容	交通	交通、餐饮、住宿、购物	交通、餐饮、住宿、购物、娱乐	交通、餐饮、住宿、购物、娱乐	交通、住宿、餐饮、娱乐
居住方式	不居住	暂住	暂住	长期租住	暂住
活动时间	1 天	1—3 天	4—90 天	长期	2 天
市场成熟度	成熟	成熟	部分成熟	部分成熟	不成熟

（一）乡村旅游消费 1.0 阶段：乡村观光

乡村观光是一种比较原始的乡村旅游方式，在 20 世纪 80 年代前我国乡村旅游多数是以此种形式出现。乡村观光的活动空间主要是在一些没有开发的区域，由具有专业背景的人士前往探险或者猎奇，并通过他们的发现引起一部分人的注意而自行前往参观的旅游目的地，很多后来被开发的乡村旅游目的地，或多或少经历了这么一个过程，如江西婺源便是以乡村观光游为开端，逐渐发展成为如今的"中国最美乡村"（见专栏 3.1）。这一阶段主要是城里人到乡下去欣赏乡村风光，其中以专业人士为主，如进行探险、摄影、写生等。游客的乡村观光活动往往在一天内完成,因此无需住宿。这一阶段也是美丽乡村的神秘面纱被慢慢打开的过程,而农民基本不参与乡村旅游活动,因此所面临的消费场景较少,游客的主要花费集中在交通支出上。

专栏 3.1 "中国最美乡村"——婺源旅游发展简史①

1987 年春,香港知名摄影大师陈复礼首次来到婺源,走村串巷,访幽寻古,行摄驻留旬日才离去。随后,反映婺源田园风光的系列作品在国内外巡展时,陈先生总不忘在展览前言中盛赞婺源之美:"婺源是中国最美的农村。"婺源也抓住了这一天赐良机,将陈复礼的赞誉改了一字,"中国最美的乡村"这张令人惊艳的名片由此诞生。

为了加大宣传力度,20 世纪 90 年代末,婺源开始以"中国最美乡村"的口号打出旅游品牌。县政府先后筹集大量资金投入景区建设,一批拥有特点的旅游资源优先得到开发,如亚洲最大鸳鸯栖息地鸳鸯湖、小桥流水人家李坑、国家森林公园灵岩洞、大障山卧龙谷等等。

尽管受到传染性非典型肺炎冲击,2003 年全年旅游接待量依然上升到 138.04 万,旅游综合收入为 18 740 万元,2003 年比 1993 年游客数增长了 52 倍,旅游综合收入提高了 350 倍。国际游客也从 1993 年屈指可数的 156 人次,发展到 2003 年近 4 000 人次,婺源逐渐打开了国际客源市场的大门。此后一路高歌,2004 年单独一个"五一"黄金周,便实现接待游客 19.12 万人次,门票收入 255.95 万元,综合收入 3 013 万元。

经过多年的努力,婺源油菜花被打造成为中国最负盛名的油菜花旅游品牌,强大的品牌影响力吸引着全国各地的游客纷至沓来,成为春季全国旅游市场的热门目的地。

---

① 搜狐网.婺源旅游简史[EB/OL]. https://www.sohu.com/a/274053853_690702, 2018-11-08.

（二）乡村旅游消费 2.0 阶段：乡村农家乐

在乡村旅游消费 2.0 阶段，乡村旅游产品开始从观光层次向休闲层次转化，农家乐便是其业态转换的初步体现。通常所讲的农家乐，是指以农民家庭为接待单位，利用田园景观、自然生态、农村文化及农民生活等资源，以农业体验为特色的吃农家饭、住农家屋、干农家活、享农家乐的乡村旅游活动（见专栏 3.2）。农家乐在我国最早兴起于 20 世纪 80 年代中后期，主要依托城市周边的景区，或依托自身的独特环境、物产资源、民俗风情，形成各具特色的农家乐产品，是中国乡村旅游的重要类型和基本层次。农家乐乡村旅游的主要特点是游客以观光休闲为主，停留时间较短，一般以 1—3 天为主，大多数游客与家人结伴出行，因此"亲子游"占比较大，出行方式主要是自驾游，游客的满意度对游客"故地重游"的影响较大。在此阶段，游客的消费内容由单一的交通消费，延伸至餐饮消费、住宿消费以及购物消费，其中购物消费主要包括购买当地的土特产或特色旅游纪念品。

专栏 3.2　认识农家乐①

农家乐是一种新兴的旅游休闲形式，是农民向现代城市人提供的一种回归自然从而获得放松身心、愉悦精神的休闲方式。农家乐旅游以农业、农村、农事作为载体，主要利用庭院、果园、花圃、农场等农、林、牧、渔业的资源优势，最大限度地保持和突出原汁原味的农家风味，为游客提供观光、休闲、娱乐、运动、住宿、餐饮、购物的乐趣。其特点是"住农家屋、吃农家饭、干农家活、享农家乐、购农家物"。

我国农家乐最早发源于四川郫都区友爱乡的农科村，郫都区地处都江堰上游地区，自然生态非常好，这里的老百姓安居乐业，创造出了许多休闲娱乐方式。20 世纪 80 年代中后期，这里的老百姓利用自己的农家小院开办了 10 元吃玩一天或者 15 元吃玩一天住一宿的休闲园地，建设出了成规模的大型休闲农家乐和花卉培植及观赏园地。之后，成都平原

---

① 王跃锋.浅谈农家乐的发展[N].发展导报，2015-12-18(019).

各地都兴起了农家乐的发展热潮,尤其是 20 世纪 90 年代中后期"黄金周"节假日的实行,推动了全国农家乐的发展。农家乐旅游主要针对城市人的需要,也有部分国外游客逐渐接受并喜爱上这种旅游休闲形式。具体可以分为 5 种市场:少年儿童的乡村科普教育、青年人的农事体验与乡村娱乐、中年人的娱乐与身心放松、老年人的健身疗养和休闲、外国人的观光游览和民俗体验。

(三) 乡村旅游消费 3.0 阶段:乡村休闲与度假

随着"夜经济"的打造,游客的停留时间也明显拉长,加之假期增加,小长假、周边游和周末游也变得异常火爆,乡村旅游消费也由 2.0 阶段的体验性农家乐逐渐转变成可以提供精品民宿的"洋家乐",最终步入了以乡村休闲与度假为主的乡村旅游消费 3.0 阶段。3.0 乡村旅游消费的乡村休闲与度假阶段是以莫干山的"洋家乐"为代表,此类乡村休闲度假地的成功多是采取吸引高消费客户的发展路径:一是要吸引发达地区客户,国内一线城市和较发达的二线城市区域的客源,是乡村休闲与度假的主要客源市场;二是要吸引知名景区客户,毗邻知名景区如 5A 级景区的地区,是乡村休闲与度假开发的优势地区。

乡村休闲与度假的乡村旅游产品大多走高端路线,采取"高价位、高品位、高地位"的产品定位。高价位即产品定价可以比市场同类产品的定价高,如普通乡村旅游景区的民宿标间定价一般在每晚 100—200 元,但是乡村休闲与度假的民宿标间定价可以在每晚 500—1 000 元,甚至更高;高品位即服务质量和产品供应应高质量、高标准、高档次,民宿的服务标准要达到 4 星级酒店以上的服务标准,提供的饮食素材必须是绿色、有机、原生态,房间的内饰也要达到 4 星级酒店以上的设施要求;高地位即客源市场是社会的精英群体,日消费标准在 2 000 元以上的社会群体,主要是高级白领如企业的中层以上管理人员。因此,此阶段的乡村旅游产业生态链的完善,也为游客创造了更多的消费场景,其消费内容包括住宿、交通、餐饮、购物及娱乐等多方面。

(四) 乡村旅游消费 4.0 阶段：乡村旅居

随着城市人口压力不断增加、城市资源逐步稀缺，城市空间趋于狭窄、城市环境越发恶化，人们开始逃离城市的压力和氛围，急迫需要一个缓解压力、释放身心的生活空间。这种"避雾霾、避酷暑、避忙碌"的需求越来越多，乡村生活的闲适性也被越来越多的人追捧，以旅游地产、度假酒店、异地养老、产权公寓等为方式的旅居生活意愿，也正在迅速地由少数人传导至多数人。在此背景下，乡村旅游消费逐渐步入 4.0 的乡村旅居阶段。乡村旅居既是人们的一种旅行方式，也是一种生活方式，其开发策略往往与养生养老产业、特色小镇结合在一起。特色小镇是将具有聚集功能的产业以旅游的方式将人们汇聚一起，形成既有工作也有生活的特色村镇，特色小镇的打造往往以景区开发为原则，让人们在工作的同时，也能够体验到"吃、住、行、游、娱、购"和"商、养、学、闲、情、奇"。当前中国已经是一个老年人社会，养生养老产业将会成为中国的重要产业，2019 年政府工作报告明确要求推进多层次养老保障体系建设，因此将养生养老与旅游业结合起来，已成为乡村旅游内涵式发展重要途径(见专栏 3.3)。在此阶段，游客在乡村旅游目的地停驻时间延长，其消费内容由此涵盖了餐饮、住宿、交通、娱乐、购物等多方面，此时的日常消费都可纳入旅游消费中。

专栏 3.3　我国养老地产的发展①

中国的老龄化社会正在快速到来，康养度假类产品成为大文旅产业目前最受关注的领域之一，也成为全国房地产开发商纷纷转型的进行"二次创业"的新突破口。康养地产(养老地产)是建立在旅游产业、休闲产业、文化产业、健康产业及养老产业基础之上，以中国传统的养生的理念及方法去解决养老问题的复合型房地产开发模式。当前我国康养地产发展模式可按照驱动因素分为五种类型：

---

① 绿网健康.这才是真正的康养地产！[EB/OL]. https://www.sohu.com/a/545021804_121123886，2022-05-08.

一是康疗型养生养老地产,主要功能为嫁接专业医疗资源,强调提供专业化的健康管理服务,采取会员制方式,主要面向对健康格外关注的中高端老年群体,如台湾长庚养生文化村、北京太申祥和山庄、北京燕达国际健康城。二是家居型养生养老地产,往往以在郊区大盘中配建针对老年人的养老公寓、养老别墅的形式推出,大部分仍停留在概念面,仅为老年人提供基本的社区服务,主要针对中高收入的活跃长者,健康状况良好,充满活力,如绿地21世纪孝贤坊、万科幸福汇中的养老公寓等地。三是异地养生养老地产,是指健康且具有一定经济实力的老年人通过异地购房,异地旅游和养老相结合,灵活性强,如三亚、海口、大连以及青岛等地楼盘便具备此功能。四是农家休闲养生养老地产,是指养老与农业休闲相结合的农家寄养式异地养老,主要面向城市中高收入的活跃长者,采取将集体土地使用权出售的运营方式,如江苏生态农庄、浙江城仙居等。五是立体化养生养老地产,它综合性强、功能多元复合、面向全龄段老人的全方位需求,采取租售结合的运营方式,对开发商的资源整合能力和持续经营能力要求较高,如北京太阳城、上海亲和源。

(五)乡村旅游消费5.0阶段:乡村露营

旅游的发展是一个从游览到游乐再到游憩的过程。一方面,人们对于健康的、游憩化的生活方式更加重视,露营、户外运动等亲近自然的旅行方式成为越来越多人休闲度假的新选择;另一方面,更多人把目光投向了身边的风景,短距离、重体验、主要以玩法驱动的"微度假"逐渐成为旅游出行的主流。在此背景下,国内露营营地市场规模持续增长。根据相关数据显示,2014—2020年,我国露营营地市场规模从77.1亿元增至168亿元,复合增长率13.9%;2021年,露营营地市场规模达299亿元,增长率为78%(见图3.3)。露营成为新晋"顶流"旅游类型,乡村旅游消费也随之步入5.0乡村露营阶段。2020年可被称为"露营元年"。乡村露营的主力消费群体集中在年轻人和亲子群体,契合了新消费形势下市场的新变革,其主要消费内容有两类:一是住宿消费,包括场地租赁、帐篷或房车的租赁;二是以小型演出和户外活动为主,包括野餐、烧烤、团建、亲子等内容。随着国内乡村露营市场步入了大众休闲式露营旅游时代,其发展方向存在两方面的趋势:一是专业化、小众化的纵向发展,以探险俱乐部、极限运动俱乐部的形式存在,为固化的、回头率非常高的小众群体提供高价格、高技术型的露营产品。二是"露营＋"的横向延伸,露营本质上是一种配套设施,是大众旅游和国民休闲的一种配套、更替和尝鲜。①

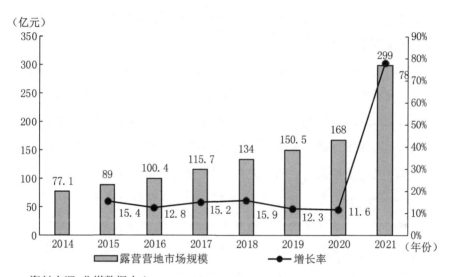

资料来源:艾媒数据中心。

图 3.3　2014—2021 年我国露营营地市场规模

专栏 3.4　露营旅游②

作为一种度假方式,露营在满足短周期旅行需求的同时,也标志着人们向往自由的生活态度,符合人与自然和谐共生的特性。真正意义上的"露营"要追溯到 19 世纪,"露营(camping)"一词灵感来自美国军事营地。

---

① 智美旅游策划管理.露营旅游究竟从哪里来? 未来又将如何发展?［EB/OL］. https://mp.weixin.qq.com/s/igGtUYatUC0WDVWyqKd-Cg, 2022-05-15.

② 中红旅.露营成"顶流"［EB/OL］. https://mp.weixin.qq.com/s/l5_ABmLSrhXE2KtdMYBtdA, 2022-05-05.

1853年,"英国乃至整个欧洲的现代露营之父"托马斯·海勒姆·霍尔德乘坐一列货车穿越1 900公里的美国大草原,沿途进行不间断的露营,并于1908年出版了《露营者手册》;1869年威廉·亨利·哈里森·默里以"露营"为主题出版《荒野历险记》,自此"露营即休闲"的理念正式在美国确立,"现代露营"的雏形逐渐形成。露营所倡导的逃离工业、逃离城市、重归大自然的生活方式在美国成为主流,截至1930年,全美国的露营人数已经超过300万人;2019年,美国有超过62%的家庭(总共7 880万户)每年至少露营一次。

2022年,我国露营产业在疫情防控常态化的模式下"破圈"而出,从各平台大数据中可见一斑。飞猪大数据显示,五一露营订单量环比上月增长超350%,杭州、成都、广州、深圳、武汉、北京、珠海、常州、佛山及重庆位列热门露营客源地全国前十城市;马蜂窝旅行玩乐大数据显示,川渝地区露营热度涨幅最高,"都江堰露营"热度上涨240%;去哪儿大数据显示,五一假期期间,露营相关产品(住宿、出游)的预订量是去年的3倍,可以露营的公园门票销量同比涨幅超5成,部分城市露营地周边酒店预订量同比涨幅达1.5倍。由此可见,一方面,露营的热度正在呈现加速暴发的态势,参与露营的城市、人群也更加广泛,"露营+"正在受到消费者的高度关注;另一方面,"露营+"的火热,在满足消费者需求的同时,也在引导消费者向场景更加高颜值、服务更加细致、产品更加多元化的营地中来,为运营者开启了全新的切入点。

但随着露营旅游的火爆,一些弊端也逐渐显露,其中最严重的便是"把垃圾留给自然"行为。2022年五一假期期间,广西其林水库、广东阳江山坪风车山、湖南湘西泸溪刘家滩、广东惠州高洋尾海滩、广西玉林樟木河滩、杭州钱塘江公园和南京滨江公园等地都出现垃圾成堆的现象,对当地生活生产、生态环境都产生了严重的影响。在此背景下,"无痕露营"被逐渐倡导,其主要原则便是"把你走过的路、到过的地方,保持如同无人到访"。

三、乡村旅游消费模式的新特征

（一）消费内容重视体验化

体验化是乡村旅游消费的重要发展趋势。所谓体验是指依托特定的乡村旅游主题资源，精致开发旅游活动，让游客全过程参与其中，从而得到深度的体验感、参与感。乡村旅游体验类消费业态又可根据各自的特色，细分为农业体验、农产品加工、休闲度假、美食购物、运动休闲、乡村康养、文化创意、旅游制造等不同主题类型。在此类旅游主题体验产品中，从一个点切入，深入挖掘某一特色的旅游主题产品最受市场青睐，如意大利的美食主题公园"FICO Eataly World"（见专栏 3.5）；以及国内的邛崃大梁酒庄，以邛酒文化为依托，把高粱种植、酿酒、品酒、酒文化、酒保健一直做到底，成为中国唯一以白酒为主题的景区；杭州祖名豆制品公司，让游客感受从黄豆种植到加工形成豆制品的全过程，既传播了品牌，又使游客在深度体验中掌握了农业知识，学会了烹制以黄豆为食材的美味佳肴的制作方法，深受青少年市场的喜爱。

专栏 3.5　极致的沉浸式消费体验[①]

意大利美食主题乐园"Fico Eataly World"，位于意大利本土博洛尼亚，是世界上最大的食品乐园，该美食主题乐园投资 1 亿多欧元，占地 10 万平方米（150 亩），是一个集"农场＋餐饮＋购物"的主题公园。"Fico Eataly World"成功秘诀便在于区域式打造以"吃"为主题的沉浸式体验乐园。作为全球最大的农业食品园，该园区以"吃＋购物＋学习"相结合的模式，将餐饮、零售、体验（美食课程）三个业态结合在一起，构建了一个美食场景化的综合体。150 亩的美食农业工厂分为六个板块，FICO 向生活在都市里的人们真实再现食物从田头到餐桌的全过程，把农业生产、农产

① 兴农惠民产业研究院.极致的沉浸式消费体验　农旅融合天花板[EB/OL]. https://mp.weixin.qq.com/s/2icsSEH_eZYu02YWFrPhjA，2022-02-23.

品加工、食品加工、商超市集、餐饮、教育等融为一体,成为全面展示意大利农业文化、餐饮文化的新载体。

从顾客游览的便利性出发,"FICO Eataly World"设置了两种顾客流线。针对消费为主的顾客,采用单通道环流式流线,将主要通道设立在主轴线上,两侧商铺共用一条通道,人流动线形成循环流动。针对农业参观为主的顾客,"FICO Eataly World"在营业时间内将建筑与农场之间的外廊作为农业游览路线,顾客可以直接沿外廊参观建筑外围的农场,在牲畜饲养、果树栽培等区域,顾客可以参与喂食、采摘等体验活动。此外,顾客可以根据游览状况随时通过农场与商铺连通的通道进入建筑内的消费区采购中意的食品或就餐,灵活改变游览路线。

(二) 消费手段倾向于数字化

乡村旅游消费手段日趋数字化,"互联网+乡村旅游"逐渐推广开来,且互联网技术往往覆盖游客出游的全过程。如在目的地信息获取阶段,当前超过一半的乡村游客借助小红书、抖音、快手、微博以及 B 站等图文视频类新媒体进行目的地的了解(见图 3.4),亦有 46.90% 的游客选择通过携程、去哪儿等 OTA 平台进行信息获取,仅有 16.7% 的游客采取线下旅行社渠道搜集目的地信息,由此可见线上平台成为乡村旅游者信息获取的主要渠道。在旅游活动体验阶段,越来越多乡村旅游目的地借助 AR、VR、MR 等技术围绕乡村的吃、住、游、购、娱等需求为游客打造沉浸式的体验。数字化沉浸式体验是融合新媒体艺术、装置艺术、数字影像、特效、灯光设备技术等,通过投影融合技术,将投影画面投射到大型或者多面的投影幕上,配合音响、灯光、烟雾等,从各个层面包围观众,全面覆盖观众的感官,通过互动感应系统智能控制和观众产生互动,如移步生花,手舞成花等,让参观者沉浸在充满趣味性、梦幻化的体验中。[①]这种沉浸式体验不仅可以融于建筑、景观中,提升整个场景的观感和互动效果;还可以活化本土文化,沉浸式地展示和体

---

① 乡村集结号.打造沉浸式乡村,国内外案例值得参考[EB/OL]. http://www.360doc.com/content/21/1105/17/36862600_1002899661.shtml, 2021-11-05.

验当地文化,如日本江户极彩棚田、荷兰莱利斯塔德小镇韭葱农田等地(见专栏3.6)。

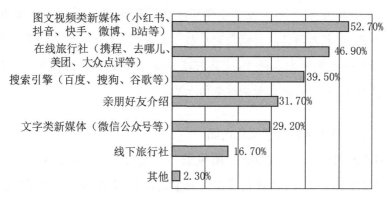

资料来源:《每日经济新闻》调研数据。

图 3.4　游客旅游目的地相关信息主要来源

专栏3.6　国外数字技术赋能乡村文旅经典案例①

日本江户极彩棚田:以江户时代为背景的极彩棚田,运用灯光的效果,展现了梯田一年四季不同的景观,被称为日本最原始的风景之一。从梯田到稻田,江户时代的田园牧歌风光,展现得淋漓尽致,从蔚蓝世界到金色世界,从最初的幼苗到成熟的稻谷,通过这样的一种方式,阐述了江户时代日本发达的种植业。日本江户极彩棚田借用灯光的艺术效果赋予其一年四季不同的景观艺术,从蔚蓝到黄金,变幻的光影营造了如梦似幻的田园美景。游客置身于稻田间,随着变幻莫测的灯光,探寻稻谷从嫩绿的秧苗到成熟的稻穗,沉浸式体验农家真实的生活场景。

荷兰莱利斯塔德小镇韭葱农田:莱利斯塔德小镇有一处2公顷的韭葱农田,在以沉浸式科技艺术闻名的荷兰艺术家丹·罗斯加德打造下化身为一件名为"Grow"的农田沉浸式艺术品,向农业致敬,在植物中嵌入

---

① 网络综合.沉浸式体验活化乡土文化,创建消费新场景,助力乡村振兴[EB/OL]. https://www.d-arts.cn/article/article_info/key/MTIwMTg0NDY1MTSDuZ9nsJzOcw.html, 2022-04-19.

红色、蓝色和紫外光,夜幕下涌动着五彩斑斓的韭葱浪,这些光垂直穿过农作物并随着运动发生变化,点亮了莱利斯塔德小镇。除此之外,Daan Roosegaarde 与其团队、光生物学专家历经两年多研发,试着将农田当作一块画布,借着充满诗意且能促进植物生长的红、蓝和紫外线 LED 光线,除了使空间绝美让人惊艳外,还具有减少 50% 农药使用的效能,不仅可以造福自然,也可以给人带来希望的光明。

(三) 消费需求聚焦于文化内涵

随着人们的旅游需求从"美丽风景"向"美好生活"转变,乡村旅游内容正在发生巨大变化:从自然观光转向生活体验,越来越多的游客愿意在乡村住下来,体验农事劳作和乡野生活;从初级产品转向特色化、精品化需求,越来越多的游客不再满足于住个农家乐、吃个农家菜;从物质消费转向精神需求,越来越多的游客希望在乡村旅游中感受文化、愉悦身心、留住乡愁。因此游客在进行乡村旅游消费过程中,越来越重视其文化内涵。根据同程旅行大数据显示,2022 年"五一"假期,博物馆相关旅游搜索热度环比上涨 62%,同程旅行非遗专题关注度环比上涨超过 100%,其中女性旅行者对非遗旅游的关注度更高,在关注非遗旅游的人群中女性占比达到 59%;亲子游客和 90 后、00 后的年轻客群也是非遗旅游的主要受众①。由此可见,文化振兴是乡村旅游的开发之魂,文化赋能是刺激乡村旅游消费的重要因素。当前我国乡村旅游文化内涵往往通过生态博物馆、庙会等形式出现。

生态博物馆"是指不移动文物的原始位置,而是把文物、文化保持在其原生状态下的一种博物馆建设形式"。它打破了传统的集中收藏式展现文化的博物馆建设模式,能够让人们了解文化遗产的本来或原始面貌,能够满足人们对文化的"本性追求",尤其适合古镇古村落的文化旅游开发,是目前较被认可的一种乡村文化旅游持续发展新型模式。生态博物馆具有以下五

---

① 同城旅行.2022"五一"假期数据报告[EB/OL]. https://baijiahao.baidu.com/s?id=17318-73178780956778&wfr=spider&for=pc, 2022-05-04.

大特点①：一是原生态性，生态博物馆建立于自然环境、社会结构、经济状况和精神生活保存较完整的文化生态中；二是民众性，生态博物馆扎根于民众的社区里，社区居民与其所创造的文化和其所改造的自然和谐相处；三是原地保护，生态博物馆是以社区为基础，以原地方式进行原生态状况下的"活态文化遗产"的保护和展示；四是整体保护，社区面积即为生态博物馆的面积，整个区域内的文化遗产与自然环境都受到整体保护；五是动态发展，生态博物馆处于现实之中，联系过去和未来，重视经济变革，强调文化的演进和社会的发展，在动态发展中保持自身特质。

庙会作为一种非物质文化遗产，历史悠久、内涵丰富，保存着民众的精神信仰，是"活着的民俗"。庙会是具有"派对"性质、带有地域特色的民俗节庆活动，各种活动配合各种民间饮食和土特产品，是启动农村和城市消费的引擎。打造"永不落幕的庙会"，一方面是将庙会中的动态表演和静态展示在项目地常态化；另一方面，原汁原味的民俗文化是最具有生命力的，会随着社会的发展而历久弥新，不论乡村还是城市，都是其扎根的土壤。

（四）消费业态融合化发展

为满足游客多样化、个性化的消费需求，当前乡村旅游在"吃、住、行、游、购、娱"六要素的基础上，逐步形成了"6＋N"的立体化业态体系。随着"旅游＋"的思路已经深入人心，乡村旅游有效地与一、二、三产业进行了融合发展，并将一二产的资源优势转化为三产的经济优势，初步形成了促进复合型、集约化的现代农业经济体系，催生了产业聚集类业态。这类业态聚集了各种旅游要素，并通过对乡村土地的综合开发利用，融入或嫁接到一、二、三产业，进行多功能、多效益的集聚，形成新的乡村旅游产品，并逐渐向田园综合体或乡村旅游综合体方向发展，是一种规模化、多功能、综合性的全产业链型乡村旅游业态。如通过与农业场景融合，构建融合休闲、旅游、农业、创意农业为一体的景区，发展生态教育、农耕体验、文化探索、休闲体育等业

---

① 文旅产业先锋读物.文化振兴，乡村旅游的开发之魂[EB/OL]. https://mp.weixin.qq.com/s/KnN2XkIy8IM8lEfTpCn4Iw, 2022-03-24.

态；与农副产品加工、手工艺加工等融合，构建创意工业园区和特色体验园；与研学、康养等产业融合，发展课外拓展、田园养生、乡居康养等新业态。譬如被誉为"关中第一村"的陕西礼泉县袁家村，从民俗的要素着手，聚集各类旅游要素融入一、二、三产业，发展产业聚集类业态，并形成了产业链，将整个村庄打造成了旅游综合体。

（五）智慧旅游成为消费新常态

注重安全卫生、注重社交距离的生活方式使得旅游者的消费行为更为理性、谨慎，旅游业面临更深层次的供给侧改革需要，其中科学、便捷、人性化、内容丰富、管理有序的智慧旅游服务体系，成为当下出游的重要支撑。①2020 年 11 月 30 日，文化和旅游部、国家发展改革委、农业农村部等十部门联合印发《关于深化"互联网＋旅游"推动旅游业高质量发展的意见》，提出鼓励采用网络直播、网站专题专栏、小程序等线上营销方式，推介全国乡村旅游重点村镇、中国美丽休闲乡村和乡村休闲旅游精品景点线路。在此背景下，预约旅游、错峰旅游、"云旅游"等智慧旅游成为乡村旅游消费新常态，其中，"云旅游"是引导旅游市场在脆弱中复苏的重要机遇。

"云旅游"，是指在家里通过现场直播参观旅游景点，让人们即使是待在家里，也能够欣赏到更美的风景。随着互联网环境基本成熟，新增的线上线下协同创新发展模式和旅游 App 等交流渠道使旅游产品的营销管理模式发生了重大的改变，"云旅游"的旅游模式已经成功转换为智能服务。近年来则发展成为更加智能化的线上模式，5G 时代的技术和设备支持了"云旅游"智能服务模式的发展。由此可知，"云旅游"模式新颖、形式多样、接受度高，推动了产业价值融合与再造，蕴含着极为可观的经济价值，使社会价值分享便利化。当前"云旅游"主要以三种形式存在。一是旅游景点直播。主播以固定或移动机位进行直播，与网友交流，带领用户游遍景色，聆听大自然的声音，并全程讲解，如较为火爆的日出、日落等特殊景观直播。二是线

---

① 上观新闻.疫情令全球旅游业损失万亿美元，未来人们更青睐怎样的旅行？旅游大咖们这样说 [EB/OL]. https://web.shobserver.com/staticsg/res/html/web/newsDetail.html?id＝267412, 2020-07-08.

上虚拟景区。各景区、博物馆、展厅通过 VR、AR、沉浸式影院技术等先进显示技术，推出在线全景虚拟旅游项目，如北京故宫博物院也推出了"全景故宫"的数码产品。三是智能地图。以 AI 技术为核心的"1＋3"智能旅游产品矩阵，即"地图全球覆盖＋AR 旅游、AI 导游、VR 全景虚拟旅游三大功能"，借助领先技术提升用户全环节旅游体验，如百度地图已发布的中国 50％以上的 5A 景区的 VR 全景图像，在地图上还可听到 AI 向导对景点的介绍。

第二节　基于 IPA 的乡村旅游消费行为满意度测度评价

一、调研概述

（一）乡村旅游消费行为满意度评测体系

对于乡村旅游消费行为满意度的评价不同学者有不同的标准，但整合之后发现大部分学者会选择从主观和客观两个角度分析影响因素：从主观角度衍生出的为个人因素，主要包括个人偏好、个人动机、个人阅历等影响因素；从客观角度衍生出的为外在环境因素，主要包含影响旅游体验的基础设施等条件。相对来讲，个人因素难以测量，其消费行为满意度往往取决于个人喜好，如有人会喜欢在晴天出游，阴天则会影响其游玩效果，个人因素对于游客满意度的影响较难进行量化分析，且此种条件往往是经营者不可控的。因此选取乡村旅游经营者可控的外在环境因素作为游客消费行为满意度的影响评测指标，其主要是指旅游地的基础设施条件对于旅游者消费体验的影响。游客所进行乡村旅游的行为隶属旅游范畴，因此符合旅游六要素。为了使要素分析更加合理，选取旅游六要素作为分析和评测乡村旅游消费的主要方面，分别是"食""住""行""游""购""娱"。除此之外，随着游客对于旅游消费的要求越来越高，旅游地服务要素的影响力日益增大，服务虽然是一种无形的评测标准但寄于各种有形的表现之上，在游客越来越重视旅游体验的时代下,服务成为不可或缺的满意度影响要素之一,成为旅游产品的核心所在和本质体现(郭秀英,2010)。因此本文将"服务"因素也纳入乡村旅游消费行为满意度的评测体系之中。

"食"是乡村旅游过程中重要的组成环节,也是旅游消费供给中不可或缺的部分。尤其对于乡村旅游者来说,在旅游过程中所提供的独特的乡村食物是在城市生活中体验不到的,这也是乡村旅游的特色优势所在。乡村食物大多自产自销,因此价格相较于城市同类产品较低。不仅如此,旅游地的特色食物能够为旅游者提供更加原汁原味的味觉体验,也更能体现当地特色。因此,乡村旅游如果能够给游客提供色香味俱全、价格合理、健康卫生的当地特色食物,便能够很大程度上提高游客的旅游体验。因此在"食"这一要素中,设定食物新鲜、食物卫生、饮食具有当地特色以及价格合理作为乡村旅游消费高满意度的标准。

"住"也是旅游者在旅游过程中不可缺少的要素。旅游目的地的住宿设施影响着游客未来的旅行计划,对于其旅游活动有重要影响。不同旅游者对于住宿设施的要求不一样,但整体来讲,旅游者所住环境的舒适度、卫生度等标准很大程度上决定着游客的旅游满意度。而乡村旅游时住的方式往往体现为农家乐,其标准和质量也是参差不一。因此在"住"这一要素中,设定住宿环境具有舒适性、住宿环境具有卫生性、住宿环境具有安全性作为乡村旅游消费高满意度的标准。

"行"是连接游客和旅游目的地的纽带,很大程度上决定着游客是否选择某一旅游目的地。乡村旅游相较于其他旅游目的地,可以被称为短途游,而在短途游中缩短旅游时间也能大大提高游客的旅游体验,时间的缩短取决于交通方式的选择、便捷性及基础安全性的要求。因此在"行"这一要素中,设定出行方式具有舒适性、出行方式具有便利性及出行方式具有安全性作为乡村旅游消费高满意度的标准。

"游"是指游客对于景点的游览。对于乡村旅游来讲,"游"便指旅游目的地给游客留下的整体形象:是否具有特色,整体环境是否良好。一个具有特色的乡村旅游目的地往往更能加深在游客心中的印象从而提高满意度,其整体环境的良好程度也影响着游客的旅游心情,而整洁轻松的旅游氛围更能符合游客的旅游期望和满足游客的旅游需求。因此在"游"这一要素中,选择旅游目的地整体环境良好、旅游目的地整体形象突出及当地居民热情好客作为乡村旅游消费高满意度的标准。

"购"顾名思义便是游客在旅行中的购物消费行为,是游客获得愉悦的旅游体验的补充行为(江苗,2010)。单纯的旅游活动所享受到的往往是无形的旅游产品,而在旅游过程中的购物便是旅游者的旅游记忆延续的最佳手段。在乡村旅游过程中,旅游者会选择购买具有当地特色的产品作为旅游纪念品,除此之外,旅游目的地通过向游客出售健康农产品、当地特产等,为游客营造出满载而归的充实感,从而提高游客的旅游满意度。因此在"购"这一要素中,选择旅游消费产品具有特色、旅游消费产品质量好及旅游消费产品价格合适作为乡村旅游消费高满意度的标准。

"娱"是指游客在旅游中所体验到的娱乐项目。对于乡村旅游来说,此类娱乐项目包括但不限于采摘、观光、钓鱼等活动,随着游客旅游体验的程度加深,千篇一律的旅游活动已经无法满足其旅游需求,新颖、有特色且符合当下时代潮流的娱乐项目,更能够受到游客青睐。除此之外,安全性是乡村旅游娱乐项目的发展前提。因此,在"娱"这一要素中,选择乡村旅游娱乐项目种类丰富、具有当地特色、具有创新性以及项目安全性高作为乡村旅游消费高满意度的标准。

"服务"是指贯穿在游客整个旅游活动中的满意度影响因素。服务要素涵盖旅游服务从业人员的服务态度等各个方面,在旅游消费过程中,游客可以根据自己所处环境情况寻求相关服务,在旅游活动结束之后,游客可通过线上线下各个渠道对其经历的旅游消费体验作出相应的反馈与评价,这也成为乡村旅游目的地不断完善与发展的重要影响因素。因此在"服务"这一要素中,选择旅游服务态度好、旅游服务效率高以及旅游投诉到位作为乡村旅游消费高满意度的标准。

根据评价指标涉及所遵循的全面性和重要性原则、相关性原则、可操作性原则、从实际出发原则、代表性原则、相对稳定性原则以及定性和定量相结合原则,结合以上所提及的乡村旅游满意度影响七大要素,构建以下满意度评测体系(如图 3.5 所示)。此体系主要包括三个层次:第一层次为目标

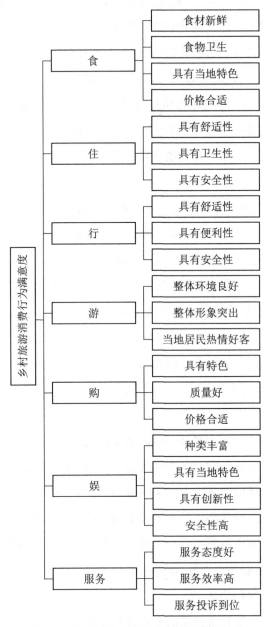

图 3.5　乡村旅游消费行为满意度评测体系

层次,即乡村旅游消费行为游客满意度的评测;第二层次为影响乡村旅游消费行为满意度七大要素:食、住、行、游、购、娱和服务;第三层次是在第二层次基础上所衍生出的具体评价标准,即乡村旅游游客满意度评测体系的因子层指标,共23项。

(二)问卷设计与发放

本次研究主要采用问卷调查法进行数据的收集。问卷调查法是通过书面的形式,向研究对象收集研究资料和数据的一种方法。此次问卷内容共包括三部分。第一部分是基本问题,在遵循问卷收集的隐私性的前提下,统计问卷填写者的年龄、学历、受教育程度、收入等基本人口统计学信息。第二部分为筛选题项,以"是否曾经进行乡村旅游消费行为"作为筛选条件,从而对问卷数据进行分类,只针对答案为"是"的数据进行进一步处理分析,由此提高结论的科学性与合理性,增加研究的说服力。第三部分为满意度评测部分,按照上文中所提的满意度评测体系(食、住、行、游、购、娱和服务七个方面),采用李克特5级量表的形式让问卷填写者针对23个具体题项进行相应赋分,分数越高表示越认同。本次问卷发放面向以上海为主的全国范围的旅游消费者,采用线上问卷填写的方式,问卷发放到结束收集的时间为2022年2月20日到2022年5月20日,问卷共回收921份,其中有效问卷为860份,有效问卷回收率为93.34%。

二、乡村旅游消费行为满意度测度评价

(一)乡村旅游消费行为整体情况描述统计

1. 人口统计学特征

如表3.3所示,在本次问卷收集中,问卷填写者女性占比61.9%,男性为38.1%。问卷填写者年龄大多在18岁到60岁之间,学历超过60%是在本科及以上,月收入在2 500元以下者居多。由此可知,在问卷填写者中,学生身份占据较大一部分,并且受教育程度普遍较高。

本次调研共收集有效问卷860份,其中,有710人进行过乡村旅游消费行为,占比82.56%。因此,针对此710份筛选数据,展开以下分析。

表 3.3　有效样本特征统计

变量	类别	人数	占比(%)
性别	男	327	38.1
	女	532	61.9
年龄	18 岁以下	97	11.29
	18—25 岁	276	32.13
	26—35 岁	180	20.96
	35—60 岁	175	20.37
	51—60 岁	93	10.83
	60 岁以上	38	4.42
最高学历	初中及以下	54	6.29
	高中、中专或职高	261	30.38
	大专或本科	346	40.28
	研究生及以上	198	23.05
月平均收入	2 500 元及以下	163	18.98
	2 501—5 000 元	128	14.90
	5 001—7 500 元	109	12.69
	7 501—10 000 元	105	12.22
	10 001—15 000 元	109	12.69
	15 001—20 000 元	121	14.09
	20 001—30 000 元	58	6.75
	30 000 元以上	66	7.68

2. 乡村旅游停留时间

如图 3.6 所示,进行乡村旅游的人群中,超过 30% 的人选择在旅游目的地停留 2 到 3 天时间,有 26.96% 的人选择在旅游目的地停留 1 到 2 天,超过 20% 的人在旅游目的地停留时间超过 3 天,仅有 15.65% 的人选择当日往返不过夜。由此可以看出,乡村旅游虽被视为短途游,但多数游客会选择在当地过夜,进行住宿行为的消费,停留时间多为 1 到 2 晚。

3. 乡村旅游出行方式选择

如图 3.7 所示,在交通工具的选择上,超过一半的人选择以自驾的方式进行乡村旅游,其次有 27.83% 的人选择团体包车的形式,仅有 21.74% 的游客选择乘坐公交、地铁等公共交通方式。由此可知,自驾出行为乡村旅游消

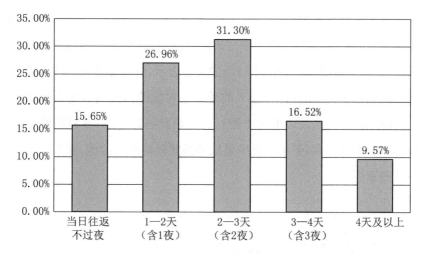

图 3.6　旅游目的地停留时间

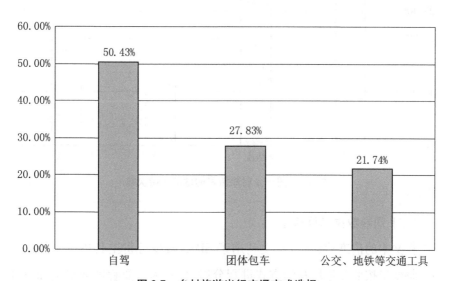

图 3.7　乡村旅游出行交通方式选择

费者的首选出行方式,而公共交通则是游客选择度最低的出行方式。究其原因,一方面,自驾行以其便捷性、私密性优势,逐渐成为各种旅游交通的首选;另一方面,乡村旅游不同于都市旅游,其位置相对较偏僻,公共交通的通达度与覆盖度较低,因此选择公共交通出行往往会对游客的出游行为造成不便。

4. 乡村旅游重游次数

如图 3.8 所示,针对同一个乡村旅游目的地,34.79%的游客表示是一次性出游,并没有重游意愿;有 33.91%的游客表示,针对部分旅游体验满意度高的目的地会进行重游;有 31.3%的游客会对旅游体验满意度极高的乡村旅游目的地进行三次及以上的出游行为。由此可以看出,乡村旅游目的地的整体重游率并不高,但也存有少量旅游品质较高的目的地,能够让游客产生重游的意愿。

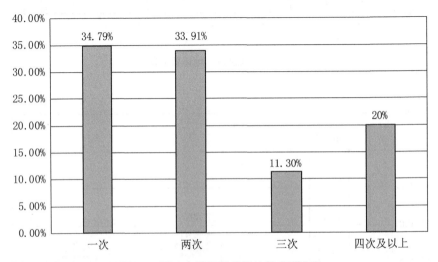

图 3.8　同一乡村旅游目的地的出游次数

(二) 问卷数据信度检验

在文本的信度检验中,本文利用了 SPSS 数据分析工具进行了信度检验。将变量按照数据填写的方式进行分组,分别为重要程度变量组和感知表现组。一般而言,一个含有 10 道以上题目的量表,其信度测量标准克朗巴哈系数(Cronbach's Alpha)应该在 0.6 以上,表示其数据可用;如果克朗巴哈系数高于 0.8 则表示问卷的一致性较好,可信度较高。如表 3.4 所示,在本次数据收集中,重要程度感知变量的克朗巴哈系数为 0.897,高于 0.8 表示问卷一致性较好;感知表现的克朗巴哈系数为 0.936,高于 0.8 表示问卷的可信度较高。此次问卷数据有效可用,因而可以进行下一步的分析。

表 3.4　问卷的信度分析

变量名称	Cronbach's Alpha	项数
重要程度	0.897	23
感知表现	0.936	23

(三)"重要性—满意度"指标对比分析和综合满意度指数分析

通过对有效样本的统计,分别计算出了重要程度和感知表现的 23 项评价评分的均值,然后按照均值进行排序。在此基础上,计算当前乡村旅游消费行为的综合满意度指数(CSI)。首先通过式(3.1)测算出各指标权重,利用权重来反映各要素指标的重要性水平;其次根据调查所得到的汇总数据,结合式(3.2)游客综合满意度指数计算公式,计算当前乡村旅游游客消费综合满意度指数;最后,依据学者符全胜(2005)的综合满意度层次划分标准,得出乡村旅游游客消费综合满意度水平,其中,1≤CSI<2.5 表示低度满意;2.5≤CSI<3.5 表示中度满意;3.5≤CSI<5 表示高度满意。以上测算结果如表 3.5 所示。

$$L_i = W_i / \Sigma W_i \qquad (3.1)$$

$$CSI = \Sigma L_i * X_i \qquad (3.2)$$

式中,W_i 表示第 i 项评测指标的重要性均值,X_i 表示第 i 项评测指标的满意度均值,L_i 表示第 i 项满意度指标权重。

表 3.5　"重要性—满意度"评价指标对比分析与综合满意度指数

评价指标	重要程度		感知表现	
	均值	排序	均值	排序
(1) 当地食物很新鲜	4.03	11	3.95	7
(2) 当地食物很卫生	4.83	1	3.93	10
(3) 饮食具有当地特色	3.91	16	4.03	3
(4) 当地食物价格合适	4.06	10	4.00	4
(5) 当地住宿条件很舒适	4.00	13	3.86	17
(6) 当地住宿环境很卫生	3.84	22	3.93	11
(7) 住宿房间环境令人满意	4.16	7	3.87	16

评价指标	重要程度		感知表现	
	均值	排序	均值	排序
(8) 当地交通很便利	3.88	20	3.80	21
(9) 交通体验很舒适	4.02	12	3.85	18
(10) 交通方式很安全	4.10	9	3.97	5
(11) 当地整体环境良好	3.73	23	3.82	20
(12) 当地整体形象令人满意	3.89	18	3.78	22
(13) 当地居民热情好客	4.39	2	3.94	9
(14) 当地商品具有特色	3.90	17	3.89	13
(15) 当地商品质量很好	3.89	19	3.95	8
(16) 当地商品价格合适	4.21	6	4.03	1
(17) 当地商品种类丰富	4.34	4	3.90	12
(18) 当地旅游项目具有创新性	4.32	5	3.88	14
(19) 旅游项目具有当地特色	3.98	14	3.96	6
(20) 旅游项目安全性高	4.36	3	4.03	2
(21) 旅游投诉服务很到位	4.16	8	3.61	23
(22) 服务态度好	3.86	21	3.85	19
(23) 服务效率高	3.98	15	3.88	15
总体均值	4.08		3.90	
综合满意度指数		3.90		

根据表 3.5,当前乡村旅游消费行为的综合满意度指数为 3.9,处于 3.5 到 5 的区间范围内,属于游客高度满意水平,由此可知,游客对于当前乡村旅游消费行为的满意度较高,部分指标超出游客预期。但另一方面,根据表 3.5 数据显示,游客对于乡村旅游消费各影响因素的重要度感知均值为 4.08,但是满意度感知均值仅为 3.9,因此当前对于乡村旅游消费满意度仍有待提升,这与游客期望值仍存在一定差距。

三、乡村旅游消费行为满意度 IPA 分析结论

根据表 3.5 所计算出的 23 个指标的均值得出乡村旅游消费行为的满意度总体均值(3.90)与重要性总体均值(4.08),利用 SPSS 工具绘制如下的矩阵散点图(见图 3.9),进行乡村旅游消费行为满意度 IPA 四象限分析,由此客观审视当前乡村旅游消费供给体系的优缺点。

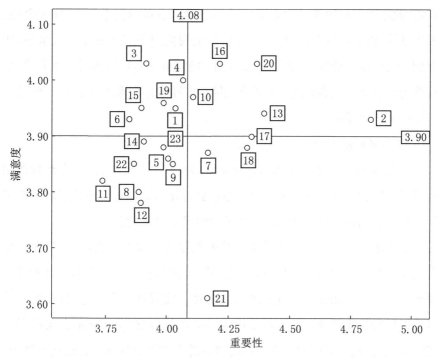

注：序号所示内容见表3.5。

图3.9　IPA象限分析

（一）乡村旅游消费供给维持区

如图3.9所示，第一象限的分布要素共有5个，分别为：（10）交通方式很安全，（16）当地商品价格合适，（20）旅游项目安全性高，（13）当地居民热情好客，（2）当地食物很卫生。

由IPA坐标图分析可知，此象限因素具有游客对其重要性期望高、体验感知度高的特征，因此这表明乡村旅游者对于以上5项消费因素的期望值较高，感知度也较高。从各项指标具体来看，在交通方式的要求上，乡村旅游消费者对其安全性的要求较高，且当前乡村旅游能够较好地满足这一基本需求；在餐饮消费上，乡村旅游目的地餐饮的卫生性与游客对其高度的需求所匹配；在购物消费上，乡村旅游当前的产品供给能够在价格上满足游客的需求；在旅游消费上，乡村旅游目的地往往具有民风淳朴的特征，因此能够为游客营造热情友好的旅行氛围，从而为其打造良好的出游环境。整体来看,此象限因素所满足的均是乡村旅游对于消费的基本需求,如安全性、卫生性等,由此可以看出,当前乡村旅游消费发展等级仍处于较低水平,所能满足的仅仅是游客"必要"层面的需求,随着群众消费的不断转型升级,乡村旅游消费供给也需要进一步改革创新,更好地适应游客多元化、个性化、深层次的消费需求。

(二)乡村旅游消费供给优势区

如图 3.9 所示,第二象限的分布要素共有 6 个,分别为:(1)当地食物很新鲜,(3)饮食具有当地特色,(4)当地食物价格合适,(6)当地住宿环境很卫生,(15)当地商品质量很好,(19)旅游项目具有当地特色。

要素落在此象限表示其感知度的表现要优于重要性表现,也是乡村旅游消费供给体系中优势区域,因此这表明当前乡村旅游消费者对于以上 6 项要素的体验感知度要超过其预期重要性。在餐饮消费上,乡村旅游消费者普遍感知当前乡村旅游消费餐饮供给的食材新鲜、价格合适且菜品具有当地特色,且此三项因素的表现均超出旅游者的消费预期。在住宿消费上,乡村旅游消费往往考虑到乡村的居住环境,对其住宿条件的卫生性的期望度较低,但近年来随着乡村地区民宿普遍开展提质升级活动,乡村旅游目的地的居住条件逐渐在标准化的基础上,趋向于个性化、特色化,由此能够为游客创造超出预期的住宿体验。在购物消费上,乡村旅游目的地所提供的商品质量往往能够超出游客所有的期待值。在娱乐消费上,乡村旅游目的地的娱乐设施多是就地而起,结合当地文化,因此具有一定的特色性。

(三)乡村旅游消费供给改进区

如图 3.9 所示,第三象限的分布要素共有 8 个,分别为:(14)当地商品具有特色,(23)服务效率高,(5)当地住宿条件很舒适,(9)交通体验很舒适,(22)服务态度好,(8)当地交通很便利,(11)当地整体环境良好,(12)当地整体形象令人满意。

坐落在此象限的要素表示其感知度表现与重要性表现都较低,因此第三象限所表示的均为低优先事项。这表明,在以上所提及的 8 项要素中,乡村旅游消费者自身对其的重要性期待值较低,且其感知度表现水平也较低。在住宿消费上,游客并未期待当地的住宿条件能为其带来舒适的居住感。在出行消费上,游客对于乡村旅游的出行体验、出行便捷度的期待值也并不高,且从体验的满意度来讲,当前乡村旅游交通出行条件确为劣势。在旅游消费上,乡村旅游给予游客以原始、古朴的形象,因此对于此类乡村旅游目的地而言,游客并未产生过高的环境要求度。除此之外,服务是乡村旅游消费所缺乏的主要要素。究其原因,主要源于两方面,一是乡村旅游消费服务标准的缺乏,都市旅游与乡村旅游监管出现断层,再者乡村旅游目的地往往以小、散的状态分布,监管难度更大;二是专业旅游从业人才的缺乏,随着城市化进程的加快,乡村地区高素质人群正源源不断地向城市地区单向输入,人才外流导致乡村旅游目的地缺乏高素质的服务从业人员,由此导致旅游服务水平较低。

（四）乡村旅游消费供给弱势区

如图 3.9 所示,第四象限的分布要素共有 3 个,分别为:(18)当地旅游项目具有创新性,(7)住宿房间环境令人满意,(21)旅游投诉服务到位。除此之外,(17)当地商品种类丰富位于坐标轴之上,也将其纳入此象限分析。

此象限表示要素感知的感知度表现明显低于其重要性表现,由此也是所有要素中亟须改进的区域,这表明以上 4 项乡村旅游消费满意度影响要素对于游客而言较为重要,但是游客的实际感知度却很低。具体而言,当前乡村旅游消费供给需要重点改进点集中于三个方面。一是以旅游投诉为主的旅游服务。正如上文所提及,当前乡村旅游服务水平较低,服务设施不全面且服务从业人员的素质较低,因此当涉及产品质量等消费问题时,游客往往难以获得渠道进行投诉、赔偿等售后服务,这便是未来乡村旅游发展所需要重点改进的一个方面。二是旅游项目的创新发展。当前多数地区乡村旅游的娱乐项目仍以吃农家饭、住农家乐、体验农家生活为主,但随着游客需求更加注重体验化、趣味化,越来越多的消费者对于当前层次浅、体验度低的乡村旅游娱乐项目感到乏味,在此背景下,乡村旅游目的地开发者应当结合在地文化,开发具有当地特色、针对不同消费群体的娱乐活动项目,以举家出行的亲子游群体为例,针对大人可举行民俗会演活动,针对孩子可开发科教普及、真人CS等娱乐拓展活动。三是乡村旅游商品的丰富度。当前乡村旅游商品主要有两类:一种是以土特产、特色小吃为主的乡村特色食材等,另一种是富含当地特色的手工艺品、旅游纪念产品。但整体来讲,地区内乡村旅游商品的发展呈现出同质化现象,千篇一律的商品设定也会削弱当地的区域特色与民俗特色。因此,在未来乡村旅游商品开发设计上,要进一步突出当地文化在商品上的体现,增强商品的实用性、文化性以及体验性。

第三节　基于扎根理论的都市型乡村
旅游消费感知价值与选择偏好研究

2022年中共中央"一号文件"提出,我国乡村振兴战略也步入全面推进的新阶段,要持续推进农村一、二、三产业融合发展,重点发展乡村旅游,促进农村消费扩容提质升级。与此同时,疫情的常态化防控也在潜移默化中改变着人们的出游行为,越来越多的游客的选择由出境旅游、远途旅游转为近郊游、周边游。根据《2021年国庆旅游市场数据报告》的统计数据可知,疫情致使游客出游距离和游憩半径呈现"双缩减",较2020年同期分别减少33.66%与7.75%,"3小时"旅游圈成为假期的主要活动范围,游客出行呈现出"本地人游本地"的明显特征,都市近郊型乡村成为热门的旅游目的地。①在此背景下,进一步分析都市近郊型乡村旅游者的消费行为特征、明确其价值感知与选择偏好对于科学引导乡村旅游业发展、营造良好的消费环境显得尤为重要。

乡村旅游从区位分布上可划分为三种类型:一是景区边缘型,二是老少边贫型,三是都市近郊型(以下简称"都市型"),其中都市型乡村旅游在我国

---

① 文旅中国. 2021年国庆旅游市场数据报告［EB/OL］. https://baijiahao. baidu. com/s? id=1713294544365119271&wfr=spider&for=pc, 2021-10-11.

最为发达和典型(吴必虎等,2004)。相较于一般的"乡村旅游",都市型乡村旅游的特征体现在两方面:一是在空间距离上,都市型乡村旅游目的地位于"都市近郊"。"都市近郊"的概念源于城市形态学,吴必虎等学者(2004)以空间距离为标尺,认为距都市中心 70 千米以内皆属于都市近郊型范围;周继霞(2007)综合考量交通变迁对于出行的影响,认为距城市中心行驶时间在两小时之内的为都市型乡村旅游目的地。二是在客群上,都市型乡村旅游的主要客群源于其所依托的城市(刘婷婷,2018;Linlin,2017)。基于此,本书将都市近郊型乡村旅游界定为一种依托城市背景、分布在城郊地区,以具有乡村性的自然和人文景观为旅游客体的旅游形式。为明确都市型乡村旅游的消费特征,本节以典型都市型乡村旅游目的地为研究对象,抓取"马蜂窝""携程网"和"小红书"等平台发布的相关游记文本进行扎根理论分析,形成都市近郊型乡村旅游消费模型,以推动都市近郊型乡村旅游目的地消费口碑的优化,促进乡村旅游更好地助推双循环新格局的构建以及全面乡村振兴的实现。

一、数据来源与研究过程

(一) 数据来源

依据第一财经发布的《2021 中国城市商业魅力排行榜》,通过从商业资源集聚度、城市人活跃度、生活方式多样性、未来可塑性和城市枢纽性等指标维度对我国城市进行商业魅力度计算,按照排名确定 2021 年我国 4 个一线城市和 15 个准一线城市[①],本节以此 19 个城市为案例地,分别为上海、北京、深圳、广州、成都、杭州、重庆、西安、苏州、武汉、南京、天津、郑州、长沙、东莞、佛山、宁波、青岛、沈阳。依据吴必虎(2004)所提出的"环城游憩带"概念,本节对于"都市近郊"范围界定为以所在城市中心为圆点,驾车行驶时间在 2 小时之内的范围,据此选取符合标准的乡村旅游目的地进行分析(见表3.6)。首先,利用 Python 软件在"马蜂窝""携程网"和"小红书"等年轻旅游消费群体较为活跃的 OTA 平台进行游记、评论等网络文本抓取,样本覆盖时

---

① 中商情报网. 2021 中国城市商业魅力排行榜[EB/OL]. https://top.askci.com/news/20210528/1024101462845.shtml, 2021-05-28.

间为 2017 年 3 月至 2022 年 3 月。鉴于本书主要采纳文字类文本内容进行分析,因此所收集的游记资料多源于"马蜂窝"平台,评论文本多源于"携程网"和"小红书"等平台。其次,以是否涉及"消费行为"为标准进行人工筛选,共得到 34 篇有效游记、1 931 条评论文本,预留其中 10 篇内容丰富且全面的游记用于理论饱和度检验,对于其余 24 篇游记以及全部评论文本进行扎根分析。

表 3.6　都市型乡村旅游消费研究案例地

乡村旅游目的地	所依托城市	距市中心距离（千米）	距市中心车程（分钟）
金山嘴渔村	上海	70	65
蟹岛度假村	北京	24	30
月亮湾青青世界	深圳	23	30
米埗小镇	广州	80	60
三圣花乡旅游区	成都	10	20
良渚文化村	杭州	30	45
板辽湖金沙滩	重庆	110	100
清水头村	西安	60	60
旺山村	苏州	20	30
石榴红村	武汉	30	60
浦口不老村	南京	25	40
稻香农谷	天津	28	40
西泰山村千稼集	郑州	20	30
罗王古寨生态农庄	长沙	70	60
西溪古村	东莞	20	30
阿婆六村	佛山	36	40
柿林村	宁波	70	90
晓旺社区	青岛	40	50
王士兰村"花千谷"	沈阳	20	30

（二）研究方法

针对都市型乡村旅游消费的价值感知与选择偏好的研究,本书选取扎根理论作为主要研究方法,辅以部分文本内容分析法。扎根理论最早是由美国学者格拉泽和施特劳斯提出,与实证研究不同,此方法是在原始资料归纳总结的基础上构建相关理论,是一种自下而上的理论研究方法,其实质是通过系统收集资料并据此定义社会现象,继而提取具有代表性的核心概念,最后借助概念间的联系来构建相关理论模型。扎根理论能够有效避免传统实证研究范式下，经验性观念或预设性理论模式对所用资料和所得结论所产生的"程式化"限制（高军等，2010）。

（三）研究过程

1. 开放式编码

开放式编码是对收集的原始资料逐字逐句进行编码和标签化的过程，从中定义现象并将其概念化与范畴化（白丹等，2016），包含三个步骤。首先，将所获取的文本资料导入 Nvivo 软件，不带有任何个人预设与偏见地进行资料逐级"缩编"，将材料中有价值的信息逐字、逐句地提取出来，对其进行初步概念化；其次，将所得概念进行比对、组合，形成属于同一范畴的概念丛；最后，对概念丛进一步抽象化并命名。

通过对原始资料的处理、对概念间交叉关系的合并，本节共提取概念37 个、范畴 12 个。其中，12 个范畴分别是：便捷性、性价比、放松休闲、见今怀古、人文关怀、乡村风情、特定空间、特定时间、求新性、探索性、推荐以及重游。开放性编码示例见表 3.7。

表 3.7　概念化与范畴化举例分析

资料文本	初步概念化	概念化	范畴化
选了村口路旁一家小店，炒了一个青椒肉丝和凉拌毛豆，40 块钱，略贵（a1） 不过饮料还比较实在，可乐 3 块钱，没有像其他景区那样卖到 5 块钱（a2） 店家的老婆婆人也很好，我去买饮料的时候不放心车，她说没事儿你去吧我帮你看着（a3） 村里有一片茶花田，但我们错过了花期，都谢了（a4） 三圣花乡非常适合夏天去，就在锦江区，坐 56 路就可以到（a5）	a1：农家菜价格高 a2：景区饮料价格实惠 a3：景区店员热情 a4：景观在特定时间才会呈现 a5：从市区到景点有直达公共交通 a6：景点食物价格便宜 a7：民宿价格便宜 a8：景点适合休闲聚会 a9：景点为大众推荐	A1：停车方便（a10） A2：餐饮性价比（a1、a2、a6） A3：商家热情（a3） A4：住宿性价比（a7） A5：公共交通直达（a5） A6：特色自然景观（a4） A7：亲友聚会（a8） A8：社交媒体推荐（a9） ……	B1：便捷性（A1、A5） B2：性价比（A2、A4） B3：放松休闲（A7） B4：人文关怀（A3） B5：特定时间（A6） B6：推荐（A8） ……

资料文本	初步概念化	概念化	范畴化
很多人去赏荷花,可以尝尝莲蓬,一般10块钱不到就可以买一个(a6)	a10:景点停车方便		
这里很多民宿价格便宜,环境很好(a7)			
最重要的是这边的农家乐可以烧烤,特别适合聚会,50元一人,饮料烧烤自助(a8)			
成都新晋网红打卡地,文艺青年的聚集地,碰到很多拍文艺婚纱的小夫妻(a9)			
很不错,可以吃饭,喝茶,花也比较便宜,停车也方便(a10)			(共12个范畴)
……		(共37个概念)	
(共2 112条有效资料)			

2. 主轴编码

主轴编码是扎根理论研究的第二阶段。通过深入分析各范畴之间的关联和差异,按照不同范畴之间的逻辑次序,对其加以合并从而形成宏观上的新范畴,使所获取的范畴之间更具逻辑性、系统性以及科学性。参照所获取的12个范畴,结合Sheth(1991)的消费多维价值感知理论,本节归纳出"功能价值、社会价值、情感价值、认知价值、情境价值"5个主范畴(见表3.8)。

表3.8　主范畴与对应范畴

主范畴	对应范畴	初始化概念	响应次数
功能价值	便捷性	自驾方便	107
		公共交通直达	83
		停车方便	118
	性价比	住宿性价比	108
		餐饮性价比	169
		游乐项目性价比	38

续　表

主范畴	对应范畴	初始化概念	响应次数
情感价值	放松休闲	逃离城市喧嚣	112
		放松身心	93
		感受自然	56
		亲友聚会	23
	见今怀古	建筑怀古	46
		童年回忆	54
		历史穿越感	40
	人文关怀	商家热情	66
		民风质朴	52
		邻里友善	30
	乡村风情	小桥流水	57
		田园梦乡	63
		农事体验	50
		安静文艺	11
情境价值	特定空间	特色自然景观	40
		特色人文景观	45
		特色商品	39
		特色手艺	26
	特定时间	季节限定	69
		时日限定	43
		节庆限定	31
认知价值	求新性	当地人传播	78
		游览习得	49
		慕名研究	42
	探索性	专业考察	35
		文化溯源	20
社会价值	推荐	社交媒体推荐	67
		他人推荐	53
	重游	二次体验	69
		三次体验	21
		四次及以上体验	9

3. 选择性编码

选择性编码是对主范畴之间的逻辑关系进行梳理,挖掘出核心范畴,将核心范畴与其他范畴进行逐步加深比较,建立两者之间的联系,用所开发出来的范畴和关系说明全部现象。本节通过进一步归纳主范畴得到社会规范、消费情境、产品/服务属性以及主观情绪四个核心范畴,将其作为都市型乡村旅游消费感知价值的四个测量维度,从中提炼出各维度间的"故事线"。分析可知,社会规范、消费情境、产品/服务属性以及主观情绪之间形成了单向循环关系。在此基础上,本节结合文本分析所归纳出的都市型乡村旅游消费的 5 大内容以及上文所归纳的价值感知 5 个主范畴,构建形成"都市型乡村旅游消费内容以及价值感知"分析模型(见图 3.10)。

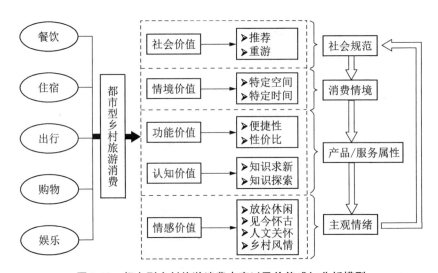

图 3.10　都市型乡村旅游消费内容以及价值感知分析模型

4. 理论饱和度检验

理论饱和度检验用以验证所提取的概念与范畴、所梳理的逻辑关系是否能覆盖全样本。本节将预留的 10 篇游记文本按照上述的方法进行编码分析并作理论饱和度检验,检验过程如表 3.9 示例所示。由结果可知,预留文本共编码 256 次,其中并未出现新的概念且所提取的范畴与表 3.8 内范畴一致,其故事逻辑基本符合图 3.10 所示模型。这表明所执行分析的范畴已达到理论饱和,核心范畴与模型是可信、有效的。

表 3.9　理论饱和度检验示例

文本内容	符合路径
C1:根据网上的推荐来到这,人不多,周围比较偏僻,到傍晚很安静,当时去的时候已经是 6 点左右,然后去了一家名为"耕岛"的地方吃晚饭,停车方便,进去环境特别优美,不过性价比比较高,点了一个槐花炒蛋,鸡汁竹笋,和一碗蘑菇汤消费了 160 元左右,吃完饭后到周围逛了一圈,几乎外面没有人,很乡村,有小桥流水人家的味道,总之还不错!	社会价值(推荐)—功能价值(性价比)—情感价值(乡村风情)
C2:每年油菜花开的时候我们全家都会来这里。这里 3 月份都会举办油菜花节,很热闹,很壮观,有时候会请来一些书法爱好者免费写字画送游客。旁边的农家乐味道也不错,价格很良心。周边郊游还是不错的,和家人朋友一起放松休闲。	社会价值(重游)—情境价值(特定时间)—功能价值(性价比)—情感价值(放松休闲)
C3:第二次来逢简水乡,这次也是自驾车来游玩,进入景区很方便,河道边不时可见有村民开的卖双皮奶、芝麻糊等传统特色小食的小店,一人买上一份,边观赏美景,边品尝美食,也是很不错的,同是水乡小镇,与江南小镇相比,逢简也有其特色,如果想要体验珠三角水乡风情,逢简水乡是一个不错的地方,是个值得一游的地方!	社会价值(重游)—功能价值(便捷性、性价比)—情感价值(乡村风情)
C4:在网上找了攻略,专门为了赏荷而去,现在正是荷花盛开的季节,这里风景秀美,空气质量好,农家菜味美价廉,夏季是一个不错的休闲避暑的好地方,明年准备再来!	社会价值(推荐)—情境价值(特定时间)—功能价值(性价比)—情感价值(放松休闲)—社会价值(重游)
C5:这里的村舍多是徽派建筑,听当地居民介绍说,这是当年移民留下的,村民都很热心,和我普及了很多关于村舍的历史。由于自己一个人,吃饭又成了问题,选了村口路旁一家小店,炒了一个青椒肉丝和凉拌毛豆,价格合适,味道也不错! 如果不是赶时间,我一定搬张藤椅坐在葡萄藤下晒太阳。下次一定早一点来,让自己可以充分享受这种闲暇时光!	认知价值(知识求新)—功能价值(性价比)—情感价值(放松休闲)—社会价值(重游)

二、网络情境下都市型乡村旅游消费模型解构

(一)都市型乡村旅游重点村发展特征——以上海为例

上海各乡村地理位置、产业基础以及旅游禀赋等各不相同,乡村旅游的发展也呈现出多元化趋势。根据今年申报的村庄情况,将上海市的乡村旅

游重点村主要分为以下几个类型。

1. 周边景区发展带动型

知名景区的吸引力对于区域旅游的发展起到了关键作用,为周边乡村提供了良好的市场基础和丰富的发展契机。在上海市,许多村庄都借助周边知名景区优势,积极开展乡村旅游,发展相应的餐饮民宿配套服务。以浦东新区的川沙镇七灶村和界龙村为例,因其临近迪士尼度假区而分享了较为稳定的客源,乡村民宿起步早、数量多,发展较为成熟。金山区下坊村则正处于乡村旅游发展初期,未来该村规划以承接周边乐高乐园和浙江平湖不夜城项目的溢出效应为目标,积极准备发展乡村旅游和民宿业。

2. 田园休闲郊野游憩型

田园休闲郊野游憩型乡村一般具备良好的生态基础,并引入休闲游乐设施,提供基本食宿接待,以满足游客的休闲游憩需求。上海休闲郊野游憩型的乡村较多,根据乡村旅游发展情况可分为三种类型。一是靠近市区、交通便利的乡村,这些乡村通常提供基本的乡村文化体验和休闲娱乐空间。例如闵行区赵家村,通过打造亲子教育自然营地和农耕文化体验基地等,为游客提供都市近郊的农耕文化和乡土体验。二是依托郊野公园、湿地公园等发展乡村旅游,主打户外运动、休闲观光、露营亲子等活动。例如奉贤区渔沥村,结合本村所辖的奉贤庄行郊野·农艺公园、湿地公园等资源,开发休闲农场、森林游憩、休闲步道等。

3. 乡村特色产业资源依托型

依托乡村特色资源和产业发展也是上海乡村旅游的一种重要类型。这种模式以本村独特的农产品及农业产业为核心,通过农业观光、农事体验、农产品采摘等形式开发乡村休闲项目等,吸引游客前来参观、体验、休闲和消费。在这种模式下,乡村旅游不仅能够促进乡村特色产业兴旺,还能够提升乡村品牌知名度和市场吸引力。如嘉定区灯塔村,立足于当地草莓特色产业优势,建立了集草莓销售、草莓衍生品加工活动体验、草莓田间学校于一体的"莓丽乐园"。松江区井凌桥村,依托颇具规模的花卉产业,发展"光隐·花隅"项目和花坊体验发展乡村旅游,建设美丽乡村。宝山区天平村,依托现代农业的规模化、科技化发展,开发高品质、多元化农旅融合业态产品,引入专业化卡丁车、康养、休闲、亲子、餐饮等项目,打造更丰富多彩的乡村旅游体验。

4. 乡村研学型

乡村研学旅游产品具有普适性、广泛性和易操作性的特点,依托乡村特有的农耕体验、田野自然教育、农产品科普等内容,具有广泛的客群基础。上海多个乡村的研学旅游项目多与上海市劳动教育实践基地相结合,开发特色空间和课程,满足学生研学群体和周末亲子群体的需求。如宝山区洋桥村,其乡村旅游以研学为主要特色,建设"第三空间"劳动教育实践基地,培训本地村民开展研学教育和旅游休闲配套服务,日接待量200人以上,逐步打响乡村研学品牌。闵行区近浦村,引入专业研学团队开发研学旅游,并结合国家级生态农场和生态涵养林资源,吸引了大量的周末亲子客群。

5. 乡村度假综合体型

度假综合体型乡村旅游,在上海市场具有重要地位,其高品质和丰富体验吸引着广泛的游客群体。该类乡村引入第三方开发运营机构,创意性地将整村打造乡村休闲游憩度假综合体,乡村旅游项目丰富,餐饮民宿健全,业态产品多样,并确保具备四个重要要素:原生态乡村环境、舒适的旅游设施、周到的旅游服务及特色的文化娱乐。如青浦区岑卜村,该村积极探索新的整村建设和运营模式。岑卜村本身拥有优越的生态环境,以国潮文化、民宿休闲和水上运动等新兴业态为发展重点,积极打造特色乡村文旅产业,将整个村庄打造成集休闲和度假为一体的综合体。金山区中兴村,通过与镇属旅游公司合作,打造了"农、文、体、旅"融合发展的新型田园综合体项目"山阳田园"。崇明区合中村,引入第三方打造香朵开心农场,并通过三期建设逐步丰富业态产品,实现了生态农业和休闲旅游的多元化有机融合。

(二)都市型乡村旅游消费的内容

整体来看,都市型乡村旅游者以特色化消费为主,且消费内容丰富。在将所收集的网络文本进行可视化分析后可得其高频词云(见图3.11)。由图3.11可知,"地方""特色""文化""农家""感觉""环境"等高频词出现的比例较高,这表明旅游者在进行消费时较为重视乡村氛围、体验乡村特色,这既是都市型乡村旅游与其他旅游类型最主要的区分点,也是都市型乡村旅游消费者首要的消费诉求。除此之外,"美食""小吃""公交""门票""游船""房子"等出现频次也较高,这表明都市型乡村旅游的消费内容种类丰富,消费者所面临的消费情境众多,诸如吃饭、交通、住宿等。

图 3.11　都市型乡村旅游消费内容高频词云

为进一步厘清都市型乡村旅游消费的具体内容,本节根据旅游六要素理论(翟辅东,2006),基于网络评价文本在"吃、住、行、游、购、娱"六个板块的分布,将都市型乡村旅游消费内容归纳为餐饮消费、住宿消费、出行消费、购物消费及娱乐游玩消费五个方面。其中,由于"游"和"娱"要素在乡村旅游花费的边界较模糊且区分度较低,本节将这两要素的花费归并为"游玩娱乐消费"一类。以这五种类型的消费内容为主题,本节在前 200位高频词中进行特征词抽取归类(见表 3.10),以此明晰各类型消费内容的分布情况。

表 3.10 都市型乡村旅游消费的内容分布

内容分类	高频词	计数	加权百分比	频次总数
餐饮消费	农家乐	123	0.25	
	美食	86	0.18	
	小吃	84	0.17	358
	味道	65	0.13	
出行消费	公交	79	0.16	
	方便	76	0.16	
	交通	70	0.14	300
	周边	41	0.08	
	停车	34	0.07	
住宿消费	农家乐	123	0.25	
	民宿	34	0.07	173
	居住	16	0.03	
游玩娱乐消费	游玩	51	0.1	
	游船	42	0.09	
	露营	25	0.05	182
	项目	25	0.05	
	采摘	21	0.04	
	坐船	18	0.04	
购物消费	小店	30	0.06	
	商品	29	0.06	110
	特产	26	0.05	
	产品	25	0.05	

1. 餐饮消费

"食"作为旅游六要素之一,也是都市型乡村旅游最主要的消费内容,乡村旅游经营者所提供的有机、环保、绿色、特色的餐饮商品是游客出游过程中最主要的消费选择。在表3.10中,"农家乐""小吃""美食""味道"等词汇所占比例较高,结合文本内容可知都市型乡村旅游的餐饮消费内容大致分为两类:一是特色小吃,如有游客所反馈的"这里的各类美食、甜品、糕点等特色小吃,价格很合理""小吃除了顺德甜品美食外,推荐臭豆腐,真的让人赞不绝口,停不下来"等。二是农家菜,作为农家乐的重要组成部分,农家菜是影响游客消费评价的重要因素,健康、特色、味美、价优的农家菜往往会给游客带来美好的出游体验,不仅如此,部分游客还乐于参与农家菜的制作过程,如有机蔬菜的采摘、农家灶体验等。

2. 出行消费

交通是游客惬意出游的基础保障,都市型乡村旅游相较于其他地区的乡村旅游目的地而言,出行成本较低,但在乡村旅游总体消费结构中仍占据第二位。在表3.10中,"交通""方便""公交(车)""周边""停车""开车"等词汇出现频率较高,可知都市型乡村旅游的出行支出主要体现在两个方面。一是针对出游的公共交通费用,都市型乡村旅游目的地多位于市区周边,多数可以乘坐公交直达,往返的出行花费多在10元左右,耗时较长但也是一种体验过程,如有游客评价道"到天河客运站坐252路公交直接到小洲村,票价3元,在车上晃晃悠悠1个多小时,虽然耗时长但沿途可细细品味这个城市倒也不觉得无聊"。二是针对自驾的游客而言的停车费用,此类旅游目的地多有公共停车场,且多数免费,或部分收取小额的停车费,但价格远低于市区,如游客评价"村口牌坊那里有个小停车场,停一天只要10块钱"等。

3. 住宿消费

都市型乡村旅游的住宿是展现乡村特色的主要方式,对于在乡村地区过夜的游客而言,住宿消费是其最大支出。从表3.10中可以看出,"农家乐""民宿""居住"等词出现次数较多,这表明都市型乡村旅游虽属于近郊短途游,但仍有部分游客选择居住,且游客对于民宿的需求较为旺盛。在网络评论文本中,游客评论:"休闲,放松,采摘,民宿,烧烤,发呆……小象民宿还不错,老板是性情中人""出乎意料,房子很干净,老板人也非常热情,房间也大,晚上温差很大无须空调,民宿天台可看到星空,感觉特好"等。由此可知,风格特色、环境卫生、店家热情的乡村旅游民宿更能获得游客的认可,使其产生物有所值的消费感知,更好地感受乡村特色。

4. 游玩娱乐消费

游玩娱乐消费是指游客在进行都市型乡村旅游过程中为领略当地风土

人情、使出游行为充满乐趣而参与的游览、体验和特色娱乐活动支出。在表3.10中,"游玩""游船""坐船""采摘""露营"等词的频率较高,结合文本内容可知,都市型乡村旅游的游玩娱乐消费有两种类型。一是受年轻客群喜爱的露营、拍照、观星等"网红"类项目,如有评论:"樱花谷有很多项目,……,里面有很多网红项目,比如喊泉,玻璃桥,汉服租赁拍照。"二是针对亲子家庭的游乐项目,如游船、采摘、手工艺制作体验等,参与者多是携带孩子的家庭团体类游客,其目的是让孩子通过亲身实践的方式体验乡村生活与传统文化,如有评论:"特别推荐坐船游水乡,坐车船,绕着水道,体会水乡风情,30元一个人。"

5. 购物消费

旅游的基本构成包括各种购物,这同样适用于都市型乡村旅游,相较于其他旅游类型,乡村旅游所提供的商品种类较少,但特色性更强。在表3.10中,"小店""特产""商品""产品"等词出现频率较高,根据文本内容可知都市型乡村旅游的购物消费包含两部分内容。一是食品类特产,如特色小吃、农家有机蔬菜、土特产等,多数游客在开展近郊乡村旅游的过程中会采购本地的绿色食材、土特产等,如有游客表示:"专门为了当地特产过去的,顺道可以品尝各种美味的当地小吃,适合周末休闲度假。"二是特色手工艺品、旅游纪念品,此类商品属于当地特色乡村文化的旅游衍生品和文创产品,且越来越多的乡村旅游目的地为游客提供商品制作的过程参与,既能丰富游客的旅游消费内容,又能有效促进乡村文化的传承。

(三) 都市型乡村旅游消费的感知价值

根据表3.8的扎根结果可知,都市型乡村旅游消费行为的感知价值可分为五种类型。通过进一步梳理挖掘后可知(如上文图3.10所示),五类感知价值可归纳为四个维度,分别为社会规范维度、消费情境维度、产品/服务属性维度、主观情绪维度。

1. 社会规范维度的感知价值

社会规范维度的消费价值感知为社会价值,是指从自身经验、他人或其他社会群体的联系中获得的感知效用,分为两个类型。一是内部自生型,具体表现为"重游",即游客结合自己的记忆和感受,依据个人经验、过去的积累、出游感受等形成对于旅游目的地的印象,并据此判断此地是否值得"再次"出游,且初次出游的感受越好,其所感知的社会价值越高,重游的可能性也越高。在所获取的网络文本中,游客会根据自己的出游经历得出"在这里,你可以好悠闲地度过一个快乐的下午时光,我会再来"等结论。二是外部他生型,具体表现为"推荐",即游客从同事、亲友以及网络社交媒体等渠道获得有关乡村旅游目的地的相关信息,并由此形成社会价值感知,在所获取的网络文本中,游客会根据自身体验在社交平台上发表"是否推荐"的评论,如"特别推荐三圣乡乡情园的自助烧烤,他家的烧烤和别人家最大的差别就是食材都是当天根据客户的需求采购的"等,这便成为他人能够获取的网络媒体信息;除此之外,部分游客出游的动机便是他人推荐,如"因为在网上看到说这里很漂亮就一个人开车过来了"等。整体来看,对于都市型乡村旅游者而言,网络媒体评价、"网上攻略""网红推荐"等是其获取某一乡村旅游景区信息、感知社会价值、产生出游动机的主要渠道。

2. 消费情境维度的感知价值

游客在消费情境中的感知价值为"情境价值",是指消费者所面临的特定情况或特定环境所产生的一种感知效用,属于消费感知的客观因素,此类价值可分为两种类型。一是由于时间特定性而形成的时间价值,即某种旅游场景、旅游商品只在特定时间才会出现,从而形成有限购买的稀缺性消费情境,如季节限定、时日限定及节庆限定等。在所获取的文本中,游客会发表"特意选择在端午节的时候去,那时会有人划龙舟,很是壮观"等评论,表明部分游客是为了特定时间的某一消费品而开展出游行为。二是由于地点的特殊性而形成的空间价值,即某样旅游商品只有在特定地域才会销售、才正宗,具体表现为都市近郊乡村的特色自然景观、特色人文景观、特色商品(特产、特色小吃)以及特色手工艺等,从而形成异地购买的稀缺性消费情境,如在文本中,游客道"特地去看一看买一买吃一吃当地的特产风土风味,最具特色就是凌鱼干"等,表明消费情境的稀缺性会提高旅游者消费的感知价值。

3. 产品/服务属性维度的感知价值

产品/服务属性维度的感知价值是游客对于旅游产品或服务功能性效用的感知，属于客观因素，其体现为以下两种价值类型。一是功能价值，是指旅游产品能够满足消费者需求的属性。根据本节分析可知，都市型乡村旅游产品的功能价值具体表现为便利性与性价比。便利性是指自驾出行的便捷性、景区公共交通的高通达度、景区停车的低成本化。整体来看，游客对于都市型乡村旅游目的地的交通便利性满意度较高。性价比是指游客在进行景区消费时是否感受到物有所值、定价合理以及产品质量是否令人满意，是从成本与价格的比例来衡量感知价值的大小。从消费结构上看，都市近郊型旅游目的地的商品性价比主要体现在住宿性价比、餐饮性价比以及游乐性价比三个方面，如在住宿支出方面，多数游客认为乡间"民宿住得很开心，性价比高"。二是认知价值，是指游客从旅游产品激发好奇心、提供新颖性或满足求知欲的能力中获得的感知效用，可分为求新性认知与探索性认知。求新性认知源于游客的好奇心，是游客在消费过程中接收到超出自己原有认知范畴之外的知识，其传播途径为当地人口述、游览习得或慕名研究。探索性认知源于游客的专业兴趣，是指在出游过程中能够对某一领域进行延伸性知识探索，可表现为专业考察、文化溯源出游，如都市型乡村旅游是观星爱好者的重要场所选择，如游客对此反馈道："几年前就网上看到阿婆六是徒步观星的好去处，昨天来体验了一下，出乎意料，房子很干净，老板人也非常热情。"整体来看，游客在进行都市型乡村旅游时所感知的认知价值中，求新性认知往往是游客的"意外惊喜"，而探索性认知往往能够对游客出游决策产生很大影响。

4. 主观情绪维度的感知价值

主观情绪维度所感知的价值为情感价值，是消费行为能够唤起游客某种情感状态。对于都市型乡村旅游消费而言，其能够唤起的情感类型可分为四种。一是放松休闲类情感，所占比例最高，具体表现为逃离城市喧嚣、放松身心、感受自然及亲友聚会，如游客谈道"最重要的是这边的农家乐可以烧烤，特别适合聚会，50元一人，饮料烧烤自助"等。二是乡愁类情感，表现为建筑怀古、童年回忆及历史穿越感等感受,如有游客表示"坐在游船上看着两岸的市井生活,仿佛回到了古代,真正体验到了小桥流水人家的生活"等。三是人文关怀类情感,具体表现为商家热情、民风质朴以及邻里友善,如有游客认为"村民们都挺热情的,朴实友善"等。四是乡村风情类情感,表现为游客所感受到的小桥流水、田园梦乡、安静文艺的氛围以及农事体验,如游客表示"吃完饭后到周围逛了一圈,几乎外面没有人,很乡村,有小桥流水人家的味道,总之还不错"等。整体来看,情感价值是都市型旅游消费者过程中较为内在的、个性化感知价值类型,游客往往会基于此形成社会价值感知,为下一次的旅游消费决策做铺垫,因此情感价值也是影响游客出游满意度、重游意愿的重要因素。

(四) 都市型乡村旅游消费的选择偏好

基于上述四个维度、五种类型的都市型乡村旅游消费感知价值分析,不同的旅游者都会有不同的选择偏好,且不同感知价值对于旅游者的消费决策的影响也不同。本节以各感知类型出现的频次作为指标进行统计,得出都市型乡村旅游消费者的选择偏好特征,并形成都市型乡村旅游消费价值感知选择分布图(见图 3.12)。

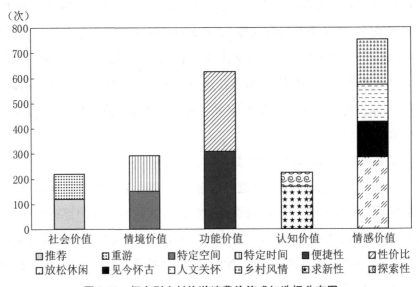

图 3.12 都市型乡村旅游消费价值感知选择分布图

1. 情感价值与功能价值为主要感知内容

在选择偏好总体分布中,情感价值和功能价值位居都市型乡村旅游消费者的感知内容的前两位。从图 3.12 可以看出,在五种感知价值中,游客对于情感价值的反馈次数最多,共 735 次。其中,放松休闲类感受最高,为 284 次;乡村风情氛围感受次之,为 181 次;见今怀古型乡愁感受最低,为 140 次。这表明在进行消费后的评价中,游客会首选表达旅游消费过程对自己带来的主观情绪上的效用价值,且都市型乡村旅游目的地往往给消费者带来以放松休闲、感受乡土生活为主的情感体验。功能价值的感知次数共 623 次,其中,便捷性感知与性价比感知频次分布近乎 1∶1,分别为 308 次与 315 次,同时,二者的感知频次位居所有同级范畴次数的前两位,这表明游客在进行都市型乡村旅游消费时,认为旅游目的地的便捷性及旅游产品或服务的性价比同等重要。结合文本可知,游客对此的感知情绪以正面、积极为主,但也存有部分负面感知评价,如"性价比一般,自然风景,人为打造,喜欢清静的朋友可以来这里,近郊游不错的地方""吃的东西不是真正的顺德菜那么好吃,旅游景点嘛,性价比不是很高""可惜交通实在太不方便了,要转公交,去一趟很心累"等,因此,近郊型乡村旅游目的地的基础交通设施及服务质量仍存在进一步完善与提升的空间。

2. 社会价值与认知价值感知度有待提高

在选择偏好总体分布中,都市型乡村旅游消费者的社会价值与认知价值所占比例较低。从图 3.12 可以看出,在五类感知价值中,社会价值的感知度最低,为 219 次,其中"推荐型"所占频次为 120 次,"重游型"所占频次为 99 次,导致此现象的原因或来自两方面:一是旅游目的地自身宣传推广力度不足,尤其是在网络社交平台上的曝光度不高,导致游客知晓度低;二是游客的消费体验不好,这既会导致游客的重游意愿低,也会致使游客在网络平台发表负面言论,由此降低其他游客的社会感知价值,如"不值得去,臭水沟真的臭,水是真的脏,但凡水干净点都能给它拍张照了""十分普通的南方农村,没有什么特别的地方,不值得去""广州那么多好玩好看的地方,说实话,这里挺不值得来的"等负面情绪较为强烈的评论。除此之外,都市乡村旅游消费者的认知价值的感知度也较低,频次仅为 224 次,其中求新性认知为 169 次,探索性认知为 55 次,这表明,一方面,以认知价值作为消费驱动因素的乡村旅游游客所占比重较少,且多数游客在消费过程中所感知到的认知价值在其旅游期望之外,视为"锦上添花"之效;另一方面,都市型乡村旅游目的地的产品以及服务设定缺乏一定的文化内涵,产品与服务属性仍以自然、初级为主,在文旅融合程度不断深化的时代,应进一步加强文化内容的植入,促进旅游消费内容质量的进一步升级。

三、主要研究结论

本节运用扎根理论研究方法,以网络评价文本为资料,从感知价值与选择偏好角度对都市型乡村旅游的消费行为展开研究,得出以下结论。

第一,当前我国主要城市的都市型乡村旅游者对其消费的特色化属性诉求高,消费内容可分为以特色小吃、农家菜为主的餐饮消费,以公共交通花费、停车花费为主的出行消费,以乡村民宿花费为主的住宿消费,以参与"网红"类项目、亲子类项目为主的娱乐游玩消费及以购买乡村土特产、特色手工艺品为主的购物消费五个方面。因此,需要深入挖掘都市型乡村在地文化,丰富旅游消费产品的文化创意。一是乡村旅游产品的设计要与本土特色文化相呼应,如特色乡村民宿的开发与建设,要在满足旅游者多元化和都市品质的住宿需求基础上,最大化保留乡村原有的资源特色和建筑风格。二是注重文化创意的注入,不断丰富和创新乡村旅游产品形式和内容,要注重产品消费过程的参与性、体验性,以更好地满足消费者的"乡愁"感知需求,填补乡村旅游消费过程中认知价值的空缺。

第二,都市型乡村旅游消费行为的感知价值可分为社会规范、消费情境、产品/服务属性、主观情绪四个维度,且四个维度的感知价值间存有闭环的单向因果关系,其中社会规范维度下所感知的为社会价值,消费情境下所感知的为情境价值,产品/服务属性维度下所感知的为功能价值和认知价值,主观情绪维度下所感知的为情感价值。

第三,五类感知价值呈现出情感价值＞功能价值＞情境价值＞认知价值＞社会价值的选择偏好,其中情感价值是都市型乡村旅游消费者的首要感知内容,而社会价值与认知价值的感知频次较低,这表明当前我国都市近郊型乡村旅游的知晓度和美誉度等品牌影响力建设有待加强,其文化内涵有待进一步提升。因此,需要优化消费口碑的网络环境,加强都市型乡村旅游品牌推广。网络情境下,越来越多的游客在进行旅游活动的过程中会依赖于网络信息,因此乡村旅游需要结合都市的科技优势,大力提升乡村旅游"互联网＋"的运营水平,建立都市型乡村旅游消费品牌的宣传推广体系。一是要利用大数据,建立乡村旅游所售商品、服务的宣传、营销网站,发挥KOL的带动作用,营造良好的网络口碑环境。二是要尝试搭建都市与乡村旅游一体化的消费推广平台,方便游客搜寻相关消费信息,并及时收集游客旅游消费的反馈与评价,洞悉乡村旅游市场的需求和感知动态,引导都市型乡村旅游消费的健康增长。

第四章
中国乡村旅游供给体系构建及测度研究

第一节 中国乡村旅游供给体系及现状

一、乡村旅游供给现状

(一) 全国乡村旅游供给规模快速扩张

我国乡村地区地域广阔,旅游资源丰富,乡村旅游供给规模经历了快速且高品质的提升发展。根据农业农村部数据,截至 2019 年年底,休闲农业与乡村旅游经营单位超过 290 万家,全国休闲农庄、观光农园等各类休闲农业经营主体达到 30 多万家,7 300 多家农民合作社进军休闲农业和乡村旅游。2010 年到 2019 年间,我国农家乐相关企业注册总量由原来的 2.6 万家增长至 21.6 万家,翻了三番,其中 2015 年相关企业注册数量增速高达 38%。

截至 2021 年,中国旅游协会休闲农业与乡村旅游分会共认定全国休闲农业与乡村旅游星级企业(园区)3 396 家,其中五星级 676 家,四星级 1 717 家,三星级 1 003 家(见图 4.1)。从星级分布来看,我国全国休闲农业与乡村旅游星级企业(园区)主要集中在四星级和三星级;从认定时间来看,我国休闲农业与乡村旅游星级企业(园区)认定速度有所放缓,2019 年仅认定 129 家星级企业(园区),但是四星级和五星级的认定数量差距大幅减少,说明 2019 年我国休闲农业与乡村旅游星级企业(园区)已经进入提质阶段。

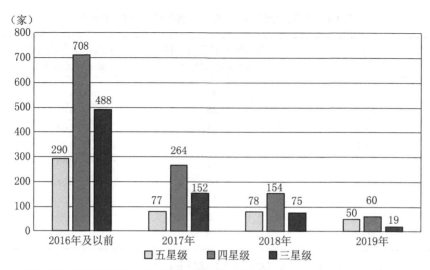

资料来源：中国旅游协会休闲农业与乡村旅游分会。

图 4.1　中国休闲农业与乡村旅游星级企业（园区）数量

当前我国已开展大规模乡村旅游重点村等系列示范点位的创建工作，并取得显著成果。自 2019 年起，我国已成功创建三批全国乡村旅游重点村，全国范围内共 1 197 个乡村旅游村落被评为重点村（见附录 1），其中新疆地区共有乡村旅游重点村 27 个，排名第一。自 2010 年到 2017 年，我国共创建 8 批全国休闲农业与乡村旅游示范县/点，其中共认证全国休闲农业与乡村旅游示范县 388 个，全国休闲农业与乡村旅游示范点 636 个（见表 4.1）。2022 年我国文旅部发布两批乡村旅游精品线路，分别为 113 条"乡村四时好风光——春生夏长万物并秀"全国乡村旅游精品线路和 128 条"稻花香里说丰年"全国乡村旅游精品线路（见附录 2）。2022 年 11 月 22 日，农业农村部通过线上直播方式举办 2022 中国美丽乡村休闲旅游行推介活动，发布浙江省湖州市南浔区"江南水乡鱼桑文化体验之旅"、西藏自治区林芝市朗县"高原秋季乡村生态休闲游"等 54 条精品线路，以及红花共享农庄、刘斌堡青山园等 191 个精品景点（见附录 3）。

表 4.1 各批次全国休闲农业与乡村旅游示范县/点名单

公布年份	全国休闲农业与乡村 旅游示范县(个)	全国休闲农业与乡村 旅游示范点(个)
2010	32	100
2011	38	100
2012	41	100
2013	38	83
2014	37	100
2015	68	153
2016	74	
2017	60	
总计	388	636

资料来源:中国旅游协会休闲农业与乡村旅游分会。

(二) 各地区逐渐开展乡村旅游创新性供给

在全国乡村旅游供给规模不断扩张的基础上,部分地区为不断丰富乡村旅游供给、提高乡村旅游供给质量,在乡村旅游供给中开展创新性尝试。

上海推出民宿星级化评定标准。2018 年,原上海市旅游局在上海市地方标准《农家乐旅游服务质量等级划分》的基础上,修订了上海市地方标准《乡村民宿服务质量要求》。新标准按照引导乡村民宿规范、品质、特色发展,引导乡村民宿提升服务质量,引导乡村民宿反哺乡村发展的原则,规定了乡村民宿所涉及的经营场地、住宿、服务、餐饮、交通、信息、卫生和环境、安全、特色及综合管理要求。除此之外,根据该标准制定了标准评定细则,按照服务质量把乡村民宿划分为三个等级,尤其在资源特色、主题特色、氛围特色、客房特色、公共空间、服务人员、服务特色、餐饮特色、活动特色、管理特色 10 个方面加以引导,为乡村民宿的发展提供标准化支撑。截至目前,上海市依据标准评选出 17 家五星、29 家四星和 24 家三星共 70 家上海市星级乡村民宿(区域分布见表 4.2)。

浙江省引领景观化村庄打造步入 2.0 阶段。2021 年浙江省委、省政府作出建设未来乡村的重大决策部署,先后出台了《浙江省未来乡村建设指导意见》等文件,并积极探索"一统三化九场景"未来乡村建设模式路径,构建

表 4.2　上海星级民宿的区域分布

所在地区	星级			总计（个）
	五星级（个）	四星级（个）	三星级（个）	
崇明区	10	20	18	48
金山区	4	4	6	14
松江区	1	0	0	1
浦东新区	1	0	0	1
奉贤区	1	3	0	4
青浦区	0	2	0	2

起了一整套立柱架梁的顶层设计。自此之后,浙江省以人本化、生态化、数字化为建设方向,一体推进"美丽乡村＋数字乡村＋共富乡村＋人文乡村＋善治乡村"建设,全力打造引领数字生活体验、呈现未来元素、彰显江南韵味的未来乡村浙江范例。近两年,浙江以产业兴旺为根本,率先推进强村富民乡村集成改革在未来乡村落地,大力培育"一村一品""一村一业",打造美丽乡村共同富裕示范带,推进片区式组团化发展,快速建立未来乡村与周边村庄、未来社区联建联创机制,不断开辟未来乡村共富新境界。截至目前,浙江省已公布 378 个未来乡村试点创建村名单,规划各类项目 4 944 个,计划总投资 295 亿元,首批已验收通过 36 个。

二、乡村旅游供给体系

旅游供给是指旅游经营者在一定时期内,愿意并能够以一定的价格向旅游市场提供的旅游产品,乡村旅游供给是指乡村旅游经营主体为乡村旅游者所提供的各种有形产品及无形服务等内容。乡村旅游供给体系可划分为三个圈层,分别为第一圈层的乡村旅游核心供给、第二圈层的乡村旅游支撑性供给及第三圈层的乡村旅游辅助性供给(见图 4.2)。

（一）乡村旅游核心供给

乡村旅游核心供给是指主要针对乡村旅游者的需要而开发和提供的旅游供给部分,其中包括借以吸引游客来访的旅游资源、为保障其旅游活动的顺利开展而专门提供的各种旅游设施以及与此相应的各种旅游服务。

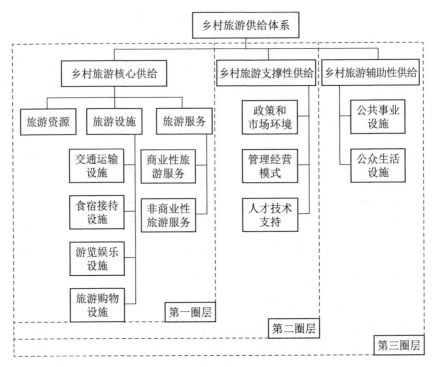

图 4.2 乡村旅游供给体系

乡村旅游资源是指能吸引旅游者前来进行旅游活动,为旅游业所利用,并能产生经济、社会、生态等综合效益的乡村景观客体,它是以自然环境为基础、人文因素为主导的人类文化与自然环境紧密结合的文化景观,是由自然环境、物质和非物质要素共同组成的和谐的乡村地域复合体。乡村旅游资源具有广泛性、地域性、可重复利用性、动态性以及社会和文化属性。在乡村旅游资源的分类中,按照其资源的性质与成因,可将其分为自然旅游资源与人文旅游资源。除此之外,也可从不同角度对其进行分类(见表 4.3)。

表 4.3 乡村旅游资源分类

分类依据	乡村旅游资源类别
四分法	自然资源、人文资源、社会资源、产业资源
形态	有形的旅游资源、无形的旅游资源
存在空间层位	地上旅游资源、地下旅游资源、天上旅游资源、海洋旅游资源
性质用途	物质享受型、精神享受型

分类依据	乡村旅游资源类别
旅游活动性质	观赏型、运动康乐型、特殊型
吸引物性质	场所吸引物、事件吸引物、其他吸引物
资源开发特征	原生性旅游资源、萌生性旅游资源
资源功能	观光型、参与型、购物型、保健休疗型、文化型、情感型
资源增长情况	再生性、不可再生性、可更新性
资源管理级别	国家级、省(市)级、县级
资源开发状态	已开发、正在开发、潜在型

乡村旅游设施是乡村旅游经营者为直接开展旅游经济活动向旅游者提供食、住、行、游、购、娱等方面服务的凭借物,是旅游企业投资的主体部分,也是代表旅游目的地接待能力的硬性指标。旅游设施和相应旅游产品或服务的数量代表着一个国家或地区旅游业的接待能力,这种旅游接待能力的大小反映着一个国家或地区乡村旅游业的实力和发展规模。一般来说,旅游设施主要包括旅游运输设施、旅游食宿接待设施、游览娱乐设施和旅游购物设施四部分。其中交通运输设施是指乡村旅游者赖以实现其空间转移的客运设施和装备,主要以铁路和公路交通为主。食宿接待设施是以现代饭店为代表,能够适应和满足乡村旅游者住宿需要的服务设施,主要以农家乐、民宿为主。游览娱乐设施是指供游客参观、游览开展娱乐活动的场所,多数集中反映和表现当地民族历史、文化、艺术和民间风俗,如博物馆,美术馆,图书馆,剧场,游乐园,特色园林,以及名人、历史事件纪念馆等。旅游购物设施是指供乡村旅游者购物的设施,其方便程度,特别是其中所提供的商品的品种、特色、质量和价格,对游客的购买兴趣和购买数量有着重要的影响。

乡村旅游服务可分为商业性服务和非商业性服务两种。其中商业性乡村旅游服务一般指当地旅行社的导游服务和翻译服务、交通部门的客运服务、饭店业的食宿服务、商业零售部门的购物服务及其他部门向旅游者提供的商业性接待服务,主要覆盖客运、住宿以及购物等方面。非商业性旅游服务则主要包括旅游目的地为旅游者提供的旅游问询服务和出入境服务,以及当地居民为旅游者提供的义务服务。乡村旅游服务的最终目的是通过使旅游者的需求在合理的基础上得到最大满足,从而获得良好的社会和经济效益,因此,整个服务体系的运转必须以提高质量为中心。

(二)乡村旅游支撑性供给

乡村旅游支撑性供给主要是指为支撑乡村旅游核心供给的打造,所提供的政策、市场环境以及"人、财、物"等资源的保障,主要包括政策与市场环境、经营管理模式以及人才技术等方面的支撑。

乡村旅游发展环境的营造者主要包括政府和市场两方面。其中政府政策是激励乡村旅游发展的重要动力,近年来我国乡村旅游发展政策在保持整体基调前进的基础上,不断细致化、具体化、自主化、全域化(见专栏4.1),这既保障了我国乡村旅游能够更加有效地推进,又对乡村旅游的高质量发展有了更高要求。通过相关政策的规定,可以为乡村旅游的发展提供财政扶持、金融支持、资金保障、税收优惠以及行政管理模式的调整和引导。乡村旅游的市场运作是指政府政策激励落实的重要保障,也是乡村旅游的重要支撑性供给之一。旅游市场运作主要通过市场管理监督、资金维护、效果评价、环境维护以及消费需求等方面体现,这一环节能够有效保障乡村旅游供给与其市场需求特征相匹配,也是检验其是否为有效供给的重要标准。

专栏4.1 "一号文件"看乡村旅游①

自2004年以来,中共中央"一号文件"已连续19年聚焦农村、农业和农民,国务院、国家旅游局、国家发展改革委、国土资源部等部门陆续发布或联合发布了一系列的乡村旅游政策,涵盖乡村旅游、休闲农业、田园综合体以及农业PPP等诸多方面,为乡村旅游提供了支持和保障。

2019年,"一号文件"提出要"充分发挥乡村资源、生态和文化优势,发展适应城乡居民需要的休闲旅游"。2021年,"一号文件"再次提出"构建现代乡村产业体系""依托乡村特色优势资源,打造农业全产业链,开发

---

① 资料来源:2004年至2022年的中共中央"一号文件"。

休闲农业和乡村旅游精品线路,推进农村一、二、三产业融合发展示范园和科技示范园区建设"。2022年,"一号文件"强调要进行乡村旅游的"提升"发展,实施乡村休闲旅游提升计划,支持农民直接经营或参与经营的乡村民宿、农家乐特色村(点)发展,将符合要求的乡村休闲旅游项目纳入科普基地和中小学学农劳动实践基地范围。

经营管理模式是指社会主体参与乡村旅游的方式,按照不同角色在乡村旅游经营过程中的参与程度,可将其分为五种乡村旅游经营管理模式(陈永乐,2019)。一是个体农庄模式,该模式是规模化的农业个体户不断发展形成的,农业个体户将自身经营的农牧果产进行改造后在其中将与之相关的旅游项目建立起来,从而形成较为完整的旅游景区并向游客以旅游个体户的形式展现。在个体农庄发展期间不断吸收纳入周边闲置的劳动力,并将手工制作、表演等形式融入服务业中,通过以点带面的模式进行发展。二是田园综合体模式,是指综合化发展产业跨越化利用农村资产,将田园社区、休闲旅游和现代农业统一起来进行综合发展的小镇与乡村模式,且小镇的特色在其中完全体现。三是共享农庄模式,是指按照城市居民的要求将闲置的农村住房改成房子、院、地独立的模式,通过互联网外租的形式使城市居民在此享受田园生活或度假等多种方式,这种模式对农村传统民俗风情和发展的实际状况充分尊重,农民对创业的参与热情须在不影响农村生活生产环境的情况下进行,通过对农民的科学引导盘活资源,增强其市场与经营意识的同时提升收入。四是"农户+农户"模式,这种模式是指开拓创业者通过成功地开发乡村旅游项目为农户们做了良好的示范,在其带动下农户们对旅游项目的相关经验学习,经过短期磨合形成目前这种初期阶段的旅游经营开发模式。五是"公司+社区+农户"模式,是指公司与当地社区合作组织农户一起开发乡村旅游项目,公司并不会和农户直接合作,而是通过培训并对参与旅游开发的农户制定规定、规范其行为,由此保障各方面的利益及服务水平。该模式通过与社区直接合作,方便公司和农户沟通协调,将由于利益分配导致公司和农户的矛盾得以克服,同时社区可在一定程度上监督公司保证乡村旅游能够有序正规地发展。

人才技术支持是指在发展乡村旅游过程中专业人才与技术创新的供给状况。"乡村振兴,人才是关键",中共中央办公厅、国务院办公厅印发的《关于加快推进乡村人才振兴的意见》提出"加强乡村文化旅游体育人才队伍建设",这表明专业人才的培养对于乡村旅游的发展至关重要。国家文化和旅游部会同国家发展改革委曾以重点村为试点,开展过"创意下乡"试点工作,由此引导各地整合设计企业、高等院校、行业协会、新媒体平台等社会力量发挥优势,对乡村手工艺、民居、餐饮等特色资源深入挖掘、提炼,以培训、研习互动等多种方式,就地壮大懂旅游、善经营的新型乡村人才队伍,进而推动乡村旅游的创新发展和专业化管理。科技助推乡村旅游是以农业科技研发作为旅游资源,或是依托技术进行现代农业技术景点化展示,由此发挥科技推广优势,带动产业发展和生态建设,提高乡村旅游业的全要素生产率,以促进乡村旅游发展。目前科技助推乡村旅游业发展主要有农业科技示范园、农业博览园、科技引导的产业旅游以及高科技农业生态旅游四种模式(见专栏4.2)。

专栏 4.2 "科技+乡村旅游"模式①

一是农业科技示范园区模式。此模式是以农业科学技术为支撑进行的农业科技教育基地建设。农业科技观光旅游兴起时间较早,一般是以当地政府或企业投资开发建设的大型农业综合项目为依托,管理模式上基本是统一的研发、生产和旅游观光。此类型是典型的科研和旅游相结合模式,开发中既要满足旅游者对农业科技了解的目的,又要充分考虑到旅游者休闲娱乐的要求,实现"农业科技旅游"为主线的特色农业旅游体系建设。

二是农业博览园模式。此类型也是开发较早的一种农业科技旅游模式,是指利用当地农业技术、农业生产过程、农业产品、农业文化进行展示

---

① 搜狐网.乡村旅游业的科技创新思索[EB/OL]. https://www.sohu.com/a/496841409_100250172,2021-10-13.

的乡村旅游。分为单个景点开发和综合开发两种形式,其中单个景点开发是指农业科技和农产品展示,综合开发则是在此基础上结合农产品研发和交易,建成综合产业园区。如长洛乡五里村蔬菜农博园,该园以"体验农耕文化,感受快乐研学"为主题,依托长洛乡政府打造的"农耕体验区"和长洛乡深厚的农业生态文化旅游为基础,发展农业主题文化旅游。以蜂蜜、蘑菇、番茄、黄瓜、茄子、辣椒等蔬菜为主导产业,全年品种更替,目不暇接。

三是科技引导的产业旅游模式。此类型能够实现"一产"农业和"三产"旅游业的互动发展,形成科研单位、农业科技单位带头,产业联动,农户参与的区域特色农业观光旅游开发。这种实体型、复合型、紧密型的新型农村经济体系,通过主导产业的培育和优势农业产业集群的形成,促进农业向优势产业、优势园区的集聚,发展壮大了乡村经济,大大改变了原有的农业产业布局。

四是高科技农业生态旅游模式。此类型是指开发中利用科技优势,开发农业生态产品,借助田园景观、自然生态及环境资源,增进农业生态旅游的体验性及旅游产品的高端化。发展中要特别注意突出科技与生态特色,实施旅游生态工程,发掘农业旅游资源,将农业文化、科技产品展示与农业景观建设以及休闲旅游服务密切融合起来。

(三) 乡村旅游辅助性供给

乡村旅游辅助性供给是指乡村旅游目的地的旅游基础设施,是乡村旅游目的地发展旅游业的重要物质基础,也是旅游业深度发展的后盾,其特点在于服务的对象是当地居民而不是游客,主要包括当地的公用事业设施和满足现代社会生活所需要的基本服务设施。其中公用事业设施包括农村地区的供水系统、供电系统、排污系统、道路系统等有关的地面配套设施,现代社会生活基本设施包括银行、医院、食品店以及治安管理等机构。此种类型的乡村旅游供给虽不是针对当地乡村旅游业发展而建,但其质量与完善程度很大程度上决定着当地乡村旅游业的发展质量。一方面,它决定了乡村旅游的核心供给与支撑性供给的质量;另一方面,它对于乡村旅游者的旅游体验也有着不容忽视的影响力。

三、乡村旅游供给现存问题

目前我国乡村旅游虽有了如火如荼的发展,但其仍然受观念意识、经济条件、基础环境以及服务配套设施等主客观因素限制,存在如下供给侧问题,亟待解决和改革。

(一) 乡村旅游核心供给丰富度不足

1. 乡村旅游产品易同质化

我国乡村旅游产品开发主要还处于表层次开发和初级化阶段,旅游产品的粗放化、同质化严重,休闲性和参与体验性较差,且缺乏文化内涵和乡土特色。首先,我国乡村旅游经营者品牌意识不强,仍以观光旅游为其主要的产品供给,旅游活动以打麻将、果蔬采摘为主,缺乏乡土气息和长久吸引力,丰富的农业旅游资源未能得到充分开发和利用,未形成当地独有的旅游产品,成功将乡村旅游打造成旅游品牌的旅游地并不多,导致难以给旅游者留下深刻印象,进而影响重游率,造成了极大的资源浪费,不利于乡村旅游高质量发展(罗莹等,2022)。其次,乡村旅游产品的文化内涵和地方特色挖掘不足,缺乏"拳头产品"和核心景点,缺乏应有的地方"乡土"特色(柴院巍,2022)。经营者对乡村传统文化的认识不到位,只注重经济效益,忽视对乡村旅游资源文化内涵的深入挖掘,缺乏创新设计和深度加工,造成地域文化中物质文化特征和非物质文化特征的双重缺失;文化与旅游结合不够,缺乏规划、设计和创意策划,缺乏民俗符号的个性,缺乏民俗特色,体验性较差,不能充分满足游客的旅游需求,影响旅游产品的吸引力和游客的重游率。

> **专栏 4.3　乡村旅游"一村一品一业"模式**[①]
>
> 三圣花乡的"五朵金花"以休闲农业观光和乡村休闲旅游为主题,依

---

① 搜狐网.以花为媒,成都"五朵金花"如何成为乡村旅游发展的典范? [EB/OL]. https://www.sohu.com/a/336541647_120086998,2021-06-08.

托花卉产业,采用自主经营与合作联营并存的经营模式,推出了乡村休闲度假、农事参观体验、美食农家乐等项目,是集观光康养、休闲度假、深度体验、商务会议等模块为一体的乡村旅游度假地。通过一村一品一业的模式,实现了五个景区的规模化、差异化发展,成了全国乡村旅游的示范基地。五个景区分别是花乡农居,主营花卉生产、观光、科研、包装等项目,体验花海的自然之美;荷塘月色,将音乐、绘画等艺术元素融入生态景观中,发展荷花文化;幸福梅林,通过梅花园、博物馆、诗廊等景观,体现梅文化;东篱菊园,依托菊园景观、菊文化以及相关的体验活动,塑造返璞归真的田园氛围;江家菜地,通过蔬菜水果种植,体现农耕的生活和文化。

由此可知,三圣花乡立足全域视角发展差异化景区。基于全域整体发展,"五朵金花"对景区进行了科学规划,在合力突出主导产业花卉的同时,依托各个景区不同的资源优势,体现不同的文化,错位发展,打造以不同的特色为核心的差异化产品,并通过自我审视、游客反馈、市场调研等方式,不断地强化景区的特色优势,突破了乡村旅游的同质化发展困境。

2. 乡村旅游产业结构单一

当前我国乡村旅游产业结构过于简单,缺乏农业、文化与旅游的相互融合。首先,当前乡村旅游依然延续着较为低层次的农家乐休闲旅游模式,经营者仅将乡村旅游认为是游览田园风光、品尝农家饭、住农家屋,"千村一面"的产业结构,难以满足旅游者的现实需求,由此也降低了乡村旅游应有的吸引力与竞争力。其次,开发主体单一导致乡村旅游产业链延伸不足(柳仪等,2021)。乡村旅游作为现代乡村建设的重要组成部分,尽管相较以前受到了更多资本的关注,但真正参与特别是主动参与其中的主体仍然较少,各主体之间的协同也明显不足。乡村旅游产业关联度较大,政府、行业机构、旅游企业、农民都是农村经济社会发展的主体力量,只有同向同行,共同参与到旅游开发活动中,充分利用各自的优势资源和能力,才有可能实现优势互补,合理配置资源。当前乡村旅游建设过程中,存在开发主体较为单一的问题,单一开发主体受其理念、手段、方法等限制,在旅游项目的规划与建设、旅游资源的开发与利用方面,相较多主体开发而言,更易产生相似性、雷同性。与此同时,主体之间的开发协同较弱,难以形成合力,导致旅游产业链延伸受限,产业价值无法进一步提升,无法实现旅游资源的效益最大化,以及产业提质增效、升级转型的顺利实现。

(二)乡村旅游支撑性供给规范性不足

1. 缺乏专业化的旅游人才

我国乡村旅游经营主体素质整体偏低,人才缺失严重。首先,我国乡村旅游项目经营普遍以农户家庭模式为主,此类发展模式有助于农户在短期内获得直接旅游收益,但根据《中国贫困地区乡村旅游发展报告(2020)》,我国贫困地区的乡村旅游项目经营者多以中老年人为主,且文化程度偏低,其大多缺乏对旅游者消费行为的认知(舒伯阳等,2022),所提供的旅游产品不能较好满足旅游者需求,从长远上看,最终将影响乡村旅游的整体利润,难以实现乡村旅游高质量供给目标。其次,旅游人才的缺乏导致乡村旅游服务和管理水平较低。由于乡村地区工作生活环境相对较差,薪酬待遇不高,很难吸引和留住优秀人才(见专栏 4.4),当地的旅游接待人员大都是当地农民,文化水平不高,且没有受过系统的旅游服务培训,其服务质量不能满足游客的需求,影响了游客的旅游体验。

专栏 4.4 乡村旅游人才振兴的"晋江经验"[①]

近年来晋江市进一步重视"三农"问题,更加积极主动地吸引大学生等高级人才来晋江创业创新,综合运用乡村的生态自然资源和乡土人文资源开展乡村旅游,加快发展乡村旅游相关的新产业,引导晋江快速发展、乡村振兴。

一是构建农村双创平台,吸引聚集资源。晋江通过构建共享平台,来加快项目孵化,在晋江市内有 9 家科技企业孵化器与众创空间,为乡村旅

---

① 百家号.晋江打造美丽乡村休闲旅游路线[EB/OL]. https://baijiahao.baidu.com/s?id=1707948108753458488&wfr=spider&for=pc, 2021-08-13.

游等领域的人才提供了各类服务以及空间,包括创意创业创新园、智能装备产业园等,全部场地面积超过 10 万平方米,双创项目超过 200 个。此外晋江通过构建校地合作创新平台,与 11 所高校达成合作,建立了诸多实验基地与研究所,比如"福建农林大学大学生晋江创业基地"等,通过每年进行的大量双创项目,晋江不但收获了大量创新技术和方法,还培养了大量优秀的人才。二是壮大乡村双创人才队伍。晋江不断完善创业政策,通过政策优势吸引人才返乡创业,同时出台《晋江市农业农村创业创新三年行动方案》等制度与政策,优化人才评判标准、大力引进优秀的人才、团队和项目,并通过人才公寓、10 项生活保障等优惠政策,使得人才能够"生根"。此外,晋江开展"人才反哺农村"计划,通过"百生百村"的志愿服务活动,每年接收 100 名大学生来到农村进行建设,吸引"双创"人才;同时实施邀请青年设计师前来驻村的计划,在省级乡村中聘请 10 位设计师提供陪伴式的设计服务。三是开展乡村双创活动,塑造创业创新的氛围。晋江打造了"五微五营双创"的活动体系,通过大学生农业农村创业创新的方式,吸引国内外优秀的大学生前往乡村实践,使得乡村旅游的项目中融入他们的智慧、知识与理念,激发他们创业创新的兴趣与热情,吸引人才扎根,近年来已经吸引了 300 多个团队的 1 000 多名大学生参与活动,并创造了 1 400 多个乡村生态、乡土味景观。

2. 缺乏标准化的市场规范

当前乡村旅游缺乏统一的市场规范。由于地方与地方之间、村与村之间、户与户之间存在着明显的经济、文化、理念、习俗、文明程度等方面的差异,这就给乡村旅游接待标准的统一带来了难度,导致乡村旅游接待良莠不齐,在乡村旅游的产品供给、服务供给等方面缺乏标准。这一方面致使游客选择面临困难,容易陷入"天价服务""天价产品""强迫性消费"等消费骗局(见专栏 4.5),且缺少相应的投诉渠道与投诉平台;另一方面,由于标准的缺乏,旅游管理部门在实施质量管理、监控等方面,也面临着客观的困难,乡村旅游的发展难以形成高指标、高标准的内容供给。

专栏 4.5 "雪乡宰客"事件①

2017 年 12 月 29 日,有游客在微信平台发文称《雪乡的雪再白也掩盖不掉纯黑的人心!别再去雪乡了!》。据这名游客在该文中表示,自己与家人 2017 年 12 月 9 日在雪乡赵家大院预定一间三人火炕房,计划 27 日入住,支付两晚费用 552 元。但当他们到达赵家大院时,店家却告知该三人火炕房只能住一晚,第二晚安排他们到很多人一起睡的大通铺,并表示:"今晚住这房我都没让你们补差价算不错了!现在这房八百一千随便订出去,你们订得早才便宜。"这名游客与家人商议后决定只住一晚,但对后续退款问题,店家又称三天之后才退钱,并要求在网上评论时不能"乱说",看到评论后才能退钱。游客还提到,游客中心泡面卖 60 元一盒、有大巴车乘务员忽悠游客购买的游玩项目其实是毫无经营权的民设景点等问题。一盘炒肉卖 288 元,一小杯红糖水卖 15 元等。

2018 年 1 月 17 日,《黑龙江省人民政府办公厅关于切实加强全省冬季旅游市场综合监管的通知》发布,要求将亚布力滑雪旅游度假区、雪乡国家森林公园等作为整治重点,从严处罚"不合理低价游"、强迫消费、导游欺客甩团、"黑社、黑导、黑车、黑店"等行为;进一步完善"12345 市长热线"服务功能,确保游客拨打"一个电话"实现"有诉必应";将游客投诉集中、行业反映强烈、舆情曝光较多的企业,曾经处罚过的企业,逃避检查的企业和冰雪旅游知名企业,作为重点企业加大检查频次;从严处罚"不合理低价游",强迫消费,导游欺客甩团,"黑社、黑导、黑车、黑店"等行为。

(三)乡村旅游辅助性供给质量较低

当前我国以旅游设施为主要内容的乡村旅游辅助性供给的质量水平良莠不齐,整体质量偏低。乡村旅游设施与游客旅游中的基本需求息息相关,

① 百度百科.雪乡宰客事件[EB/OL]. https://baike.baidu.com/item/%E9%9B%AA%E4%B9%A1%E5%AE%B0%E5%AE%A2%E4%BA%8B%E4%BB%B6/22315427?fr = aladdin, 2017-12-29.

由于基础设施不完善所带来的安全、供水、卫生、通信等方面的问题,导致许多乡村旅游景点游客重游率降低、入住率下降、旅游收入减少。2015年年初,"旅游厕所革命"席卷全国,乡村旅游地作为旅游厕所的重灾区,普遍存在数量不足、质量不高、布局不合理、管理不到位等突出问题。乡村旅游基础设施的升级,是乡村旅游舒适度提升的重要保障。我国开展乡村旅游的地区大多是城郊以及经济发展较为落后的农村地区,许多旅游基础设施不能满足旅游活动的需要,严重影响了乡村旅游的发展,主要体现在两个方面。一是由于乡村旅游景区的停车场面积狭小、餐馆餐位不足、客房数量不足,影响了乡村社区的接待能力。由于游客数量超过了景区的承载能力,直接影响了游客的旅游体验。二是乡村地区的交通状况有待改善,特别是有着丰富旅游资源的山地丘陵地区,交通状况不佳,不但缺乏高等级的公路,而且有些县市还不通火车。交通条件的不便影响了旅游资源的可进入性,妨碍了当地旅游业的发展。

第二节　中国乡村旅游专业化水平及全要素生产率测度评价

双循环格局下,我国乡村旅游呈现出旺盛的发展态势。2021年以来,部分地区乡村休闲旅游复苏明显,成为引领旅游行业率先恢复发展的新亮点,不但凸显了乡村的经济、生态、社会和文化价值,在带动农民增收和促进乡村全面振兴方面也发挥了越来越重要的作用。但同时,我国乡村旅游在快速发展的过程中,也逐渐暴露出产业链条短、融合层次低、技术赋能不足以及管理机制不科学等问题,乡村旅游的转型要求改变对初级要素资源的依赖和单一的发展方式,实现由粗放型向集约型发展的转变。在此背景下,进一步优化乡村旅游的专业化水平,积极发挥专业化水平对乡村旅游全要素生产率的促进作用,对带动乡村旅游产业高效率、高质量发展具有重要意义。

随着旅游经济从要素驱动逐步迈入创新驱动的高质量发展阶段,学界对于旅游全要素生产率的研究也成为热点。全要素生产率是用于测量生产中纯技术进步发挥的作用,表示资本、劳动、土地的投入量不变时,生产量仍然增加的部分(石枕,1988)。旅游专业化水平是衡量旅游产业集聚程度以及旅游相关部门专业化程度的重要指标(毕学成等,2018),研究证实旅游专业化水平能够增加旅游企业收入,带动旅游经济的增长,同时也是区域旅游竞争力形成的基础。因此,本节基于 2010—2019 年面板数据,以全国 31 个省、自治区、直辖市(不包括中国香港、中国澳门和中国台湾地区)为研究单元,运用 GMM 动态面板模型,从非线性的角度揭示乡村旅游专业化水平对其全要素生产率的作用以及关联因素的影响效应,以期有针对性地提升乡村旅游全要素生产率。

一、研究设计

(一) 研究方法

1. 旅游专业化水平

乡村旅游专业化水平可以表示为同时期内,乡村旅游总收入在其所在地区生产总值所占份额与区域内相应份额的比值,其计算公式为:

$$S_{it} = \frac{RT_{it}/G_{it}}{RT_t/G_t} \qquad (4.1)$$

式中,S_{it} 表示 i 市 t 时期的乡村旅游专业化水平;RT_{it}、RT_t 分别表示 t 时期的 i 市、全国 31 个省、自治区、直辖市乡村旅游业的总收入;G_{it}、G_t 分别表示 t 时期 i 市、全国 31 个省、自治区、直辖市的生产总值。其中,S_{it} 越大,表明 i 市在 t 时期乡村旅游产业集聚程度越强,产业的支柱效应越显著(Julie,2006);反之亦然。

2. 旅游全要素生产率

当前对于旅游产业全要素生产率的测度方法较为统一,主要采用数据包络分析法(Data Envelopment Analysis,DEA)、随机前沿分析法(Stochastic Frontier Analysis,SFA)和曼奎斯特指数(Malmquist index,MI)三种(杨琴,2020),三种方法各有利弊,结合本节乡村旅游产业特征以及数据的可得性,本节以 DEA 和 MI 为测度方法,采用 DEA-Malmquist 指数模型测算乡村旅游全要素生产率(W_{TFP})。根据 DEA 思想,乡村旅游产业效率测算是将 31 个区域分别作为单位 DMU,通过达到某单位 DMU 的帕累托最优,找到生产的最佳前沿面,将全部区域的乡村旅游产业生产可能性,与最佳前沿面进行比较,最终测算出各自的效率。其模型可表示为:

$$
\begin{cases}
\min \theta \\
s.t \quad \sum_{j=1}^{m} \lambda_j x_j \leqslant \theta x_i \\
\quad \sum_{j=1}^{n} \lambda_j x_j \geqslant y_i
\end{cases} \tag{4.2}
$$

在此模型中,假设有 k 个决策单元 DMU,每个决策单元有 m 项投入 x_{1j}, x_{2j}, $\cdots$, x_{mj} 和 n 项产出 y_{1j}, y_{2j}, $\cdots$, y_{nj}, λ_j 是各区域投入和产出的权向量。在此基础上,通过引入距离函数 $D^t(x, y)$,则可以计算出第 k 个 DMU 在 t 时刻的曼奎斯特指数(MI)。若将 MI 进行分解,则可以进一步表示为:

$$
\begin{aligned}
W_{TFP} &= M(x^{t+1}, y^{t+1}, x^t, y^t) \\
&= \left[\frac{D_c^t(x^t, y^t)}{D_c^{t+1}(x^t, y^t)} \times \frac{D_c^t(x^{t+1}, y^{t+1})}{D_c^{t+1}(x^{t+1}, y^{t+1})} \right]^{0.5} \times \frac{D_c^{t+1}(x^{t+1}, y^{t+1})}{D_c^t(x^t, y^t)} \\
&\quad \times \frac{\dfrac{D_c^{t+1}(x^{t+1}, y^{t+1})}{D_v^{t+1}(x^{t+1}, y^{t+!})}}{\dfrac{D_c^t(x^t, y^t)}{D_v^{t+1}(x^t, y^t)}} \\
&= W_{Techch} \times W_{Effch} = W_{Techch} \times W_{Pech} \times W_{Sech}
\end{aligned}
$$

$$\tag{4.3}$$

式中,W_{Techch} 表示技术进步,W_{Effch} 表示技术效率,W_{Pech} 表示纯技术效率,W_{Sech} 表示规模效率,其中 W_{Effch} 由 W_{Pech} 和 W_{Sech} 构成。在此模型中,若各指数大于1,则表示从 t 到 $t+1$ 期间呈正增长状态,生产效率提高,产业技术进步;若等于或小于1,则表示生产效率不变或有所降低,产业技术不变或技术倒退(秦东丽等,2021)。

(二) 指标选取

乡村旅游产业全要素生产率是在区域空间的基础上,通过生产要素的投入与产出情况反映乡村旅游产业发展水平与质量的重要指标。通过对既有文献的梳理发现,在产出要素中,多选用旅游收入、旅游人次为产出指标;在投入要素中,多选用酒店个数、旅行社个数以及A级景区个数为资本要素投入指标,选用第三产业就业人数为劳动力要素投入指标,而由于旅游用地面积无法精确测度,在指标体系中不纳入土地要素投入指标(徐冬等,2018)。基于此,本节构建以下乡村旅游投入与产出指标体系。

首先,投入指标中包含资本要素投入以及劳动力要素投入两大类。在资本要素投入中,由于旅游产业缺少特定的行业界限标准,当前并未出现统一的乡村旅游资本统计指标与数据,基于相关研究以及数据的可得性,本节从休闲农业与乡村旅游示范点建设角度出发,选取国家级休闲农业示范点和省域休闲农业与乡村旅游示范点数量值(王坤等,2016)、星级酒店数量(杨琴,2020)、旅行社数量(杨琴,2020)为资本要素投入指标;在劳动力要素投入中,当前缺少乡村旅游从业人数的统计数据,鉴于乡村旅游活动发生在乡村地区,且其从业人员多数为本地人员,本节以旅游从业人员中乡村人口所占比例作为乡村旅游劳动力要素投入。其次,在产出指标中,选取乡村旅游接待人数为乡村旅游的规模产出;选取乡村旅游总收入为乡村旅游的经济产出(潘小慈,2017)。

(三) 数据来源

受新冠肺炎疫情影响,2020年乡村旅游所涉及数据与往年差异较大,因此为确保数据的可得性与科学性,本节将研究时段界定为2010—2019年,乡村旅游投入指标与产出指标数据均来源于2011—2020年《中国旅游统计年鉴》、2011—2020年《中国县域统计年鉴》、2011—2020年各省市自治区的统计公报、2011—2020年各省市自治区的旅游业发展公报以及部分相关景区的营业报告。

二、研究结果

(一) 全国乡村旅游专业化水平分析

根据乡村旅游专业化水平公式，测算各省市 2010—2019 年专业化水平。如表 4.4 所示。

表 4.4　2010—2019 年 31 个省、自治区、直辖市乡村旅游专业化水平

	2010	2011	2012	2013	2014	2015	2016	2017	2018	2019
北　京	1.25	0.85	0.38	0.47	0.60	0.75	0.95	1.24	1.58	1.97
天　津	2.26	1.52	0.71	0.94	1.29	1.87	2.70	3.74	5.26	6.94
河　北	2.34	1.75	0.91	1.35	2.16	3.44	5.38	8.61	13.37	18.92
山　西	4.42	2.98	1.63	2.47	4.09	6.75	10.96	13.21	19.26	27.37
内蒙古	2.25	1.59	0.79	1.10	1.70	2.49	3.58	5.57	7.92	11.08
辽　宁	4.65	3.28	1.54	2.07	2.98	2.71	4.15	5.84	7.81	11.17
吉　林	4.76	3.33	1.63	2.30	3.39	5.46	8.69	13.47	20.92	30.10
黑龙江	4.24	2.93	1.38	1.69	1.67	3.02	4.64	7.35	11.20	16.00
上　海	0.96	0.63	0.30	0.31	0.35	0.51	0.66	0.93	1.22	1.58
江　苏	2.20	1.50	0.69	0.87	1.10	1.33	1.72	2.24	3.04	3.89
浙　江	3.38	2.40	1.14	1.49	1.98	2.51	3.27	4.39	5.74	7.29
安　徽	3.66	3.29	1.75	2.19	2.85	4.08	5.46	7.71	9.82	13.40
福　建	1.86	1.24	0.60	0.77	1.01	1.36	1.92	2.73	3.90	5.44
江　西	4.18	2.99	1.48	2.20	3.47	5.57	8.72	13.25	18.69	25.05
山　东	2.86	2.03	0.97	1.24	1.65	2.06	2.77	3.88	5.57	7.77
河　南	5.31	3.80	1.41	1.85	2.68	3.54	4.65	6.20	8.35	11.41
湖　北	2.87	2.13	1.07	1.43	1.87	2.42	3.06	3.92	5.10	6.27
湖　南	3.84	2.65	1.29	1.72	2.19	2.91	4.27	7.69	10.78	13.92
广　东	1.28	0.98	0.48	0.64	0.88	1.15	1.53	2.06	2.82	3.69
广　西	5.61	4.18	2.15	2.95	4.29	6.09	9.23	14.66	23.72	37.21
海　南	4.57	3.17	1.44	1.80	2.43	2.98	3.89	5.80	8.02	10.27
重　庆	2.84	2.08	0.91	1.19	1.46	1.92	2.44	3.36	5.36	8.17
四　川	5.00	3.53	1.80	2.34	3.37	5.19	7.41	9.35	11.63	15.31
贵　州	12.29	8.89	4.17	5.48	6.84	8.43	13.18	20.02	29.66	43.95
云　南	5.68	4.01	1.96	2.57	3.72	5.44	9.12	15.03	21.83	29.59
西　藏	7.75	5.50	3.00	4.11	5.46	8.51	11.18	14.76	21.62	29.48
陕　西	2.49	1.82	0.88	1.20	1.63	2.44	3.67	5.17	7.39	10.28
甘　肃	2.82	2.16	1.18	1.70	2.48	4.11	6.26	10.16	15.34	23.38
青　海	2.29	1.46	0.85	1.18	1.78	2.49	3.41	5.05	7.08	10.19
宁　夏	1.44	0.97	0.47	0.64	0.85	1.16	1.77	2.52	3.16	4.33
新　疆	2.02	1.61	0.81	1.03	1.77	2.36	4.15	5.86	8.97	15.67

从时间变化来看,2010—2019 年各省、自治区、直辖市的乡村旅游专业化水平都有所增加,这表明各省市乡村旅游收入不断提高,乡村旅游产业集聚性增强,产业的支柱性有所提升。但省、自治区、直辖市之间的发展速度存在差异,其中贵州、广西、吉林、云南、陕西、西藏、江西、甘肃等地区专业化水平提高幅度超过 20,尤其是贵州、广西两个省份的乡村旅游专业化水平的提高超过 250%。上海、北京、江苏、广东等地区的提高幅度较低,均在 3 以下,此类地区的低幅度增长在于其自身的城镇化水平比较高,乡村旅游资源相对较匮乏,因此乡村旅游在旅游产业乃至省市 GDP 的比重较低,对经济的贡献率相对不高。

为进一步观测全国范围内乡村旅游专业化水平的空间分布特征,本节以 2010—2019 年乡村旅游专业化水平均值代表各省、自治区、直辖市的发展水平,根据测算结果及数据特性,将专业化水平分为 ≥3.5、3.5—6.5、6.5—9.5、9.5—12.5、≤12.5 五个等级。

整体来讲,全国范围内多数省、自治区、直辖市乡村旅游专业化水平介于 3.5 到 9.5 之间,呈中等专业化水平。在空间分异上,我国乡村旅游专业化水平大致呈现出从沿海到内陆不断提高的分布态势,这与经济水平的高低空间分布存在一定反方向相关关系。贵州、西藏、广西、云南四地乡村旅游专业化水平高于 9.5,位居 31 个省、自治区、直辖市的前四位,这表明西南地区乡村旅游发展水平相对较高,对经济的贡献率较高,尤其西藏以及云南地区,乡村旅游资源丰富,资源品质高且具有独特性。上海、北京、广东、江苏、福建、天津等地区乡村旅游专业化水平相对较低,均位于 3.5 以下,这表明沿海地区城镇化水平较高,乡村资源相对匮乏,都市旅游的发展对乡村旅游形成了"灯下黑"的阴影效应,因此乡村旅游在整个旅游业中并不占据主导地位,而在此类地区的一线或准一线城市中所发展的乡村旅游多属于"大都市近郊型"乡村旅游(孔永生,2013)。

(二) 全国乡村旅游全要素生产率分析

根据 DEA-Malmquist 指数模型测算出 2010—2019 年 31 个省、自治区、直辖市的乡村旅游全要素生产率,如表 4.5 所示。

表 4.5　2010—2019 年 31 个省、自治区、直辖市平均全要素生产率及分解效率变动值

地　区	Effch	Techch	Pech	Sech	Tfpch
北　京	0.890	1.176	0.947	0.948	1.046
天　津	0.990	1.201	1.000	0.990	1.189
河　北	1.069	1.255	1.064	1.009	1.342
山　西	1.088	1.241	1.054	1.036	1.351
内蒙古	0.986	1.255	1.004	0.987	1.237
辽　宁	0.920	1.245	0.916	1.008	1.145
吉　林	1.046	1.309	1.041	1.002	1.369
黑龙江	0.925	1.303	0.932	1.001	1.204
上　海	0.881	1.174	0.960	0.926	1.034
江　苏	0.947	1.171	0.901	1.056	1.109
浙　江	0.964	1.237	0.940	1.031	1.192
安　徽	0.980	1.273	0.986	1.002	1.248
福　建	1.008	1.169	0.992	1.020	1.179
江　西	1.052	1.239	1.057	1.000	1.303
山　东	0.993	1.210	0.960	1.047	1.202
河　南	0.958	1.289	0.935	1.019	1.235
湖　北	0.965	1.221	0.963	1.004	1.179
湖　南	1.024	1.172	0.975	1.056	1.200
广　东	0.960	1.171	0.914	1.052	1.124
广　西	1.052	1.218	1.073	0.989	1.281
海　南	0.978	1.173	1.042	0.947	1.147
重　庆	1.021	1.160	1.014	1.007	1.185
四　川	0.986	1.187	0.951	1.074	1.171
贵　州	1.001	1.238	1.000	1.001	1.239
云　南	1.061	1.208	1.035	1.034	1.282
西　藏	1.160	1.309	1.120	1.061	1.519
陕　西	1.020	1.160	1.004	1.017	1.184
甘　肃	1.070	1.250	1.042	1.031	1.338
青　海	0.989	1.289	1.010	1.050	1.275
宁　夏	1.004	1.199	0.991	1.008	1.203
新　疆	1.112	1.250	1.081	1.035	1.389
均　值	1.003	1.224	0.997	1.014	1.229

从乡村旅游平均全要素生产率变动来看,2010—2019 年间 31 个省、自治区、直辖市的乡村旅游全要素生产率都不断增加,各地区平均增幅为

22.9%。其中西藏年均增幅最高,为51.9%,这得益于此地区30.9%的高水平技术进步。近年来,西藏地区不断推进"互联网＋"战略,先后推出"互联网＋农牧区""互联网＋先进制造业""互联网＋种子"等技术措施(白玲,2021),加之高新技术工程在西藏的不断落地,很大程度上改善了乡村目的地与客源地之间的线上线下联通效果,使其发展乡村旅游所需的技术环境得以大幅度改善,由此提高了乡村旅游的管理水平与效率。上海、北京两市的乡村旅游全要素生产率相对较低,增幅分别为3.4%与4.6%,均在10%的水平以下,这表明乡村旅游全要素生产率的提升很大程度上受限于乡村旅游资源禀赋状况,与上文专业化水平所呈现结果相似,较高的城镇化水平和发达的都市旅游往往会致使乡村旅游的全要素生产率相对较低。

但从乡村旅游平均技术效率变动来看,31个省、自治区、直辖市在乡村旅游业平均技术效率变动方面呈现出较大差异,因此整体提高率较低,仅为0.3%。上海、北京、辽宁、黑龙江、江苏等16个省、自治区、直辖市平均技术效率表现都为下降,平均下降0.43%。其中,上海与北京两市下降幅度最大,超过1%,此类城市经济发展水平和技术利用已有基础较好,且多样化的市场需求与良好的市场环境能够推动乡村旅游与新技术、新理念的互动融合,乡村旅游发展已逐渐步入创新驱动阶段,因此平均技术效率已经进入较为平稳的增长态势,提高率相对较低。贵州、宁夏、福建、陕西、重庆等15个省、自治区、直辖市平均技术效率变动表现为上升,平均上升0.53%。其中新疆与西藏两个自治区上升幅度最大,增幅超过1%,此类地区其本身技术水平基础较为薄弱,而近年来随着经济发展,区域内乡村旅游产业正由依赖资源禀赋、劳动力、资本的要素驱动阶段向创新驱动阶段转型,因此平均技术效率的提高率表现出较快的增速。

为厘清31个省、自治区、直辖市在2010—2019年乡村旅游全要素生产率的时间变化特征,以1作为判断乡村旅游全要素生产率是否有效的标准,计算2010—2019年我国31个省、自治区、直辖市乡村旅游全要素生产率的有效率,结果如表4.6所示。

表 4.6　31 个省、自治区、直辖市乡村旅游全要素生产率有效水平

乡村旅游全要素生产率有效水平	省、自治区、直辖市
100%	新疆、云南、重庆、广西、广东、湖南、福建、山西
89%	甘肃、陕西、贵州、河南、湖北、山东、江苏、吉林、河北、天津、北京
78%	宁夏、青海、西藏、四川、河南、安徽、浙江、黑龙江、内蒙古
67%	江西、辽宁
56%	上海

从表 4.6 结果可知,新疆、云南、重庆、广西、广东、湖南、福建、陕西等 8 个地区乡村旅游全要素生产率有效水平为 100%,且年际变化幅度相对较低,这表明此类地区乡村旅游要素生产率近年均处于增长水平,主要原因在于其乡村旅游资源较为丰富,城乡旅游业的开发力度强且市场份额较大,因此在旅游业整体结构中乡村旅游的经济占比较为突出。而上海市乡村旅游全要素生产率的有效水平最低,为 56%,这表明在所观测年份,上海有将近一半的年份乡村旅游业的全要素生产率呈降低状态,且年际变化幅度较大,极值差为 24.6%,上海作为国际化大都市,其都市旅游发展水平较高,相对而言位于都市郊区的乡村旅游存在资源禀赋不足、区位便利度不够、乡村旅游产品吸引力不高等问题,导致乡村旅游业的全要素生产率有效水平不高。

为进一步观测 31 个省、自治区、直辖市乡村旅游全要素生产率的空间变化特征,选取 2010 年、2014 年和 2019 年三年的全要素生产率值,依据所选取的数据分布以及数据特性,将全要素生产率分为≥1、1—1.25、1.25—1.5、1.5—1.75、≤1.75 五个等级。

结果显示,所观测时段内全国 31 个省、自治区、直辖市乡村旅游全要素生产率呈现先降低后增加的发展态势,高水平区域在空间上按照西南—东北—西北的顺序转移。2010 年,乡村旅游全要素生产率高水平地区呈"V"字型分布,主要集中于我国西南部、西北部以及除京津外的华北地区,除上海外,无负增长省份,此阶段我国乡村旅游处于发展初期,各地纷纷采取相

关政策带动乡村旅游的发展,基数小且发展空间大,因此各省份乡村旅游的全要素生产率大多呈正向增长。2014年,乡村旅游全要素生产率有所降低,乡村旅游发展速率逐渐平稳,中部城市依旧保持高速率发展水平,在此阶段,随着大众旅游时代的到来,人民生活水平以及消费水平显著提高,游客对于乡村旅游的需求较为旺盛,乡村旅游的全要素生产率进入稳步发展阶段,提升速率虽有所减低,但依旧保持正向增长态势。2019年,乡村旅游全要素生产率的发展呈现出西北高、东南低的格局,此阶段西部地区逐渐开始注重整合自身丰厚的乡村旅游资源,挖掘乡土文化特色,加大了开发利用力度,并出台了一系列支持旅游产业和乡村旅游的发展政策,从而提高乡村旅游资源的开发效率。

(三) 乡村旅游专业化水平对全要素生产率的影响分析

1. 模型构建

为分析乡村旅游专业化水平对其全要素生产率的影响,本节选取全要素生产率作为被解释变量,选取乡村旅游专业化水平作为核心解释变量,根据乡村旅游全要素生产率的动态变化过程以及乡村旅游专业化水平之间可能存在的非线性关系,引入乡村旅游全要素生产率的滞后项以及乡村旅游专业化水平的二次项,构建以下计量模型:

$$W_{TFP_{it}} = \mu_i + \beta_1 S_{it} + \beta_n W_{TFP_{it-m}} + \beta_2 S_{it}^2 + \theta_j x_{it} + \varepsilon_{it} \tag{4.4}$$

式中,i表示各省、自治区、直辖市;t表示所研究年份,W_{TFP}为乡村旅游全要素生产率;S表示乡村旅游专业化水平;μ_i表示区域个体效应;θ表示影响因素系数;j表示影响因素类别;m为滞后项数;x_{it}表示控制变量集;ε_{it}表示随机误差项。由于乡村旅游全要素生产率的发展演进过程较为复杂,且受多重因素影响,因此依据当前31个省、自治区、直辖市乡村旅游发展现状,结合前人的相关研究,通过逐步回归的方法,筛选出最为显著的影响因素,从而得到一组相对最优的核心解释变量集以及工具变量集(见表4.7),在此基础上进行进一步分析。

表 4.7　GMM 动态面板模型主要变量

变量类型	变量符号	变量名称	变量解释
被解释变量	W_{TFP}	乡村旅游全要素生产率	DEA-Malmquist 指数计算
核心解释变量	S	乡村旅游专业化水平	区位熵法计算
	S^2	乡村旅游专业化水平平方项	区位熵法计算
控制变量	X_1	乡村旅游资源禀赋	乡村旅游示范点位数量
	X_2	经济发展水平	人均 GDP
	X_3	产业结构	旅游总收入占 GDP 比重
工具变量	Y_1	交通发展水平	公路里程所占土地面积比例
	Y_2		公路客运量
	Y_3	城镇化水平	农村人口所占比例
	Y_4	农村经济水平	农村人均收入
	Y_5	信息化水平	城市邮电业务总量
	Y_6		移动电话普及率

　　在此计量模型中,选取乡村旅游专业化水平、乡村旅游专业化水平二次项作为核心解释变量,着重探讨乡村旅游专业化水平与其全要素生产率之间可能存在的非线性关系;本节选用乡村旅游资源禀赋、经济发展水平以及产业结构作为控制变量,分析其对乡村旅游全要素生产率的影响作用;选取交通发展水平、城镇化水平、农村经济水平以及信息化水平作为工具变量,工具变量不属于核心解释变量,因此在本节中不作过多分析。

　　2. 模型检验

　　利用 Stata 16.0 软件,分别依次对被解释变量进行检验计算,检验结果如表 4.8 所示。

表 4.8　动态面板模型检验结果

	Group1	Group2	Group3	Group4
Number	248	248	248	248
AR(1)	0.000 0	0.000 0	0.000 0	0.000 0
AR(2)	0.167	0.198	0.172	0.207
Sargan	0.192	0.221	0.198	0.238

根据以上检验结果可知,被解释变量的滞后 1 期的 P 值小于 0.01,滞后 2 期的 P 值大于 0.1,因此在此次测算中选取被解释变量的滞后 1 期进行回归分析。首先,对被解释变量的滞后 1 期分别进行 OLS 模型(普通最小二乘模型)、FE 模型(固定效应模型)与系统 GMM 模型检验,发现被解释变量的滞后项 W_{TFP-1} 均通过了以上三个模型的 1% 置信水平下的检验,由此表明乡村旅游全要素生产率与其前期存在显著的相关性。Bond(2002)通过研究认为 GMM 估计值在 FE 模型与 OLS 模型之间时,才会被认定为 GMM 估计是稳健有效的,而在本模型中,GMM 模型估计中的被解释变量的滞后项系数为−0.319,介于 OLS 模型所估计的−0.307 与 FE 模型所估计的−0.346 之间,且 GMM 模型多个控制变量的显著性均高于 OLS 模型以及 FE 模型,这表明采用系统 GMM 动态模型来探究乡村旅游专业化水平以及其全要素生产率之间的非线性关系是合理的。

在模型设定中,AR(1)和 AR(2)检验的原假设为:

H0: 乡村旅游全要素生产率不存在自相关;

H1: 乡村旅游全要素生产率存在自相关。

经过检验可知,AR(1)检验拒绝原假设,AR(2)检验接受原假设,Sargan 检验不显著,因此本节采取 GMM 的两步法进行回归分析,依次逐步引入控制变量对解释变量和被解释变量进行回归。通过回归结果可以看出,在系统动态面板模型估计下的乡村旅游全要素生产率滞后 1 期系数均在 1% 水平上显著,且模型 F 检验的 P 值小于 0.01,由此可见,运用 GMM 模型来研究旅游全要素生产率是有意义的;而随着控制变量的不断增加,其滞后项系数产生小幅变动,这表明所检测的乡村旅游资源禀赋、经济发展水平以及旅游产业结构等变量对乡村旅游全要素生产率能够产生有效的滞后效应。

3. 回归结果分析

从表 4.9 的回归结果可以看出,所检测变量均满足在 5% 水平下的显著性,在结果中选取四组核心解释变量集的结果进行重点分析,其结果如下。

表 4.9　动态面板 GMM 估计结果

	W_TFP			
	Group1	Group2	Group3	Group4
W_{TFP-1}	−0.320 933 2***	−0.317 786 2***	−0.316 224 7***	−0.318 420 3***
S	0.148 776***	0.165 648***	0.162 242***	0.167 805***
S^2	−0.031 22***	−0.033 87***	−0.031 2***	−0.024 39***
X_1		0.040 27***	0.040 6***	0.041 15***
X_2			0.084 547***	0.172 779 8**
X_3				−1.982 924**
_cons	1.652 149***	1.609 532***	1.525 677***	0.202 732 1***

注：** 表示在 5% 的水平下显著，*** 表示在 1% 的水平下显著。

从变量回归结果来看，乡村旅游专业化水平的一次项系数均为正，二次项系数均为负，且一次项系数与二次项系数均在 1% 的水平上显著，由此可知，乡村旅游专业化水平与其全要素生产率之间存在明显的"倒 U 型"关系，且拐点效应较为明显。以第四组模型回归系数为例，通过计算可知，当乡村旅游专业化水平小于 3.54 时，其对乡村旅游全要素生产率能够起到促进作用；而当乡村旅游专业化水平等于 3.54 时，两者之间非线性关系的拐点便出现，此时乡村旅游全要素生产率能够维持稳定水平；乡村旅游专业化水平一旦超过 3.54，则意味着乡村旅游全要素生产率会随着乡村旅游专业化水平的提高而呈现出下降的趋势。结合上文分析态势，从表 4.4 的乡村旅游专业化水平来看，2010—2019 年 31 个省、自治区、直辖市乡村旅游专业化对于全要素生产率的作用可以分为三种类型。

第一类地区在 2010—2019 年间乡村旅游专业化水平出现了自拐点的左侧向右侧的转移，包括河北、天津、内蒙古、浙江、福建、山东、湖北、重庆、陕西、青海及新疆等地区。2015 年及以前，此类地区乡村旅游专业化水平位于"倒 U 型"曲线拐点左侧，专业化水平对于乡村旅游全要素的提升作用明显，这表明在此阶段乡村旅游以粗放型、规模化发展开始逐步转变为集约型、质量型发展。在此过程中，由于乡村旅游对于当地经济的带动作用不断增强，政府部门也更为注重引导更多资本进入乡村旅游的开发与提升，乡村旅游的技术水平得以不断提升,产业配置效率逐步增强,索洛余值不断增加促使乡村资源要素生产率逐步提升(胡亚光,2019)。自 2016 年起,此类地区的乡村旅游专业化水平转移到"倒 U 型"曲线拐点右侧,专业化水平对于乡村旅游全要素的提升作用不再明显,这表明在此阶段,产业集聚所带来的乡村旅游规模效应虽有所增强,但技术效应仍然较低,乡村旅游出现产品同质化、业态重复化现象,加之与其他产业融合不足、特色挖掘不足,产业发展依旧依赖于要素驱动而非创新驱动,而单纯的专业化难以维持产业持久的生命力,乡村旅游全要素生产率的提升需要科技、理念、创意等多方面的创新。

第二类地区在 2010—2019 年间乡村旅游专业化水平基本位于"倒 U 型"曲线拐点左侧,包括北京、上海、江苏、广东,其乡村旅游专业化水平对于全要素生产率的促进作用一直存在。这表明此类地区受制于资源禀赋不足,乡村旅游产业规模相对较小,但较为良好的市场化环境和技术水平促使产业发展的集约化、高质量意识较强,乡村旅游业并非单纯依赖于自身的乡村资源要素,而是更为注重其他产业的融合与业态创新,在创新驱动阶段的专业化水平对于全要素生产率仍具有明显的促进作用。

第三类地区在 2010—2019 年间乡村旅游专业化水平基本位于"倒 U 型"曲线拐点右侧,包括贵州、西藏、广西,其乡村旅游专业化水平对于全要素生产率的促进作用并不明显。这表明近年来此类地区乡村旅游产业虽有所发展,但由于资金、人才、区位等因素的限制,在发展过程中过于依赖乡村旅游资源,仍处于劳动密集型发展阶段,乡村旅游全要素生产率难以提升。

在此基础上,本节进一步引入表 4.7 所示的控制变量和工具变量,以检验乡村旅游专业化水平与其全要素生产率之间非线性关系的稳定性,同时观测其他控制变量对全要素生产率的影响。通过表 4.9 所示的回归结果可知,乡村旅游专业化水平的一次项系数与二次项系数虽出现小幅度的变动,但其符号在变量引入前后保持一致,这表明乡村旅游专业化水平与其全要素生产率之前的"倒 U 型"关系具有较高的稳定性。从各控制变量具体来看,乡村资源禀赋与经济发展水平两个变量对于乡村旅游全要素生产率有着显著的促进作用。首先,乡村旅游资源的富集程度决定了乡村旅游业的开发力度与开发质量,拥有充足且品质较高的乡村旅游资源能够吸引更多的旅游产业投资,从而能够更好地形成规模效应,有效带动乡村旅游全要素生产率的提高。其次,经济发展水平对于乡村旅游全要素生产率的提升具有明显的促进作用,从回归结果可以看出人均 GDP 每增长 1 个百分点,能够推动乡村旅游全要素生产率提高 17.2%,这表明,经济的发展能够促进生产力水平的提升,从而推动乡村旅游产业的整体升级;同时经济发展水平能够提升乡村旅游消费者的购买力,多元化的消费需求能够激发企业积极开展自主创新与业态更新,从而间接地提高乡村旅游全要素生产率。除此之外,产业结构这一变量对于乡村旅游全要素生产率的提升作用并不明显。通常来讲,产业结构的优化虽然能够提升整个旅游产业的全要素生产率(查建平等,2018),从本节的测算数据来看,由于当前乡村旅游产业占比不高,这种促进作用没有真正在现阶段的乡村旅游产业发展中体现出来,因此需要进一步推动乡村旅游做大做强,提升其整体经济占比与市场份额。

三、研究结论

本节基于 2010—2019 年的面板数据,以我国除香港、澳门、台湾地区外的 31 个省、自治区、直辖市为研究单元,构建乡村旅游全要素生产率测度指标体系,综合采用 DEA-Malmquist 指数模型以及 GIS 空间分析方法揭示乡村旅游专业化水平与全要素生产率时空演化特征,进而以乡村旅游全要素生产率为被解释变量,以乡村旅游专业化水平为核心解释变量,根据旅游全要素生产率的动态过程及与旅游专业化水平之间可能存在的非线性关系,构建 GMM 动态模型进行检验与分析,深入探讨我国各省、自治区、直辖市乡村旅游专业化水平对乡村旅游全要素生产率的作用过程和综合影响,并得出以下结论。

(1)自 2010—2019 年,我国 31 个省、自治区、直辖市的乡村旅游专业化水平均有所提升,当前多数省份乡村旅游呈中等专业化水平。整体来看,我国乡村旅游专业化水平呈现出西高东低,从沿海到内陆专业化水平逐步提高的地域分布态势,与乡村旅游资源禀赋成正向相关关系,与区域整体经济发展水平的空间分布存在大致的反方向相关关系。因此,需要培育龙头企业,提高乡村旅游专业化水平。当前我国乡村旅游专业化水平的提升很大程度上依赖于龙头企业的引领作用,因此,在发展乡村旅游产业的过程中,可探索将乡村旅游龙头企业纳入农业产业化龙头企业的认定范围,例如天津鼓励发展乡村旅游,引导一村一品龙头企业发展,重点打造具有自主创新能力的领军型企业,围绕本土特色来满足旅游者多样化的需求,从而吸引更多外来投资,带动其他企业的联动发展,增强乡村旅游在区域发展中的经济占比,以切实优化乡村旅游的专业化水平,并形成乡村旅游全要素生产率持续提升的内生动力。

(2) 自 2010—2019 年,我国 31 个省、自治区、直辖市乡村旅游要素生产水平均有较高提升,其中各省份的平均技术进步指数呈现出较大幅度的增长,而乡村旅游平均技术效率变动呈现出较大差异,超过半数省份的平均技术效率表现都为下降。整体来看,近年来各省份乡村旅游全要素生产率呈现先降低后增加的变化态势,高生产率区域呈现出西南—东北—西北的空间转移。因此,需要加大科技赋能,提升乡村旅游的技术效率。技术进步对于乡村旅游全要素生产率的提高至关重要。大数据、互联网和人工智能等信息技术深刻影响了旅游者的旅游决策以及消费行为,同时也影响了旅游企业的战略决策、市场开拓以及宣传推广等。加强乡村旅游与新技术、新模式的深度融合,鼓励互联网在乡村旅游各个环节、各个角落实现全覆盖,从资金、政策和法规层面支持乡村旅游企业加大创新力度,有利于解决乡村旅游发展的"卡脖子"问题。基于此,推动乡村旅游在文化展示方式、活动形式、互动方式、服务方式和管理运营模式等方面探索数字化转型、智能化发展,有利于丰富旅游体验,提升管理效能,加快其全要素生产率的提升向创新驱动转型。

(3) 通过动态面板回归模型结果可知,我国乡村旅游专业化水平与全要素生产率之间存在着稳定且显著的"倒 U 型"非线性关系,我国大部分省份的乡村旅游专业化水平自 2010—2015 年位于"倒 U 型"曲线 3.54 的拐点左侧,2016—2019 年开始逐步转移到"倒 U 型"曲线拐点右侧;除此之外,在 2010—2019 年间,少数省份的乡村旅游专业化水平对于全要素生产率的提升作用保持不变。在通过不断引入变量分析后可知,乡村资源禀赋、经济发展水平对于乡村旅游全要素生产率的提高有着明显的推动作用,而产业结构对乡村旅游全要素的提升作用尚不明显,这表明乡村旅游在经济发展中的作用与地位有待进一步提升。据此,首先需要加强政府引导,优化乡村旅游资源配置效率。通过搭建合作平台、规范发展机制、建立协调制度等方式,聚焦乡村旅游产业核心进行资源要素整合、服务功能聚合,促进乡村旅游发展提质增效。其次要深化产业融合,培育乡村旅游新增长点。当前我国多数省份乡村旅游专业化水平对于全要素生产率的提升进入"倒 U 型"曲线拐点右侧,乡村旅游在专业化发展进程中出现了同质化、无效供给过剩等现象。因此,要进一步培育和发挥乡村旅游自身的产业优势,深化多元产业跨界融合,突出乡村旅游对其他产业的辐射带动作用,并以需求侧为导向丰富乡村旅游的多业态产品,培育新的经济增长点。例如加强乡村旅游与科普教育的融合,打造农事体验、自然教育等乡村科普、研学旅行产品;加强乡村民俗文化与新型演艺、虚拟技术的融合,打造线上线下相结合的"乡愁"体验项目、演艺产品。通过加强乡村旅游的产业关联,跳出因专业化水平的盲目性而导致的供给与需求的不均衡、不充分、不匹配等问题,提升乡村旅游的吸引力和生命力,促进乡村旅游全要素生产率的可持续提升。

第三节　乡村旅游全要素生产率整体水平与区域差异
——以长江经济带为例

　　长江是我国第一、世界第三大河流,其水路货运量位居全球内河航道第一位,故有"黄金水道"之称。长江经济带作为长江流域的地域空间概念,伴随我国综合国力的不断提升逐渐发展成为我国区域经济社会发展的重要廊道支撑(冯斐,2020)。长江经济带覆盖上海、浙江、江苏、江西、湖南、湖北、安徽、四川、云南、重庆、贵州 11 个省、自治区、直辖市,国土面积为 205.23 平方千米,占我国国土总面积的 21.4%。

1992 年,党的十四大提出以上海浦东为龙头的"长江三角洲及沿江地区经济带"的建设。1996 年,"九五"计划进一步提升长江沿江区域在我国经济社会发展中的战略地位。自此,长江三角洲和沿线地区被正式列为我国七大经济区之首,有关长江流域地区的发展与建设逐步进入国家战略事业。2014 年,中央出台的《国务院关于依托黄金水道推动长江经济带发展的指导意见》中明确指出:"长江是货运量位居全球内河第一的黄金水道,长江通道是我国国土空间开发最重要的东西轴线,在区域发展总体格局中具有重要战略地位。依托黄金水道推动长江经济带发展,打造中国经济新支撑带,是党中央、国务院审时度势,谋划中国经济新棋局作出的既利当前又惠长远的重大战略决策。"①这标志着长江经济带的发展开始逐步上升为国家战略层面,其区域地位的战略特殊性与重要性得以进一步巩固与提升。2016 年,《长江经济带发展规划纲要》确立了长江经济带"一轴、两翼、三极、多点"的发展新格局。其中,"一轴"是以长江黄金水道为依托,发挥上海、武汉、重庆的核心作用,推动经济由沿海溯江而上梯度发展;"两翼"分别指沪瑞和沪蓉南北两大运输通道,这是长江经济带的发展基础;"三极"指的是长江三角洲城市群、长江中游城市群和成渝城市群,充分发挥中心城市的辐射作用,打造长江经济带的三大增长极;"多点"是指发挥三大城市群以外地级城市的支撑作用。②2018 年,习近平总书记在深入推动长江经济带发展座谈会上指出:"坚持共抓大保护、不搞大开发,加强改革创新、战略统筹、规划引导,以长江经济带发展推动经济高质量发展。"③2020 年,习近平总书记在全面推动长江经济带发展座谈会上强调,要"贯彻落实党的十九大和十九届二中、三中、四中、五中全会精神,坚定不移贯彻新发展理念,推动长江经济带

---

① 《国务院关于依托黄金水道推动长江经济带发展的指导意见》(国发〔2014〕39 号).

② 《长江经济带发展规划纲要》.

③ 新华网.习近平主持召开深入推动长江经济带发展座谈会并发表重要讲话[EB/OL]. http://www.xinhuanet.com/2018-04/26/c_1122749143.htm.

高质量发展,谱写生态优先绿色发展新篇章,打造区域协调发展新样板,构筑高水平对外开放新高地,塑造创新驱动发展新优势,绘就山水人城和谐相融新画卷,使长江经济带成为我国生态优先绿色发展主战场、畅通国内国际双循环主动脉、引领经济高质量发展主力军"①。自此,长江经济带已成为我国国土空间开发的重要战略区域,与京津冀、粤港澳大湾区、长江三角洲、黄河流域共同构成了国家空间发展战略的支柱(王明杰等,2022)。

在政策的加持与资源优势下,长江经济带逐渐成为引领中国经济高质量发展的排头兵。2019 年,长江经济带 11 个省、直辖市 GDP 为 457 805.7 亿元,占全国 GDP 比重 46.2%；GDP 平均增速为 7.2%,高出全国平均水平 1.1 个百分点。规模以上工业增加值平均增速为 6.9%,高于全国平均水平 1.2 个百分点。进出口总额占全国比重为 44.4%,其中长三角地区进出口总额占长江经济带 80.7%,长江经济带进出口总额平均增速为 7.0%,高出全国平均水平 8.0 个百分点。社会消费品零售总额平均增速为 8.9%,略高于全国平均水平 0.9 个百分点。长江经济带城镇居民可支配收入平均为 43 737.9 元,高出全国平均水平 1 378.9 元,可支配收入平均增速为 8.6%,高于全国平均水平 0.7 个百分点(详见表 4.10)。

在区域经济支柱性地位逐步凸显的背景下,长江经济带乡村旅游的发展也如火如荼。长江经济带乡村旅游资源丰富,尤其是以传统旅游景区为地理单元的文旅条件性资源集聚态势十分明显。截至 2019 年 7 月 10 日,长江经济带拥有世界遗产 28 处,占全国 51%；5A 级景区数 126 处,占全国 45%；中国传统村落数 2 605 个,占全国 38%；全国重点文物保护单位 1 563 处,占全国 31%；中国优秀旅游城市 136 个,占全国 40%(冯斐,2020)。2018 年,国家文化和旅游部正式印发《长江国际黄金旅游带发展规划纲要》,标志着长江经济带文旅融合产业发展上升为国家级产业发展战略,这为其乡村旅游的发展奠定了良好的基础。

---

① 人民网. 习近平：推动长江经济带高质量发展[EB/OL]. http://paper. people. com. cn/rmrbhwb/html/2020-11/16/content_2018424.htm.

表 4.10 2019 年长江经济带 11 个省、直辖市经济增长情况

地区	GDP 总量（亿元）	GDP 增速（%）	规模以上工业增加值 增速（%）	固定资产投资 增速（%）	社会消费品零售总额 总量（亿元）	社会消费品零售总额 增速（%）	进出口 总量（亿美元）	进出口 增速（%）	城镇居民人均可支配收入 总量（元）	城镇居民人均可支配收入 增速（%）
上海	38 155.3	6.0	-0.3	5.1	13 497.2	6.5	4 938.0	-4.2	73 615.0	8.2
江苏	99 631.5	6.1	6.2	5.1	35 291.2	6.2	6 294.7	-5.2	51 056.0	8.2
浙江	62 352.3	6.8	6.6	10.1	27 176.4	8.7	4 471.4	3.4	60 182.0	8.3
安徽	37 114.0	7.5	7.3	9.2	13 377.7	10.6	687.3	9.4	37 540.0	9.1
江西	24 757.5	8.0	8.5	9.2	8 421.6	11.3	509.2	5.7	36 546.0	8.1
湖北	45 828.3	7.5	7.8	6.9	20 224.2	10.3	571.3	8.2	37 601.0	9.1
湖南	39 752.1	7.6	8.3	10.1	17 239.5	10.2	628.8	35.3	39 842.0	8.6
重庆	23 605.8	6.3	6.2	5.7	8 670.0	8.7	839.6	6.3	37 939.0	8.7
四川	46 615.8	7.5	8.0	8.6	20 144.3	10.4	980.5	9.0	36 154.0	8.8
贵州	16 769.3	8.3	9.6	1.0	—	5.1	65.7	-7.7	34 404.0	8.9
云南	23 223.8	8.1	8.1	8.5	7 539.2	10.4	336.9	17.3	36 238.0	8.2
长江经济带	457 805.7	7.2	6.9	7.2	—	8.9	20 323.4	7.0	43 737.9	8.6
全国	990 865.0	6.1	5.7	5.4	411 649	8.0	45 753.0	-1.0	42 359.0	7.9

资料来源:2018—2019年中国和各省、直辖市统计公报。

一、长江经济带乡村旅游全要素生产率整体水平分析

（一）长江经济带乡村旅游全要素生产率时序演进

根据乡村旅游投入—产出指标体系，测算出从 2010 年到 2019 年长江经济带乡村旅游全要素生产率，其结果如下（见图 4.3）。

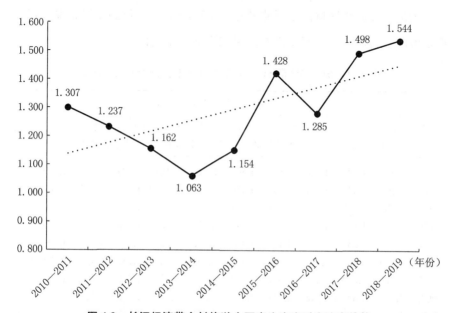

图 4.3 长江经济带乡村旅游全要素生产率时序演变趋势

从图 4.3 可以看出，2010 年到 2019 年，长江经济带乡村旅游全要素生产率整体表现上升，呈现出"W"的变化趋势。自 2010 年到 2014 年，长江经济带乡村旅游全要素生产率呈现出下降趋势。在此阶段，区域范围内乡村旅游得以发展，但其发展模式仍为粗放型，技术对产业的提升效果尚未体现，随着乡村旅游的规模扩大，其产业全要素生产率有所下降。2014 年到 2016 年，此阶段长江经济带乡村旅游全要素生产率有快速提升。在此阶段，乡村旅游产业的粗放型发展模式弊端逐渐显露，区域内开始逐步重视其产业发展效率、产业发展质量，各省、直辖市开始逐渐出台乡村旅游发展的扶持政策，在此背景下，乡村旅游的产业全要素生产率得以提升。2016 年至今，长江经济带乡村旅游全要素生产率在曲折中逐步提升。这表明此阶

段,乡村旅游的发展开始逐步由要素驱动转向技术驱动、创新驱动阶段,资源要素对于乡村旅游产业的发展驱动力逐渐被技术驱动力、创新驱动力代替,长江经济带各省、直辖市更加注重乡村旅游产业结构调整和布局优化,产业创新能力提升,乡村旅游产业发展效率显著提升。

(二)长江经济带乡村旅游全要素生产率区域比较

为进一步厘清区域内乡村旅游在 2010 年到 2019 年的发展状况,各省、直辖市的乡村旅游全要素生产率结果如表 4.11 所示。

表 4.11　长江经济带 11 个省、直辖市乡村旅游全要素生产率

地区	乡村旅游全要素生产率									均值	排序
	2010—2011 年	2011—2012 年	2012—2013 年	2013—2014 年	2014—2015 年	2015—2016 年	2016—2017 年	2017—2018 年	2018—2019 年		
江西	1.326	1.320	1.454	0.837	1.308	2.314	1.184	1.289	1.830	1.429	1
云南	1.300	1.337	1.141	1.150	1.140	1.717	1.454	1.606	1.636	1.387	2
安徽	1.681	1.352	1.241	0.773	1.278	1.641	1.130	1.514	1.503	1.346	3
贵州	1.345	1.299	1.237	1.048	1.114	1.711	1.253	1.536	1.569	1.346	4
湖南	1.250	1.239	1.182	1.124	1.100	1.340	1.528	1.403	1.540	1.301	5
四川	1.319	1.428	1.058	1.423	1.165	1.464	1.022	1.282	1.420	1.287	6
重庆	1.379	1.030	1.112	1.087	1.157	1.054	1.376	1.659	1.710	1.285	7
湖北	1.388	1.325	1.218	1.041	1.123	1.245	1.216	1.519	1.452	1.281	8
浙江	1.256	1.084	1.125	1.114	1.198	1.241	1.258	1.758	1.305	1.260	9
江苏	1.143	1.106	1.110	1.123	1.113	1.050	1.296	1.488	1.476	1.212	10
上海	0.987	1.086	0.901	0.973	0.995	0.926	1.424	1.421	1.547	1.140	11
长江经济带	1.307	1.237	1.162	1.063	1.154	1.428	1.286	1.498	1.544	1.297	—

从表 4.11 可以看出,2010 年到 2019 年长江经济带 11 省、直辖市乡村旅游全要素生产率平均值为 1.297,这表明近年来区域内乡村旅游产业已实现较大提升。分省、直辖市来看,江西、云南、安徽三省的乡村旅游全要素生产率分别为 1.419、1.387、1.346,排名位居前三位,四川、重庆、湖北、浙江、江苏和上海 6 个省、直辖市的乡村旅游全要素生产率均低于长江经济带 1.297 的整体均值。究其原因,一是乡村旅游禀赋决定其产业发展全要素生产率。其中,江西、云南、安徽的乡村旅游资源丰富,以江西省为例,省内有

优越的自然资源禀赋与良好的人文资源基础,如井冈山、庐山、婺源民居、景德镇陶瓷遗址等国内外闻名的旅游资源均分布于乡村,由此乡村旅游产业的经济贡献度相对较高。二是城镇化水平影响乡村旅游全要素生产率的提升。城镇化水平越高的地区,其乡村旅游的发展空间相对被挤占,相较于都市旅游,经济发展对乡村旅游的依赖度较低,由此也不利于其乡村旅游全要素生产率的发展,典型省、直辖市为上海、重庆、江苏等地。

二、长江经济带乡村旅游全要素生产率的区域差异分析

(一) 区域差异分析方法

为进一步厘清长江经济带乡村旅游全要素的空间分异,本文运用泰尔指数解析长江经济带乡村旅游全要素生产率的地区差异,其计算公式为:

$$T = \frac{1}{n} \sum_{i=1}^{n} \frac{R_1}{R} \log \frac{R_1}{R}$$

其中,n 表示长江经济带的省、直辖市数量;R_1 表示 i 省、直辖市乡村旅游产业全要素生产率;R 表示长江经济带乡村旅游全要素生产率均值。泰尔指数可以分解为区域内差异和区域间差异两部分,据此,将乡村旅游全要素生产率的泰尔指数进行如下分解:

$$T = T_b + T_w$$

$$T_b = \bar{R}_d \log\left(R_d \frac{n}{n_d}\right) + \bar{R}_z \log\left(R_z \frac{n}{n_z}\right) + \bar{R}_x \log\left(R_x \frac{n}{n_x}\right)$$

$$T_w = \sum_{i=1}^{n_d} \bar{R}_i \log\left(n_d \frac{\bar{R}_i}{\bar{R}_d}\right) + \sum_{i=1}^{n_z} \bar{R}_i \log\left(n_z \frac{\bar{R}_i}{\bar{R}_z}\right) + \sum_{i=1}^{n_x} \bar{R}_i \log\left(n_x \frac{\bar{R}_i}{\bar{R}_x}\right)$$

$$(4.5)$$

其中,T_b 表示上中下游地区间差异;T_w 表示上中下游地区内差异;d、z、x 分别表示上游地区、中游地区和下游地区;n 为省、直辖市数量;n_d、n_z、n_x 分别表示上游地区、中游地区和下游地区省、直辖市数量;$\bar{R}_i$ 表示 i 省、直辖市乡村旅游全要素生产率与长江经济带乡村旅游全要素生产率的

比值;$\bar{R}_d$、$\bar{R}_z$、$\bar{R}_x$ 分别表示上游地区、中游地区和下游地区乡村旅游全要素生产率分别与长江经济带乡村旅游全要素生产率的比值。

（二）长江经济带空间差异整体分析

长江经济带乡村旅游全要素生产率的泰尔指数如下所示（见图 4.4）：

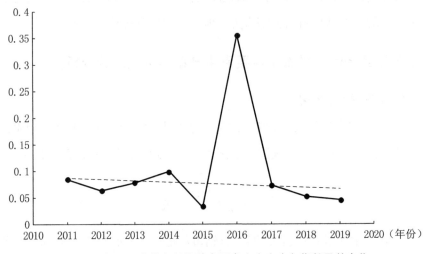

图 4.4 长江经济带乡村旅游全要素生产率泰尔指数及其变化

从图 4.4 可知，从 2010 年到 2019 年，长江经济带泰尔指数整体表现出波动中下降趋势，说明长江经济带 11 省、直辖市的乡村旅游全要素生产率区域差异在波动中缩小。而 2013 年、2014 年、2016 年泰尔指数比前一年上升，说明区域差异扩大，尤其是 2016 年较 2015 年，泰尔指数快速提升，这表明此阶段长江经济带乡村旅游产业差异迅速扩大。2016 年 9 月，《长江经济带发展规划纲要》正式印发，确立了长江经济带"一轴、两翼、三极、多点"的发展新格局，上海、武汉、重庆等省、直辖市的核心作用地位从国家战略角度被明确，由此，区域之间的发展差异开始逐步扩大，这也致使乡村旅游区域差异在当年有了显著扩大。2016 年至今，长江经济带泰尔指数逐渐回稳，这表明 11 省、直辖市的乡村旅游产业发展效率的区域差距逐步缩小。

（三）长江经济带空间差异分解分析

根据泰尔指数分解公式，计算长江经济带上中下游地区乡村旅游产业发展效率的泰尔指数和分解指标,对长江经济带乡村旅游全要素生产率的空间差异特征和趋势进行分析(见表 4.12)。

表 4.12　长江经济带乡村旅游区域空间差异来源及贡献率

年份	区域内	区域间	总体	上游	下游	中游	贡献率	
							区域内	区域间
2011	0.081 158	0.003 574	0.084 732	0.000 983	0.079 822	0.002 742	95.78%	4.22%
2012	0.047 587	0.015 314	0.062 901	0.028 072	0.018 409	0.001 401	75.65%	24.35%
2013	0.044 918	0.033 816	0.078 734	0.006 481	0.025 714	0.012 981	57.05%	42.95%
2014	0.093 507	0.005 306	0.098 812	0.029 966	0.042 017	0.022 274	94.63%	5.37%
2015	0.026 8	0.005 303	0.032 104	0.000 585	0.016 915	0.009 233	83.48%	16.52%
2016	0.297 012	0.058 45	0.355 462	0.069 589	0.096 107	0.124 822	83.56%	16.44%
2017	0.067 848	0.004 845	0.072 693	0.033 733	0.013 502	0.020 567	93.34%	6.66%
2018	0.038 929	0.013 07	0.051 999	0.018 63	0.013 294	0.006 719	74.86%	25.14%
2019	0.032 59	0.012 939	0.045 529	0.009 217	0.008 085	0.014 899	71.58%	28.42%
均值	0.081 149 8	0.016 957 5	0.098 107 3	0.021 917 1	0.034 873 7	0.023 959 6	81.10%	18.90%

2011 年到 2019 年,长江经济带上游地区乡村旅游全要素生产率的泰尔指数均值为 0.021 9,中游地区为 0.024 0,下游地区为 0.034 9,这表明下游地区乡村旅游全要素生产率差异最大,中游地区次之,上游地区最小。下游地区安徽省乡村旅游全要素生产率均值为 1.346,位居 11 个省、直辖市中的第三位;上海的乡村旅游全要素生产率均值仅为 1.140,位居 11 个省、直辖市中的最后一位,且江苏省、浙江省分别位居最后第二、第三位。由此可见,下游四省、直辖市之间的乡村旅游全要素生产率水平差距较大,这便解释了其泰尔指数较低的原因。中游地区的江西、湖南和湖北 3 省之间乡村旅游全要素生产率水平比较接近,其泰尔指数相对较小。上游地区的云南、贵州、四川与重庆四省、直辖市之间乡村旅游全要素生产率均位居中上水平,差距相对较低,因此其泰尔指数最低。

从泰尔指数变化趋势来看,上游地区、中游地区乡村旅游全要素生产率呈现出在波动中上升的趋势,这表明上游地区、中游地区的乡村旅游发展的区域差异逐渐扩大。其中,上游地区的云南省乡村旅游产业在所观测年间呈现出较强的发展趋势,逐渐成为上游地区的第一位,与其他地区乡村旅游产业发展的差距逐渐凸显；中游地区的江西省乡村旅游产业在所观测年间亦呈现较快的发展速度与较高的发展基数，位列中游地区乃至长江经济带第一位，与其他区域的差距逐渐拉大。下游地区乡村旅游全要素生产率呈现出在波动中下降的趋势，这表明下游地区的乡村旅游全要素生产率水平较低、基础差异较大，但在所观测年间区域内差异逐渐降低，长三角一体化发展战略在乡村旅游产业上开始逐步体现。

进一步对泰尔指数进行分解，2011年到2019年长江经济带乡村旅游全要素生产率区域内差异贡献率相对较大，区域间差异明显高于区域间差异。从变化趋势来看，2011年到2019年，区域内差异在波动中逐渐降低，区域间差异在波动中有所增加。从差异贡献率来看，2011年到2016年，区域内差异贡献率均值为81.1%，远高于区域间差异贡献率18.9%的均值。这表明，区域内差异是解决长江经济带乡村旅游全要素生产率差异的关键点，但与此同时也要重视区域间差异开始逐步扩大的问题。

第四节　乡村旅游专业化水平及全要素生产率现状
——以长三角为例

长江三角洲地区是新时期长江经济带与"一带一路"建设的重要交汇区，是支撑和引领我国经济持续且高速发展的关键区域。2020年4月10日，在中央财经委员会第七次会议上，习近平总书记强调要构建以"国内大循环为主体、国内国际双循环"相互促进的新发展格局。在新的发展格局引导下，长三角地区作为中国经济发展的先锋，毋庸置疑成为双循环发展的战略高地。在此背景下，长三角一体化发展进入双循环格局引领的新时期，作为促进乡村经济发展和经济多样化的重要举措，乡村旅游产业的高质量、协同化发展迫在眉睫。

随着越来越多的资本进入乡村旅游业，长三角部分地区由于乡村旅游专业化水平不均衡、产业发展的全要素生产率水平过低，致使乡村旅游的发展逐渐暴露出乡村经济发展不平衡、产业链条延伸性不足、融合层次低、技术赋能不足、管理机制不科学等问题,且其发展也受到了一系列因素的限制,如乡村旅游开发的需求受制于市场供需不匹配、合作联盟不稳定、产业成长受限制等因素,这些受限因子的存在导致乡村旅游业投资过热而产业成长乏力成为普遍现象。2022年中央一号文件提出要全面推进乡村振兴,乡村经济的发展正步入高质量的全面发展阶段,因此长三角地区乡村旅游业的发展亟待转型,这要求其改变对初级要素资源的依赖和单一的发展方式,实现由粗放型向集约型发展的转变。

一、长三角区域乡村旅游专业化水平

整体来讲,长三角三省一市地区乡村旅游专业化水平偏低,表明其经济发展对乡村旅游的依赖度较低。从全国31个省、自治区、直辖市排名来看,安徽省、浙江省、江苏省、上海市的乡村旅游专业化水平排名分别为14、24、29、31,整体位居全国水平后半段,其中上海市乡村旅游专业化水平排名最低,其2010—2019年年均专业化水平仅为0.62,远远低于全国11.22的乡村旅游专业化平均水平。从其时间演变趋势来看,长三角三省一市乡村旅游专业化水平呈现出先降低后升高的演变趋势(见图4.5)。在2010—2012年间,三省一市的乡村旅游专业化水平呈下降趋势,乡村旅游业对于经济增长的贡献度逐渐降低;在2013—2019年间,乡村旅游专业化水平呈现出高速增长趋势,乡村旅游对于经济增长的贡献度逐渐提升。

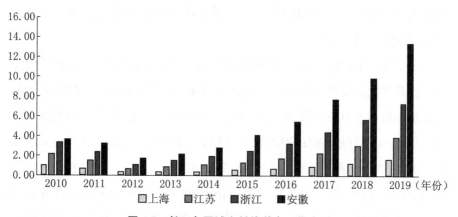

图 4.5　长三角区域乡村旅游专业化水平

　　长三角区域乡村旅游专业化水平的提升,昭示着其区域乡村旅游业的发展步入品牌化建设阶段,具体体现在以下方面。

　　一是长三角区域拥有良好的发展乡村旅游的基础。虽然,相较于我国其他地区,长三角地区三省一市农村所占比重较小。在 2018 年乡村人口数量调查中,长三角地区中上海农村人口所占比重最少,为 11.9%,浙江省、江苏省及安徽省农村人口所占比重都超过总人口的 30%,其中安徽省农村人口比重为 45.31%。但整体来看,长三角地区农村人口所占比重不高,城镇化普及度比较高,这便促进了此区域基础设施建设的完善,为乡村旅游的发展提供了良好的社会经济基础和消费市场。从 2016 年开始,国家每年都会公布中国美丽休闲乡村入选名单,其中每年公布数量也呈逐年上升趋势。截至 2019 年,长三角地区中国美丽休闲乡村分布区域累计 116 个。其中,江苏省累计数量最多,为 38 个;安徽省美丽休闲乡村数量最少,为 25 个。纵向来看,2019 年是长三角地区美丽休闲乡村数量增幅最大的一年,安徽省2019 年同比数量增长为 36%,长三角地区其余省、直辖市增幅均超过 30%。由此可见,2019 年,长三角地区乡村旅游发展水平有了明显的幅度提升。

　　二是长三角区域乡村旅游载体建设提速。2019 年 7 月,国家文旅部和国家发改委同时发布了全国 122 个全国乡村旅游发展典型案例。国家乡村旅游典型案例的评选昭示着规范化、特色化乡村旅游发展模式的建立、成效取得以及获得国家层面的认可。长三角地区有 15 处乡村旅游目的地入选,占全国比重的 12.3%,其中江苏省有 6 处入选,浙江省和安徽省各有 4 处入选,上海市有 1 处入选。

　　三是长三角地区三省一市都致力于完善乡村旅游住宿的基础设施建设。江苏省大力发展风情小镇、特色小镇的建设,浙江省则是同时致力于发展风情小镇和乡村旅游民宿,上海市则大力推进乡村旅游民宿的规范化发展。从 2015 年开始,浙江省便致力于推动文化特色类小镇和风情小镇的建设。2019 年新增第三批特色小镇 15 个;2018 年公布第一批旅游风情小镇14 家,2019 年公布第二批旅游风情小镇共 28 家。截至 2019 年,江苏省也已设立旅游风情小镇 33 家。在乡村旅游民宿的建设上,截至 2018 浙江省拥有民宿超 1.6 万家,总床位超 15 万张。同年浙江省启动编制《浙江省乡村旅游发展规划(2018—2025)》,成立全国首个省级民宿产业联合会,发布国内首部民宿蓝皮书;推进全国旅游民宿评定试点省建设,在国内率先认定全省首批 122 家精品民宿。上海市于 8 月份启动乡村民宿等级评定工作,共评选出了五星级乡村民宿 8 家,四星级乡村民宿 11 家,三星级乡村民宿 11 家。

四是长三角区域乡村旅游企业品质不断提升。2019 年公布的第一批全国休闲农业与乡村旅游星级企业(园区)名单的中,长三角地区共有 30 个企业(园区)入选,其中上海市有 13 处入选,安徽省有 17 处入选。在星级评定中,上海市有 6 处五星级企业(园区),安徽省有 5 处五星级企业(园区)。休闲农业与乡村旅游星级标准的确立,为其他同类乡村旅游企业和园区提供了明确的规范标准,有利于乡村旅游发展业态更加规范,乡村旅游发展更加健康良好。

五是乡村旅游发展更加多样化。长三角地区由于本身乡村人口占比较少,其乡村旅游的发展越来越依赖于乡村旅游资源的深度加工和多样化开发。自 2015 年开始,我国为推动乡村旅游的转型升级,由国家文化和旅游部(原国家旅游局)组织开展的中国乡村旅游创客示范基地推荐工作便为乡村旅游的发展提供了多种路径。在前三批累计数量的排名中可以看出,长三角地区乡村旅游创客示范基地共有 17 处,其中浙江省、江苏省乡村旅游创客示范基地的数量较高,分别为 7 处和 5 处。这便意味着,长三角地区三省一市在乡村旅游发展上,对于资源的依赖程度逐渐降低,而开发模式和创新形式正在逐年增多。随着全球化的发展,乡村旅游也逐渐走向国际化。在国际化进程上,长三角地区乡村旅游建设不断面向全世界。2017 年,国家旅游局为了提升乡村旅游的国际吸引力,公布了"中国优秀国际乡村旅游目的地"名单。在这 10 个全国优秀国际乡村旅游目的地中,长三角地区有 3 个乡村旅游目的地入选。2019 年随着国际化乡村旅游品牌的进一步打造,基于其本身良好的经济市场和社会基础设施优势,长三角地区呈现了一定的优势,具有较高的发展水平。

二、长三角区域乡村旅游全要素生产率水平

(一) 乡村旅游全要素生产率整体分析

整体来讲,长三角区域乡村旅游全要素生产率低于全国平均水平。除安徽省、浙江省部分年间乡村旅游全要素生产率高于全国均值外,其他年份、其他省、直辖市的乡村旅游全要素生产率在所观测年段均位于全国平均水平以下(见图4.6)。

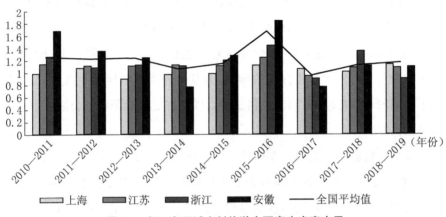

图 4.6 长三角区域乡村旅游全要素生产率水平

区域内比较来看,安徽省乡村旅游全要素生产率水平相对最高,所观测年间其全要素生产率均值为1.248,是区域内唯一高于全国均值1.229的省份;浙江省、江苏省乡村旅游全要素生产率水平依次次之,其均值分别为1.192与1.109;上海市的乡村旅游全要素生产率最低,仅为1.034。

安徽省在所观测年间乡村旅游全要素水平按"W型"变化趋势,以2015年至2016年为转折点,呈现出两端先下降后增长的态势,由此可知,安徽省乡村旅游全要素生产率在波动中下降,逐步走向由量增转变为质增的状态,乡村旅游的发展质量不断提高。为此,近年来安徽省亦出台多项政策以巩固提升其乡村旅游发展质量。如安徽省所发布的《安徽省乡村旅游高质量发展行动计划(2022—2024年)》(以下简称《行动计划》)便提出,要在持续推进县、乡、村、点"四级联建"的基础上,组织实施乡村旅游"421"行动,推动

文旅发展"思路"转化为增收致富"出路",绿水青山"颜值"转化为金山银山"价值",全面提升乡村旅游发展质量和效益。《行动计划》明确,到 2024 年,全省乡村旅游业态产品更加丰富,产业结构更加优化,综合效益更加凸显,形成空间布局合理、产品特色鲜明、服务功能完善、产业体系健全的乡村旅游发展格局;力争全省乡村旅游接待人次达 45 亿、年均增长 15% 以上,乡村旅游收入达 3 000 亿元、年均增长 20% 以上,带动农产品等购物消费达 500 亿元,乡村旅游经营主体超 2 万家,带动就业 150 万人以上。

江苏省与浙江省乡村旅游全要素生产率均呈现整体稳定、细微波动的发展态势,其乡村旅游全要素生产率相较全国其他地区虽不突出,但其乡村旅游的发展规模与经济效益在近年来得以快速提升。为此,政府相继出台各项政策,从上层建筑方面进一步扶持乡村旅游的发展,其发展规模也得以快速发展。如江苏省提出要"推动乡村旅游产业发展",实施"水韵江苏·美好乡村"乡村旅游精品工程,推进传统乡村旅游产品转型升级,培育多业态的乡村旅游企业,发展多元化的乡村旅游产业;依托现代农业、服务业等产业资源,围绕森林湿地、湖泊温泉等绿色生态资源,挖掘历史名人、乡风民俗等人文资源,打造"农业观光＋农事娱乐＋文化展示＋科普研学＋生态体验＋度假休闲"等旅游融合产业链;依托红色文化资源,开发建设一批红色旅游项目,打造提升一批乡村红色旅游景区、场馆、线路,助力乡村旅游产业发展。依托特色美食、特色物产、戏曲演艺、民俗民谣等资源,发展夜间集市、夜晚演艺等夜游业态,引导发展夜经济,拓展乡村文化和旅游消费①。

上海市乡村旅游全要素生产率水平相对较低,但在所观测年间整体呈增长趋势。这表明,上海市乡村旅游发展质量有所提升,其对资源的利用率、开发率与投入回报率有所提升,政府等相关部门对其乡村旅游业的发展也更加重视。尤其是在疫情期间,上海郊区乡村游需求旺盛,特别是在节假日,多个乡村旅游景区、民宿出现"一票难求、一房难求"的现象,这充分体现了郊区休闲农业的潜力和价值。为缓解这一供需矛盾,2019 年 11 月,上海

---

① 江苏省文化和旅游局.关于推进乡村旅游高质量发展的指导意见[EB/OL]. http://cul.jiangsu.gov.cn/art/2021/8/10/art_48956_10137852.html, 2022-10-04.

市农业农村委与市文化旅游局、市绿化市容局、市规划资源局联合印发了《上海市休闲农业和乡村旅游布局规划》，充分发挥规划引领作用，2020年多部门共同推介了9个涉农区的18条休闲农业和乡村旅游特色线路，市民反响良好。在此背景下，上海市借助上层建筑、经济基础及市场优势，弥补其乡村旅游资源相较短缺的劣势，使其乡村旅游全要素生产率有了进一步提升。

(二) 乡村旅游全要素生产率解构分析

从乡村旅游全要素生产率各项分解指标来看，长三角三省一市乡村旅游产业的技术效率与纯技术效率均低于全国平均水平(见表4.13)，技术进步表现相对优异，均高于或接近于全国平均水平，在效率规模方面，除上海外，其他省份均高于1，且江苏省、浙江省乡村旅游的规模效率远高于全国平均水平。

表4.13 长三角区域乡村旅游全要素生产率各指标

地 区	Effch 技术效率	Techch 技术进步	Pech 纯技术效率	Sech 规模效率
上 海	0.881	1.174	0.960	0.926
江 苏	0.947	1.171	0.901	1.056
浙 江	0.964	1.237	0.940	1.031
安 徽	0.980	1.273	0.986	1.002
全国平均水平	1.003	1.224	0.997	1.014

由此可知，长三角三省一市中技术对于乡村旅游产业发展的助推力越来越强。从表4.13可知，长三角乡村旅游业中技术进步水平表现最佳，这得益于区域内雄厚的科技基础。长三角地区科技水平高，是我国科技创新高质量发展先行区。近年来，长三角三省一市聚焦经济社会发展、民生福祉和国家安全的重大创新需求，依托国家重大科技创新基地和区域创新载体，推动科技、产业、金融等方面要素的集聚、融合，建构经济社会发展的新空间、新方向，促进产业基础高级化和产业链现代化，支撑形成强劲活跃增长极。在面对乡村旅游资源束缚困境下，其将科技注入产业的各个环节，由此

扩展产业发展的可能性。科技助推乡村旅游是将农业科技研发作为旅游资源的一种,或是作为技术依托,进行现代农业技术景点化展示,或是发挥科技推广优势,带动产业发展和生态建设,以促进乡村旅游发展。如江苏省淮安盱眙县铁山寺科技馆借助"星空之城"文旅 IP,组织来自南京、上海、杭州等地的旅行社及研学机构带领亲子家庭,来此探寻宇宙奥秘大力开发星空旅游,以旅游带动科技发展。

除此之外,长三角区域乡村旅游规模不断提升。从其规模效率可知,三省一市的水平接近甚至超过全国平均水平,这表明近年来长三角各省、直辖市乡村旅游规模在不断扩大发展。其原因可归纳为以下三个方面(吴孟依等,2019)。

一是长三角地区拥有丰厚的自然资源与人文积淀,有利于产业的融合联动。2019 年上半年,在国内生产总值中长三角地区占比 20.3%,保持领先地位。2018 年江浙沪三地的第一产业增加值分别为 4 141.72 亿元、1 967.01 亿元和 104.37 亿元,增长稳定。较高的生产水平为长三角乡村旅游的发展打下坚实的基础。同时,长三角地区历史悠久,水乡古镇、江南园林等主题元素深入人心。近年来,长三角地区也抓住政策联动的契机,依托古建筑文化众多、文化名人辈出的特色文化优势,推动了该地区高质量文化旅游业的迅猛发展。因此基于已形成的良好口碑,长三角地区可以深入发展乡镇旅游特色,不断丰富文化内涵,努力打造具有鲜明特色、彰显别样生活体验的优质乡村旅游产业。

二是长三角地区发展乡村旅游还具有广阔的受众基础。受长三角地区高品质旅游业品牌效应与旅游一体化的影响,2018 年长三角地区有 40%的游客来自上海及周边苏南城市,推动了当地餐饮、娱乐、购物、居住的全方位发展。加之长三角及其辐射地带消费群体旅游愿望强烈,并且具有强劲的消费能力,进一步推动了该地旅游业的腾飞。此外,2019 年国家移民管理局更是出台新规,对符合条件的外国人过境 144 小时实行免签政策,长三角地区多个口岸位列其中,在较为丰富的国内客源外,开拓了更为广阔的海外市场。

三是长三角地区交通便利,基础设施完善。交通运输一体化的发展促进了沿线旅游资源的开发,进而推动了长三角地区经济的飞跃。作为改革开放以来中国最强城市群,长三角地区向来是引领长江经济带经济发展的核心力量,城镇化基础良好。水运、铁路、公路、航空和管道等多种运输方式以及交通线网密度与运输量在全国类似区域中名列前茅,省际公路、世界级的机场群与港口也正在建设中。同时,长三角地区积极完善基础设施建设,紧跟特色民宿、共享经济等潮流。江浙沪各地已积极探索"民宿+"或"旅游+"的旅游模式,推动长三角乡村旅游业的转型与振兴,涌现出如莫干山民宿等具有丰富业态与核心竞争力的中国高端乡村度假胜地。

三、长三角区域乡村旅游产业效率表现不佳内因

长三角区域乡村旅游全要素水平过低,表明其乡村旅游产业资源的利用率较低,产业并未进入高效、技术驱动发展阶段。究其原因,主要体现在以下方面(吴孟依等,2019)。

一是主题雷同,区域联动缺位。自从乡村旅游作为乡村振兴的重要组成部分被提升到战略层面,各地便积极开展特色农业综合体的建设。然而由于长三角地区自然、人文环境的相似性,除却个别突出的综合体外,大部分乡村旅游均采用了田园观光、农家采摘、江南水乡游览等形式,缺乏对本地特色更深层次的挖掘,创新度不够。主题的同质化,直接导致了核心竞争力的缺乏。同时由于缺乏基于整个长三角范围内的乡村旅游规划,每个小型综合体各自为营,盲目跟风建设,为了拉客恶性竞争,造成了资源的不必要浪费,无法形成有效的区域联动与协同效益。加之消费者多为一次性消费,缺少可持续性,部分综合体逐渐走向消亡。

二是区域内规划不清,产业融合匮乏。虽然依托较为发达的经济水平,长三角乡村旅游有着先天优势,但是很多田园综合体在规划之初却因急于抢占商机而缺乏战略规划且定位不清,产业融合流于形式。对于田园综合体而言,综合体才是盈利的关键。在很多基于农产品主题的江南乡村旅游景点中,橘子、茶叶、大闸蟹等特色农产品销售收入比重往往占到收入的大

部分,盈利空间有限。同时这些地方业态单一,未因地制宜挖掘更多的可能多元业态,真正做到一、二、三产业的联动与共同繁荣。研究数据显示,当农产品外的其他业态收入占到 65% 以上时,整个综合体盈利才算良性,而长三角现有很多乡村旅游点尚未做到这一点。

三是长三角区域短程游为主,客源波动性大。与传统知名景点的客源来自全国各地不同,乡村旅游的客源主要来自周边的大城市,尤其是长三角乡村旅游主要吸收来自上海、苏杭等核心城市的客流。但是普通的乡村旅游景点辐射范围往往较窄,受众范围有限,抗风险能力较差。一方面,以休闲娱乐为主题的田园综合体客流量会在工作日时显著减少,另一方面,受到蔬果时令性的影响,尤其是农林牧副渔中农业占比最重的长三角地区,随着农产品时令的变化,客流量也呈现出明显的淡旺季,收入不稳定。一些更小的乡村旅游点更是在此类冲击下难以为继。

四是长三角区域内机制不足、配套措施乏力。田园综合体作为新型的乡村旅游形式,旨在将乡村资源效用最大化,着力打造政府、投资者、村民三方互利共赢的局面,从而实现乡村振兴的目标。然而,很多乡村旅游点在建设时,只从短期的利益着眼,希望迅速实现资金回笼,由投资运营方进行控制,生搬硬套,未考虑农民的真实需求或者对其实现个体赋能,未真正意义上将村民作为乡村旅游的受益主体,从而使当地农民失去积极性,项目也随之失败。

此外,目前长三角地区的休闲土地使用限制较为严格,资金支持政策不明确,大型综合体建成所需的融资问题尚待解决,致使乡村旅游建设后期乏力。同时,现阶段的农业科技含量不高,部分小乡镇的基础设施建设,如厕所、停车场等尚未到位,导致游客体验感较差,限制其发展。

第五章
中国乡村旅游政策环境及政策效应研究

　　实施乡村振兴战略,是解决新时代我国社会主要矛盾、实现"两个一百年"奋斗目标和中华民族伟大复兴中国梦的必然要求。随着相关制度框架和政策体系的基本形成,当前我国乡村振兴步入全面推进的新阶段。2022年初《中共中央 国务院关于做好 2022 年全面推进乡村振兴重点工作的意见》(即中央一号文件)强调,全面推进乡村振兴要以乡村生态振兴为指导、推进农业农村绿色发展。这体现了党和国家对于全面推进乡村振兴的认识升华及观念的与时俱进,农村发展理念从可持续发展、科学发展逐步转移到乡村生态振兴阶段,农村绿色发展已成为实现生态振兴、全面推进乡村振兴的重要路径之一。在此背景下,国务院、农业农村部、财政部以及各地方政府相继出台一系列相关政策文件,通过财政补贴、技术支持、人才培育等多种方式,积极推动农村绿色发展。

第一节　中国乡村旅游政策环境

一、乡村旅游规划政策规制

　　旅游规划政策对于乡村旅游的发展有着至关重要的奠基作用,它影响着地区乡村旅游发展的方向及潜力大小,因此规划政策是否科学决定了乡村旅游发展是否能够成功。浙江省安吉县(见专栏 5.1)乡村旅游的成功兴起,很大程度上便是得益于其科学且全面的乡村旅游规划政策,并开创了独特的安吉模式。

> **专栏 5.1　浙江安吉县**①
>
> 作为"绿水青山就是金山银山"理念的发源地,浙江安吉县通过绿色发展引领乡村振兴,建设农村生态文明,建设美丽乡村,以生态农业种植业、加工业与旅游服务业三业联动的模式,将绿水青山转化为金山银山,而位于安吉县的鲁家村则是其突出代表,通过制定发展规划和招商引资,鲁家村使用"村庄+公司+家庭农场"的经营模式,打造了"有农有牧,有景有致,有山有水,各具特色"的田园综合体,形成了一个游客服务中心、两条观光环线、四区特色农场的旅游格局,是全国田园乡村旅游的典范。

一是以科学的规划政策发展乡村旅游的安吉模式。首先通过政策进行旅游布局,安吉县推出了《安吉县旅游业发展"十四五"规划》《安吉县乡村旅游发展专项规划》《安吉县休闲农业与乡村旅游规划》等政策,构建"五区一带"的发展新格局,形成三个中心、十个聚居地的乡村旅游格局,发展出鲁家村"村庄+公司+家庭农场"等创新型经营模式。其次通过政策进行旅游管理,编制了《乡村民宿行业的服务质量通用要求》《安吉县农家乐服务质量通用要求》等系列管理政策,规范了服务质量,使旅游产品标准化,同时出台了《地方消防治安管理办法》,在制度上对农家乐的安全做出了保障,提高了游客出游的安全系数。此外通过政策扶持乡村旅游行业,政府每年在基础设施、信息服务、环境提升、人才引进等方面投入大量资金,同时对农家乐等乡村旅游项目进行补助。

二是基于政策发展"田园综合体"模式。2011 年起,时任鲁家村村委书记的朱仁斌提出要用新的模式发展乡村,基于其本人丰富的从商经验、专业团队因地制宜的规划设计以及招商引资的政策,采用"村庄+公司+家庭农场"的组织运营模式,不断探索乡村旅游的发展模式,2017 年财政部门下发

---

① 安吉县人民政府.安吉旅游业发展"十四五"规划干货满[EB/OL]. http://www.anji.gov.cn/art/2021/11/18/art_1229211477_58913278.html, 2021-11-18.

《关于开展田园综合体建设试点工作的通知》,提出"田园综合体"发展模式,鲁家村形成了区域性"田园鲁家"综合体发展模式,构建田园综合体产业支撑、绿色生态、乡村宜居、利益联结以及要素保障体系,入选"国家级田园综合体试点项目",成为乡村旅游的典范。

二、乡村旅游产业政策规制

旅游产业政策影响着乡村旅游的发展,在乡村旅游产业发展过程中能够为其提供相关的政策保护以及政策激励,包括人、财、物的支持以及产业发展规范和标准的制定。浙江莫干山民宿产业(见专栏 5.2)便是有效借助产业政策,推动当地民宿逐渐做大做强,形成一定规模的产业集群,成为业界发展典范。

专栏 5.2 浙江莫干山①

莫干山位于浙江省湖州市的德清县,将"民宿产业主导,构建多层次乡村旅游产业体系"作为发展理念,在科学的政策扶持下,将单一的住宿业发展为多层次"民俗十"的产业集群,以民宿为核心延伸出农事体验、民俗文化体验、自然活动体验以及运动体验等产品。莫干山依托当地近现代时期建造的、具有十多个国家艺术风格的建筑,通过招商引资、人才培养与引进以及民宿产业等政策,使得民宿更加多元化、特色化、专业化,从"单兵作战"向"产业集群"升级,从店铺自主经营向区域公用品牌升级,从观光旅游向休闲度假深度游升级,不断更新迭代,探索更科学的乡村旅游发展模式,有裸心谷、大乐之野、悠然九希等大量知名民宿,成为乡村旅游特色小镇的典范。

莫干山民宿的成功,得益于其能够更好地利用产业政策,打造民宿产业的高地。莫干山在充分发挥市场决定性作用的基础上,更好地发挥了政府

---

① 搜狐网.乡村产业振兴 10 种模式[EB/OL]. https://www.sohu.com/a/525116144_120948977, 2022-02-25.

的规范引导作用,尊重市场竞争与多元化发展。政府主要在三个方面发挥了积极作用。首先,政府规范了民宿产业的发展,德清县2015年出台了《乡村民宿服务质量等级划分与评定》,通过制定标准化的等级评定办法,将莫干山的民宿划分为精品、优质与标准民宿三个等级。其次,政府优化了民宿管理,在2015年出台的《德清县民宿管理办法》中详细地规定了民宿的建筑标准、消防设施、安全防护、污染与卫生等领域,保证游客的身体与财产安全,同时成立了民宿发展协调领导小组,建立例会制度,做好决策与协调,监管民宿经营与发展。此外,政府还因地制宜地调整了土地政策,向民宿产业推出了"点状供地"政策,不但减轻政府供地压力,避免土地浪费,而且减轻了投资者的资金压力,减少项目落地的难度,最终盘活土地资产,激发市场活力。

三、乡村旅游景观政策规制

旅游景观政策是乡村旅游发展的基础,通过对当地自然景观、生态环境等方面的标准制定,维持乡村旅游发展的基本自然环境底线,遵守"先保护后开发"的发展原则,能够使乡村旅游在发展过程中呈现最大程度的原真性,让旅游者更好地体验到旅游地特有的乡土气息,日本合掌村(见专栏5.3)便是守旧复兴旅游的典型代表。

专栏5.3　日本合掌村[①]

合掌村位于日本中部岐阜县的白川乡,因屋顶为防积雪构成人字形的60度斜坡,如同双手合握,所以这类房屋被称为"合掌造",村庄也因此得名。合掌村具有优质的山水田园等生态资源,同时由于交通闭塞,发展较晚,因而保留了完整的生态自然环境,1935年德国建筑师出版了《再探美丽的日本》之后,合掌村开始受到世界的认可,并在1995年被列入世界

---

① 网易.百年不懂"变通",为何却靠"守旧"复兴了经济? [EB/OL]. https://www.163.com/dy/article/G9IR9V4605149FK0.html,2021-05-09.

遗产名录。合掌村最突出的价值是其"原汁原味"的乡村环境,并通过政策不断强调景观的保护以及审慎的开发,建筑完全由当地的木头、茅草所建造,没有钢筋与混凝土的痕迹,与自然完美融合,同时合掌村保留了乡村村民间淳朴的情谊,以及传统、热情、温馨的邻里关系,以其高度的原真性成为乡村旅游的典范。

合掌村的成功经验在于借助当地景观政策,制定严格的保护措施与开发标准,以守旧复兴乡村旅游。为了保证村落原真性的同时开发乡村旅游,合掌村自发地成立了"白川乡合掌村集落自然保护协会"以保证旅游的核心吸引力,协会首先推出了白川乡《住民宪法》,规定了"三不"原则,即不许贩卖、不许出租、不许毁坏村庄内的建筑、耕地、树木等旅游资源。此外协会通过出台《景观保护基准》指导乡村开发旅游资源,详细地规定了新建、扩建、改建建筑,以及增建道路、广告牌等旅游设施的具体原则,比如,道路禁止使用人工加工的砖类,而用泥土、砂石和自然石铺装;空调、管道、电线、箱体等现代技术的痕迹必须隐蔽于游客视线之外;广告、地图等标识需要经过特殊的设计从而融入自然环境;各类农田和土路不能随意改动,需要保持其原真性。针对乡村的核心旅游资源,协会极为强调新建、扩建和改建建筑的原则,村民必须提前提交房屋外形的建筑效果图和工程图,确保建筑的材料、外形、高度和色彩符合协会的标准,获得协会批准后方能执行方案。通过制定严格的保护与开发政策,合掌村保证了景观的整体审美价值,最大限度地保存了乡村的原生态。

第二节 基于 PMC 模型的中国乡村旅游绿色发展政策量化评估

公共政策理论认为,政策体系的复杂性越强,政策集成下的协同问题也越突出,只有根据政策自身的属性,形成有机结合、功能互补的政策体系,才能有效发挥政策效应(臧维等,2018)。随着农村绿色发展的政策体系逐渐复杂,对其进行详尽的分析与科学的评价也显得尤为重要。

基于此,本节运用扎根理论、文本分析以及 PMC 模型等方法,从政策发布主体、政策工具、政策目标以及政策效能四个维度构建农村绿色发展政策的四维分析框架,以国家各部门及各地方政府发布的政策文本为研究样本,全面且系统地分析政策发布主体分布、内容聚焦以及执行效能特征,探讨已出台政策中所存在的问题,以期为我国政府进一步提升农村绿色发展政策体系的合理性和有效性提供指导和建议,由此更好地改善乡村人居环境,全面推进乡村振兴。

一、研究设计

(一) 样本选取

首先,为保证政策的全面性,本节在中国政府网、自然资源部、农业农村部、北大法宝等政策平台,以"农村绿色发展""农村生态文明建设""农村可持续发展"为关键词进行搜集,共获取政策文本 284 项,覆盖时间段为 2001 年到 2022 年。其次,为保证文本的有效性,剔除转发通知类、批复类、复函类以及当前失效政策,最终得到有效政策 127 项。其中,国家部门工作文件及规范性文件共 50 项,党内法规制度共 12 项,地方工作文件及规范性文件共 65 项。

(二) 分析框架与过程

目前学者们对于政策文本的分析或是基于政策工具的单一视角,或是基于政策"目标—工具"的一般性二维分析框架,除此之外,也衍生出政策"主体—目标—工具"、政策"主体—工具—效力"的三维分析框架。农村绿色发展政策是具体领域的专项政策,有其特殊性,因此基于前人成果并结合农村绿色发展政策的特征,本节从政策主体、政策目标、政策工具以及政策效能构建农村绿色发展四维量化分析与评估框架,如图 5.1 所示,从政策主体、政策目标以及政策工具三个角度对农村绿色发展政策进行量化分析研究,从政策效能角度对农村绿色发展政策进行量化评估研究。框架的四个维度分别回答了农村绿色政策"谁在做""做什么""怎么做"以及"做得如何"

的问题,在逻辑上具有合理性,同时又能弥补一般分析框架对政策特殊性关注度不足问题,使研究更具有全面性、针对性和有效性。

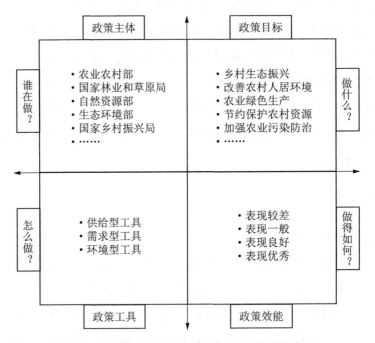

图 5.1　农村绿色发展政策四维量化分析与评估框架

1. 政策主体

政策发布主体是指依据法定权限和程序颁布相关政策文件的机构或组织,是政策系统的核心组成部分,其功能是参与或影响政策的制定、执行、监督、评估等(刘国佳等,2021)。农村绿色发展政策发布主体涉及农业农村部、国家林业和草原局、自然资源部、生态环境部以及国家乡村振兴局等多个部门,其发布形式分为独立发布与联合发布两种。本节首先对 127 项政策的发布形式进行分析,其次针对联合发布的政策文本,以政策联合部门数量为广度、以联合发布数量为深度,构建二维坐标系,借此明晰各部门政策发布情况与合作态势。

2. 政策目标

政策目标是指政策执行预期达到的目的、要求和结果(廖燕珠,2020)。

农村绿色发展政策的目标是为实现农业绿色发展、改善农村人居环境、保护与节约利用农业资源、强化统筹推进和试验示范[①]，保障绿色发展观念落实在农村经济、政治、科技、社会以及环境的各个领域，以此实现乡村生态振兴。首先，本节将所获取的政策文本导入 Nvivo 软件，共获取有效文本约 43 万字。其次，对文本进行资料编码，共得 1 195 个节点，由此形成分析资料库。最后，从中筛选出政策目标类资料节点对其进行文本分析，在剔除无意义词汇后，选取前 100 位高频词，形成关键词矩形结构图，以此归纳政策目标。

3. 政策工具

政策工具是指政府治理的途径，是政策目标与效能之间的桥梁，可被理解为政府在制定或落实某项政策时为达成既定目标而采取的相关政策措施或手段（黄红华，2010）。依据上文中所提及的 Rothwell 的经典政策工具分类理论，本节将农村绿色发展政策分为供给型、需求型和环境型三类。此分类方法具有全面性和科学性，且二级分类指标明确，与农村绿色发展政策内容具有较高适配度。

供给型政策工具主要体现为政策对于农村绿色发展的推动力，政府通过专业人才、资金、技术等要素的直接供给，保障农村绿色发展的需要。需求型政策工具主要体现为政策对于农村绿色发展的拉动力，政府通过直接采购、规范市场、国际市场开拓等形式为农村绿色产业、企业的发展创造需求，从而减少农村绿色产业发展的市场阻力。环境型政策工具可视为外部因素对于农村绿色发展产生的影响，政府通过政策倾斜、观念引导、宣传推广等形式为农村绿色发展打造良好的外部环境。本节借助 Nvivo 所形成的分析资料库，对所编码的节点进行进一步归类，从而厘清三类政策工具下的二级分类情况，由此了解当前我国农村绿色发展政策工具类型特征。

4. 政策效能

政策效能是指政策实施后所产生的实际效果，对其进行评价对于政策制定、执行和反馈调整具有指导性意义（陈烨等，2019）。本节借助 PMC 指

---

① 农业农村部. 2019 年农业农村绿色发展工作要点［EB/OL］. http://www.moa.gov.cn/gk/tzgg_1/tfw/201904/t20190411_6178807.htm，2019-04-11.

数模型对农村绿色发展进行效能评价。PMC 指数模型的创新之处体现在使用二进制 0 和 1 平衡各变量,强调不应该对变量数目和权重设限,从而可以从各个维度来分析政策的优劣势和内部一致性(刘国佳等,2021),且其变量源于文本挖掘,能够较大程度避免人为评价的主观性并提高评价体系的精准度和科学性。

首先,在所搜集的 127 项政策文本中,综合政策主体、政策主题以及政策完整性,选取 10 项农村绿色发展相关的代表性政策进行 PMC 指数模型评估(见表 5.1)。

表 5.1　农村绿色发展 10 项代表性政策汇总

序号	政策代码	政策名称	发文字号	发布日期
1	P1	中共青岛市委、青岛市人民政府关于加强生态文明乡村建设的意见	青发〔2011〕18 号	2011 年 10 月 20 日
2	P2	农业部、国家发展改革委、科技部等关于印发《全国农业可持续发展规划(2015—2030 年)》的通知	农计发〔2015〕145 号	2015 年 05 月 20 日
3	P3	农业部关于印发《西北旱区农牧业可持续发展规划(2016—2020 年)》的通知	农计发〔2016〕46 号	2016 年 01 月 28 日
4	P4	中共中央办公厅、国务院办公厅印发《关于创新体制机制推进农业绿色发展的意见》		2017 年 09 月 30 日
5	P5	农业部、中国农业银行关于推进金融支持农业绿色发展工作的通知	农财发〔2017〕63 号	2017 年 11 月 21 日
6	P6	江西省农业厅关于印发《关于加快农业绿色发展推进国家生态文明试验区建设的实施意见》的通知	赣农字〔2017〕76 号	2017 年 11 月 29 日
7	P7	农业农村部关于支持长江经济带农业农村绿色发展的实施意见	农计发〔2018〕23 号	2018 年 09 月 11 日
8	P8	文化和旅游部等 17 部门关于印发《关于促进乡村旅游可持续发展的指导意见》的通知	文旅资源发〔2018〕98 号	2018 年 11 月 15 日
9	P9	农业农村部办公厅关于印发《2020 年农业农村绿色发展工作要点》的通知	农办规〔2020〕5 号	2020 年 03 月 02 日
10	P10	农业农村部、国家发展改革委、科技部等关于印发《"十四五"全国农业绿色发展规划》的通知	农规发〔2021〕8 号	2021 年 08 月 23 日

其次,基于 Estrada 的经典 PMC 指数模型评价体系(2011),结合已有研究成果和农村绿色发展政策的内容特征,构建农村绿色发展 PMC 指数模型(见表 5.2)。

表 5.2　PMC 指数模型评价指标体系

一级变量	二级变量	二级变量评价标准	指标来源
X1 政策性质	X1:1 预测	政策是否具有预测性,是为 1,否为 0	胡峰(2020)
	X1:2 建议	政策是否具有建议内容,是为 1,否为 0	
	X1:3 监管	政策是否涉及监管内容,是为 1,否为 0	
	X1:4 引导	政策是否具有引导性,是为 1,否为 0	
	X1:5 试行	政策是否具有试行内容,是为 1,否为 0	
	X1:6 保障	政策是否涉及保障内容,是为 1,否为 0	
X2 政策时效	X2:1 长期	政策是否涉及 10 年以上内容,是为 1,否为 0	胡峰(2020)、张永安(2018)
	X2:2 中期	政策是否涉及 6—10 年内容,是为 1,否为 0	
	X2:3 短期	政策是否涉及 1—5 年内容,是为 1,否为 0	
	X2:4 临时	政策是否涉及 1 年内内容,是为 1,否为 0	
X3 政策领域	X3:1 经济	政策是否涉及经济领域,是为 1,否为 0	张永安(2018)
	X3:2 社会	政策是否涉及社会领域,是为 1,否为 0	
	X3:3 科技	政策是否涉及科技领域,是为 1,否为 0	
	X3:4 政治	政策是否涉及政治领域,是为 1,否为 0	
	X3:5 环境	政策是否涉及环境领域,是为 1,否为 0	
X4 政策视角	X4:1 宏观	政策是否涉及宏观内容,是为 1,否为 0	刘国佳(2021)
	X4:2 中观	政策是否涉及中观内容,是为 1,否为 0	
	X4:3 微观	政策是否涉及微观内容,是为 1,否为 0	
X5 政策级别	X5:1 国家级	政策发布主体是否为国务院(含办公厅)及各部委,是为 1,否为 0	胡峰(2020)
	X5:2 省级	政策发布主体是否为省级政府机构,是为 1,否为 0	
	X5:3 地市级	政策发布主体是否为地市级政府机构,是为 1,否为 0	
	X5:4 区县级	政策发布主体是否为区县级政府机构,是为 1,否为 0	

一级变量	二级变量	二级变量评价标准	指标来源
X6 政策受众	X6：1 国家	政策受众范围是否包括国家,是为1,否为0	胡峰(2020)
	X6：2 区域	政策受众范围是否包括区域,是为1,否为0	
	X6：3 地方	政策受众范围是否包括地方,是为1,否为0	
	X6：4 产业	政策受众范围是否包括产业,是为1,否为0	
	X6：5 园区	政策受众范围是否包括园区,是为1,否为0	
	X6：6 企业	政策受众范围是否包括企业,是为1,否为0	
X7 政策核心	X7：1 环境保护	政策是否重视环境保护,是为1,否为0	刘亭立(2018)
	X7：2 格局规划	政策是否重视格局规划,是为1,否为0	
	X7：3 产业优化	政策是否重视产业优化,是为1,否为0	
	X7：4 观念引导	政策是否重视观念引导,是为1,否为0	
	X7：5 技术引进	政策是否重视技术引进,是为1,否为0	
	X7：6 基础设施建设	政策是否重视基础设施建设,是为1,否为0	
	X7：7 人才培育	政策是否重视人才培育,是为1,否为0	
	X7：8 资金保障	政策是否重视资金保障,是为1,否为0	
	X7：9 规范市场	政策是否重视规范市场,是为1,否为0	
X8 作用方式	X8：1 强制型	政策是否具有强制性,是为1,否为0	刘国佳(2021)
	X8：2 服务型	政策是否具有服务性,是为1,否为0	
	X8：3 鼓励型	政策是否具有鼓励性,是为1,否为0	
	X8：4 禁止型	政策是否具有禁止性,是为1,否为0	
X9 政策评价	X9：1 目标明确	政策是否目标明确,是为1,否为0	胡峰(2020)、张永安(2018)
	X9：2 依据充分	政策是否依据充分,是为1,否为0	
	X9：3 方案科学	政策是否方案科学,是为1,否为0	
	X9：4 因地制宜	政策是否因地制宜,是为1,否为0	
X10 政策公开		政策是否公开,是为1,否为0	胡峰(2020)

在模型构建完成的基础上,进行 PMC 指数的计算与等级的评定。第一步,依据表 5.2 内容,确定各二级变量的取值,范围是 0 或 1,如式(5.1)、

(5.2);第二步,依据式(5.3)计算各一级变量的指标值,取值范围在 0 到 1 之间;第三步,依据式(5.4)计算 10 项农村绿色发展政策文本的 PMC 指数;第四步,依据表 5.3 进行政策效能等级评价,满分为 10。

$$X \sim [0, 1] \tag{5.1}$$

$$X = \{(XR:[0\sim1])\} \tag{5.2}$$

$$X_i \left(\sum_{j=1}^{n} \frac{X_{ij}}{T(X_{ij})} \right) \tag{5.3}$$

$$
\begin{aligned}
PMC = \Bigg[& X_1\left(\sum_{j=1}^{6}\frac{X_{1j}}{6}\right) + X_2\left(\sum_{j=1}^{4}\frac{X_{2j}}{4}\right) + X_3\left(\sum_{j=1}^{5}\frac{X_{3j}}{5}\right) \\
& + X_4\left(\sum_{j=1}^{3}\frac{X_{4j}}{3}\right) + X_5\left(\sum_{j=1}^{4}\frac{X_{5j}}{4}\right) + X_6\left(\sum_{j=1}^{6}\frac{X_{6j}}{6}\right) \\
& + X_7\left(\sum_{j=1}^{9}\frac{X_{7j}}{9}\right) + X_8\left(\sum_{j=1}^{4}\frac{X_{8j}}{4}\right) + X_9\left(\sum_{j=1}^{4}\frac{X_{9j}}{4}\right) \\
& + X_{10} \Bigg]
\end{aligned}
\tag{5.4}
$$

式中,i 为一级变量,j 为二级变量,$T(X_{ij})$ 为第 i 个一级指标下二级指标的数量。

表 5.3　政策评分等级

等级	优秀(A)	良好(B)	一般(C)	较差(D)
得分	7.01—10	6.01—7	5.01—6	0—5

在 PMC 指数计算的基础上,进一步构建 PMC 曲面。PMC 曲面图是将各个政策的多维数据通过三维立体的方式呈现出来,从而直观地展示所评估政策每个指标间的差异,有利于进行政策体系的优化与改进。在进行 PMC 指数测算时本节得出了 10 个一级变量,由于所选取的 10 项政策文本在变量 $X10$ 政策公开的得分一致,为使曲面能够更明显地展现各项政策之间的差异性,在此将 $X10$ 剔除,继而构建 PMC 曲面。构建公式如下:

$$PMC = \begin{bmatrix} X1 & X2 & X3 \\ X4 & X5 & X6 \\ X7 & X8 & X9 \end{bmatrix} \tag{5.5}$$

二、研究结果

(一) 政策主体维度

本节所搜集到的政策文本涉及的发布主体共有 89 个,其中有 65 个属于省、自治区、直辖市人民政府及地方林业厅,剩余 24 个为国务院办公厅、中共中央办公厅及其他各部。鉴于各省、自治区、直辖市人民政府及地方林业厅所发布政策文本都为 1 项,本节仅针对 24 个国务院办公厅、中共中央办公厅及其他各部所发布的政策数量展开深入分析(见图 5.2)。

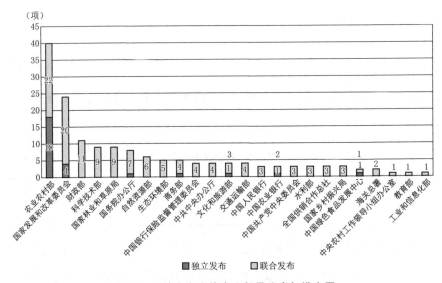

图 5.2 政策发布主体发文数量分类与排序图

第一,农村绿色发展政策的发布是以农业农村部为主、多主体共同协作的网络格局。首先,在所有部门规范性文件及部门工作文件的发文主体中,农业农村部发文数量最多,为 40 项,占比 25.32%,其中联合发布 22 项,独立发布 18 项。农业农村部正式设立于 2018 年 3 月,其前身为农业部,主要负责统筹研究和组织"三农"工作的开展实施,以及组织起草农业农村有关法律法规草案、制定部门规章、指导综合执法等工作,因此,在涉及农村绿色发展的相关政策中,毋庸置疑农业农村部为首要部门,许多重要的法律法规理应有其参与,如 2018 年 9 月 21 日,农业农村部发布关于支持长江经济带农业农村绿色发展的实施意见,以此支持长江经济带探索出一条生态优先和农业农村绿色发展协同推进的路径。其次,政策文本的联合发布数量多,共 131 项,占政策文本总数的 83.91%。其中,合作最为频繁的是农业农村部与国家发展和改革委员会(以下简称"国家发改委"),他们依据自身职责联合其他各个部门引导农村绿色发展,也保障其他部门政策的顺利推行。联合发文的政策数量多,这也反映出政策主体在推进农村绿色发展时合作性、协调性较强,但也需要明确界定各政策主体的职责分工和责任权限,由此使当前政策主体体系的协作关系发挥最优作用。

第二,农村绿色发展政策主体间的协作模式以低广度-低深度为主。如图 5.3 所示,在政策发布主体的联合广度-深度图中,横纵坐标均以 10 为界,将其划分为四个区域。其中仅有农业农村部、国家发改委与财政部三个部门处于合作高广度-高深度区域,这表明此三个部门与其他政策发布主体间展开了全方位、多层次、宽领域的深度合作,位于农村绿色发展政策体系网络的关键位置。国家林业和草原局、商务部和国务院办公厅位于高广度-低深度区域,这表明此三个部门与其他发布主体有较宽泛的合作,但合作次数与深度不高。剩余政策主体均位于低广度-低深度区域,这表明主体间合作领域较窄,且合作次数较低,因此需要进一步开发农村绿色发展政策的合作空间,拓宽合作领域,从而完善政策合作机制。

(二) 政策目标维度

关键词高频矩形结构图将关键词的词频可视化表现,矩形面积越大表明所归纳高频词的词频越高。从图 5.4 农村绿色发展政策目标内容的关键词矩形结构图中可以看出两点。

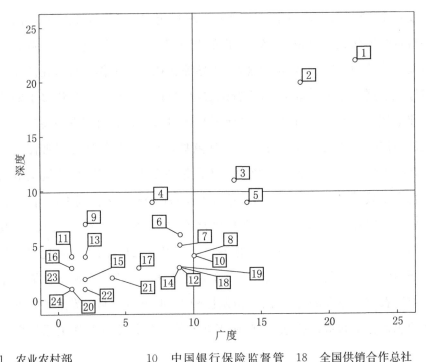

1	农业农村部	10	中国银行保险监督管理委员会	18	全国供销合作总社
2	国家发展和改革委员会	11	中共中央办公厅	19	国家乡村振兴局
3	财政部	12	文化和旅游部	20	中国绿色食品发展中心
4	科学技术部	13	交通运输部	21	海关总署
5	国家林业和草原局	14	中国人民银行	22	中央农村工作领导小组办公室
6	自然资源部	15	中国农业银行	23	教育部
7	生态环境部	16	中国共产党中央委员会	24	工业和信息化部
8	商务部	17	水利部		
9	国务院办公厅				

图 5.3　政策发布主体联合广度-深度图

图 5.4　农村绿色发展政策目标关键词矩形结构图

　　第一,农村绿色发展以农业绿色发展为主要目标,明确农业资源、产地环境、农业生态以及绿色供给的相关指标要求。在农村绿色发展的目标内容高频词中,"农业"位于词频排序首位,共计 290 次,占文本的加权百分比为 3.19％;"发展"位于第二位,共 221 次,加权百分比为 2.44％。这表明推动农业绿色发展是实现农村绿色发展的首要目标。以农业绿色发展为导向进行内容归纳发现,农业绿色发展的目标包含四个方面:一是农业资源目标,包括耕地质量指标、农田灌溉水有效利用指标;二是产地环境目标,包括主要农作物化肥利用率、主要农作物农药利用率、牲畜粪污染综合利用率以及废旧农膜回收率等;三是农业生态,包括退化农田治理面积、林地保有量、生物多样性等;四是绿色供给目标,包括绿色、有机、地理标志农产品认证数量、农产品质量安全例行监测总体合格率等。如 2015 年《安徽省农业可持续发展规划(2015—2030 年)》指出,到 2020 年安徽要实现"主要农作物耕种收综合机械化水平达到82％以上、耕地保有量 8 540 万亩、化肥和农药利用率达到 40％以上、农作物秸秆利用率达到 90％以上"①等目标指标。

　　第二,农村绿色发展全面推进,目标内容覆盖农村环境、政治、科技、社会及经济各个领域。从目标关键词的矩形结构图可以看出,农村绿色发展政策目标所涉及领域较广,"生态""环境"等高频词表示在环境领域的政策目标,例如"实现湿地保有量 1 560 万亩,确保自然保护区严禁开发,确保濒危野生动植物种类不再增加,已濒危野生动植物全部得到保护,确保维护国家物种安全,森林、湖泊、湿地、草山草坡等生态系统功能得到有效恢复和增强,生物多样性衰减速度逐步减缓"等目标要求;②"体系""管理""机制"等反映的是政治领域的政策目标,例如"完善农村土地承包经营制度,完善提高农村承包地确权工作,加快完成省级信息应用平台建设"等政策要求;③

① 宣城市农业农村局.安徽省农业可持续发展规划(2015—2030 年)[EB/OL]. https://www.xu-ancheng.gov.cn/OpennessContent/show/1533596.html, 2016-05-19.

② 同上.

③ 江西省农业厅.关于加快农业绿色发展推进国家生态文明试验区建设的实施意见[EB/OL]. http://nync.jiangxi.gov.cn/art/2017/12/6/art_27782_1037731.html, 2017-12-06.

"技术""创新""工程""循环""利用率"等高频词体现的是科技领域的政策目标,例如"加快技术集成创新,集中推广一批土壤改良、地力培肥、治理修复和化肥减量增效技术模式,探索有效服务机制,在更高层次上推进化肥减量增效"等目标要求;①"生活""人居""文明""农民""设施"等高频词体现的是社会领域的政策目标,例如"增强村集体组织动员能力,支持社会化服务组织提供垃圾收集转运等服务"等政策要求;②除此之外,经济领域目标也融入其中,如"创新绿色金融产品,各级农业银行要深入研究县域绿色发展项目需求,加大绿色金融产品研发力度,优化产品组合"等政策要求。③

(三) 政策工具维度

通过对所编码的 1 195 个节点进行归类,得到农村绿色发展政策工具类型与分布比例,如表 5.4 所示。总体来看,当前我国农村绿色发展政策兼顾了供给型、需求型与环境型工具的综合运用,但不同类型间与类型内部的政策工具使用率仍存有较大差异。

第一,我国农村绿色发展政策工具以环境型为主,辅以供给型与需求型工具。在推动农村绿色发展过程中,环境型政策工具使用频率最高,数量为 767 次,占比 64.18%,这说明政府主要通过间接手段引导农村绿色发展,包括规划相关组织管理、完善监督体系、推广示范试点、营造全社会绿色发展氛围等方式。其次为供给型政策工具,数量为 380 次,占比为 31.8%,这表明政府较为重视采用行政手段,直接推动农村的绿色发展,为其提供充足的人、财、物等资源保障。使用频率最低的为需求型政策工具,数量为 48,占比 4.02%,这表明需求型政策当前并未得到足够重视,政府相关部门在规范市场、开拓国际市场等领域的举措尚存有较大的进步空间。

---

① 农业农村部. 农业农村部关于支持长江经济带农业农村绿色发展的实施意见[EB/OL]. http://www.moa.gov.cn/gk/zcfg/qnhnzc/201809/t20180921_6157725.htm, 2018-09-21.

② 同上.

③ 工业和信息化部、中国农业银行. 工业和信息化部、中国农业银行关于推进金融支持县域工业绿色发展工作的通知[EB/OL]. http://www.gov.cn/xinwen/2018-11/29/content_5344402.htm, 2018-11-29.

表 5.4　政策工具分布比例

政策工具	工具类型	响应次数	分占比	合计	占总比
供给型	基础设施	140	36.84%	380	31.80%
	技术支持	124	32.63%		
	资金投入	45	11.84%		
	人才培养	43	11.32%		
	信息公开	17	4.47%		
	物资保障	11	2.89%		
环境型	组织管理	172	22.43%	767	64.18%
	目标引导	156	20.34%		
	制度健全	107	13.95%		
	示范先行	97	12.65%		
	监管体系	96	12.52%		
	财税金融	39	5.08%		
	观念引导	35	4.56%		
	宣传推广	34	4.43%		
	格局规划	29	3.78%		
需求型	市场规范	26	54.17%	48	4.02%
	对外交流	11	22.92%		
	政企合作	8	16.67%		
	政府采购	3	6.25%		

　　第二,我国农村绿色发展各政策工具内部结构不均衡,各有侧重。工具型政策中使用频率最高的为基础设施建设、技术支持与资金投入,分别占比 36.84%、32.63% 与 11.84%。这表明政府重视建设农村绿色发展的基础设施,如建设节水灌溉、小型集雨蓄水、积肥设施及修建农田道路等设施,为农村绿色发展创造良好条件;除此之外,耕作、节水、施肥技术及垃圾处理等技术的推广与资金的投入也是政府推动农村绿色发展的重要手段。但在此工具类型中,物资保障与信息公开仅占 2.89% 与 4.47%,这体现了政府对于农村绿色发展物资供应与相关数据库建设的缺位。环境型政策中使用频率最高的为组织管理、目标引导与相关制度的健全,分别占比 22.43%、20.34% 及 13.95%。这表明政府为推动农村绿色发展,持续构建与优化政策实施环境,不断完善工作落实的组织形式与法规制度,因地制宜动态调整绿色发展

的目标与策略,确保政策执行具有时效性与针对性。而在此类型中,格局规划与宣传推广仅占 3.78% 与 4.43%,这表明政府应进一步加强对农村绿色发展的整体格局统筹与绿色发展理念的宣传推广。需求型政策中使用频率最高的是市场规范与对外交流,分别占比 54.17% 与 22.92%,这表明政府主要通过维护和稳定市场秩序、引导开拓国际市场的方式为农村绿色发展创造需求,而政府采购工具相对空缺,仅占 6.25%,政府有形之手在农村绿色发展的作用有待进一步体现。

(四)政策效能维度

1. 待估政策的比较分析

根据 PMC 指数模型,计算得出 10 项待评价政策的 PMC 指数与凹陷指数,其中凹陷指数＝10—PMC 指数,表示待评估政策与理想中的"完美政策"之间的差异程度,其结果如表 5.5 所示。

表 5.5　农村绿色发展政策 PMC 指数

	P1	P2	P3	P4	P5	P6	P7	P8	P9	P10	均值
X1 政策性质	0.83	1.00	0.83	0.67	1.00	1.00	0.83	0.83	0.67	1.00	0.87
X2 政策时效	0.50	0.50	0.25	0.50	0.25	0.25	0.25	0.25	0.25	0.25	0.33
X3 政策领域	1.00	1.00	1.00	1.00	0.80	1.00	1.00	1.00	0.60	1.00	0.94
X4 政策视角	0.67	1.00	0.67	1.00	0.67	0.67	0.67	0.67	0.33	0.67	0.70
X5 政策级别	0.25	0.25	0.25	0.25	0.25	0.25	0.25	0.25	0.25	0.25	0.25
X6 政策受众	0.33	0.67	0.67	0.50	0.33	0.33	0.33	0.33	0.33	0.50	0.45
X7 政策核心	0.78	0.89	0.56	0.89	0.67	0.78	0.67	1.00	0.56	1.00	0.78
X8 作用方式	0.50	0.50	0.50	0.50	0.50	0.50	0.50	0.50	0.75	0.50	0.53
X9 政策评价	1.00	1.00	1.00	0.75	0.75	0.75	1.00	0.75	0.50	1.00	0.85
X10 政策公开	1.00	1.00	1.00	1.00	1.00	1.00	1.00	1.00	1.00	1.00	1.00
PMC 指数	6.86	7.81	6.72	7.06	6.22	6.69	6.50	6.58	5.24	7.17	6.68
凹陷指数	3.14	2.19	3.28	2.94	3.78	3.31	3.50	3.42	4.76	2.83	3.32
排名	4	1	5	3	9	6	8	7	10	2	
等级	B	A	B	A	B	B	B	B	C	A	

据此可知两点。第一,我国农村绿色发展政策覆盖 3 个等级,平均水平为良好级。根据所评估政策的 PMC 指数并结合等级划分标准,10 项政策可分为 3 个等级,其中 P2、P4、P10 为优秀等级,P1、P3、P5、P6、P7、P8

为良好等级,P9 为一般等级,没有较差等级政策。整体来看,所评估的 10 项政策的 PMC 指数均值为 6.68,处于良好等级,据此演绎可知,当前我国农村绿色发展政策整体处于良好水平,政策的效能发挥状况总体处于可接受范围。第二,我国农村绿色发展政策还具有较大的改善空间。农村绿色发展 10 项代表性政策的平均凹陷指数为 3.32,这表明与完美政策还有较大差距,存有一定的提升空间。其中,政策 P9 的 PMC 指数得分最低,仅为 5.24。具体来讲,此项政策在政策视角、政策核心及政策评价三项得分相对偏低,这表明:首先,政策 P9 的实施维度较为单一、多层次性不足,缺少微观与中观的政策内容;其次,政策 P9 的重点内容不够突出,对于绿色发展的观念引导重视不足,且缺少对于相关人才培育、资金保障以及农村绿色发展的市场规范;最后,此项政策在制定时,由于过度重视宏观层面内容,没有兼顾因地制宜,所参考依据不够充分,因此在政策实施过程中可能会导致过于虚浮,政策落地难度较大。

根据 PMC 曲面构建公式,10 项待估政策的 PMC 曲面情况如图 5.5 所示。通过曲面与完美平面的对比分析能够直观体现出各级指标的缺陷程度,从而可以据此有针对性地进行路径优化。

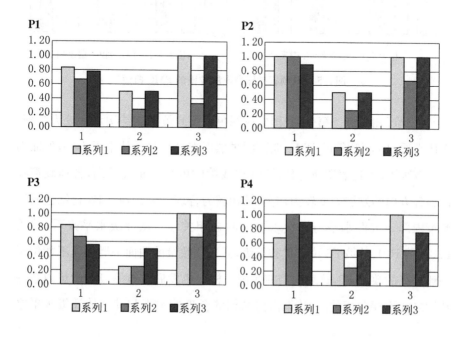

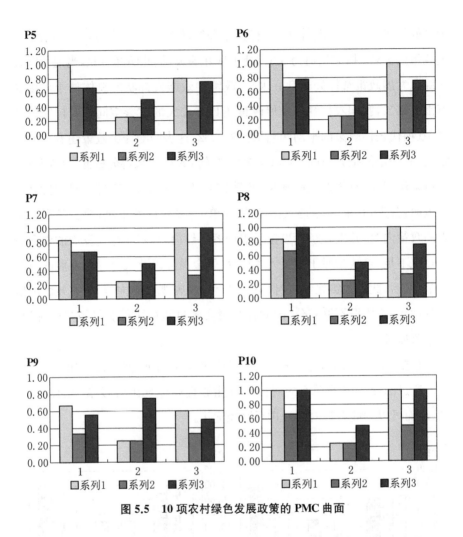

图 5.5　10 项农村绿色发展政策的 PMC 曲面

据此可知两点。第一，我国农村绿色发展政策平均结构水平较为合理。整体来看，10 项政策的 PMC 曲面图虽然形态各异且整体水平不一，但曲面整体较为平滑，这表明所评估的 10 项政策的内容一致性较高，各项政策在内容各方面的发展力度较为均衡，结构较为合理。第二，我国农村绿色发展政策内部一致性水平与评级水平无明显相关性。从评级水平来看，政策 P2、政策 P10、政策 P3 位于优秀等级，此三项政策的曲面平滑程度不如位于一般等级的政策 P9，这表明当前我国农村绿色发展政策等级与政策内容一致性之间不存在相关性，政策内部结构的合理性水平与其整体评级水平之间无必然关系。其中，曲面平滑性最差的为政策 P10，具体来看，此项政策在政策性质、政策领域、政策核心、政策评价指标中表现突出，得分高，但政策时效及政策作用方式在所有评估政策中表现较差，这表明，政策 P10 虽然整体评分水平高，但是政策内容结构不合理，对各项指标的考虑不够均衡，需要进一步改进。

2. 政策指标的比较分析

为整体了解我国农村绿色发展政策在各衡量指标的表现，依据各指标均值构建趋势图，如图 5.6 所示。在所观测指标中，指标 X10 政策公开、X5 政策级别为恒定内容，且 10 项政策得分一致，对其分析价值不高，因此本节仅针对余下 8 项指标数值情况展开分析，此 8 项指标的得分情况为政策领域＞政策性质＞政策评价＞政策核心＞政策视角＞作用方式＞政策受众＞政策时效。

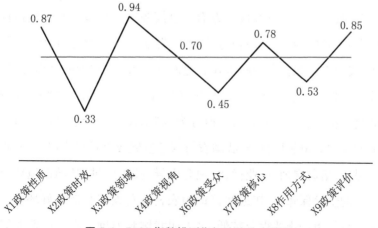

图 5.6　PMC 指数模型指标均值分布情况

第一，政策性质方面。评估政策在政策性质指标内表现良好，均值位于一般水平 0.68 以上，且在所分析的八项指标中排名第二，在此指标内，得分最高的有政策 P2、P5、P6、P10，其均为满分，得分最低的有政策 P6、P9，为 0.67，接近一般水平。这表明，在政策性质方面，我国农村绿色发展政策在制定时会兼顾政策的预测性、建议性、监管性、引导性、试行性和保障性，尤其是绿色试行内容在10项政策中均有涉及,这体现了国家对于农村绿色发展的重要思路便是试点为先、示范引导,例如在2017年农业部农业机械化管理司关于印发《2017年农机化促进农业绿色发展工作方案》的通知中便要求,"选择10个省开展农机新产品补贴试点,重点围绕绿色发展急需的新产品开展补贴试点,充分引导支持产品和技术创新"①。

第二,政策时效方面。评估政策在政策时效指标内表现较差,均值仅为0.33,处于一般水平以下,此指标内,政策P1、P2、P4得分为0.5,其余政策得分为0.25。这表明,所评估政策的时效性多数为单一的,评估政策的起效时间均在1年到10年之间。一方面,这体现了我国出台的政策具有权威性与稳定性,政策制定时应保障其在一定时间段内稳定有效;另一方面,也体现出我国农村绿色发展政策缺乏一定的与时俱进性质,起效时间为一年的政策相对短缺,在日新月异的社会背景与突飞猛进的技术背景下,这会导致政策实施不够灵活,不能更好地与农村现状相契合。

第三,政策领域与政策核心方面。政策领域与政策核心两项指标的表现整体良好,其中,政策领域得分接近1,为0.94,在所有指标中表现最好,这表明,我国农村绿色发展政策在制定时,较为注重政策的全面性,且当下出台政策多是兼顾了经济、社会、科技、政治以及环境等各个领域,体现出全方位的政策特征。政策核心指标得分为0.78,位于一般水平以上,这表明,顺承全方位的政策领域特征,我国农村绿色发展政策重点突出,尤其重视农村环境保护、格局规划、产业优化、观念引导、技术引进、基础设施建设以及人、财、物的供给保障,直接或间接地为农村绿色发展打造良好环境。但此项指标内容的市场规范得分较低,这表明我国政府助力农村绿色发展过程中,应逐步引导和规范市场秩序,使其更好地发挥资源合理配置作用。

第四,政策视角与政策受众方面。此两项指标分别对应我国农村绿色发展政策的主体范围与客体范围,其中,政策视角指标得分0.7,接近一般水

① 农业部农业机械化管理司. 农业部农业机械化管理司关于印发《2017年农机化促进农业绿色发展工作方案》的通知[EB/OL]. http://news.nongji360.com/html/2017/06/217383.shtml, 2017-06-28.

平,政策受众指标得分 0.45,位于一般水平以下,这表明无论是从主体还是客体角度来讲,农村绿色发展政策辐射维度略显单一。具体来看,政策视角指标中,微观内容得分最低;政策受众指标中,有关园区、企业的得分最低。由此可知,当前所出台的农村绿色发展政策多是针对区域性、地方性以及产业行业的宏观或中观的法律规定,但缺少微观层次上对于农村绿色园区、农村绿色企业的指导。结合政策级别来看,国家级与省级政策偏重于宏观、中观内容尚且合理,但是地市级与区县级政策缺少微观层次的内容便为短板,效力范围小的政策更应该具体化、针对性,尤其在农村绿色发展领域中,园区与产业是其不可或缺的参与主体,更应当为其成长打造明确且合适的法律保障。

第五,政策作用方式。此项指标得分为 0.53,位于一般水平以下,从具体得分情况来看,多数政策属于服务型与鼓励型,通过激励、引导的方式助力农村绿色发展,如《农业部关于发展无公害农产品绿色食品有机农产品的意见》曾指出,要"鼓励有条件的地区在农产品产销批发市场、大型超市等农产品集散地设立无公害农产品、绿色食品和有机农产品专销网点、柜台和展示区"①。相对而言,政府较少采用强制型、禁止型手段以进行农村绿色发展,禁止型仅出现在有关农村生态保护等环境类政策条文中,例如《广东省建设厅关于生态文明村康居工程试点工作有关要求的通知》便提出"五不"原则:不推山、不砍树、不填池塘(河流)、不大拆大建、不破坏优秀的传统文化建筑和历史风貌。②

第六,政策评价方面。此项指标得分 0.85,位于一般水平以上,这表明当前所出台的农村绿色发展相关政策整体评价良好,基本能够做到目标明确、依据充分、方案科学和因地制宜的要求。但在这几项内部要求当中,因地制宜的标准得分最低,这说明了当下许多政策的出台并没有结合现实状

---

① 农业农村部. 农业部关于发展无公害农产品绿色食品有机农产品的意见[EB/OL]. http://www.moa.gov.cn/nybgb/2005/djiuq/201806/t20180618_6152509.htm, 2005-09-20.
② 广东省人民政府. 广东省建设厅关于生态文明村康居工程试点工作有关要求的通知[EB/OL]. http://www.gd.gov.cn/zwgk/gongbao/2021/31/content/post_3644880.html, 2021-10-09.

况，或是照搬别处的成功经验，或是沿袭当地之前的法律法规，都缺少对新一阶段农村绿色发展状况的总结与反思，并基于此提出合时、合地、合适的政策条文。

三、研究结论

本节借助文本分析、扎根理论与 PMC 指数模型等方法对我国 2001 年到 2022 年所出台的 127 项有关农村绿色发展的政策进行分析与评估，得到以下结论。

在政策主体上，当前我国农村绿色发展政策的发布主体已形成以农业农村部为主、多部门主体共同协作的网络体系，且各部门主体间多为低广度-低深度的合作模式，仅有农业农村部、国家发改委与财政部三个部门与其他发布主体间展开了全方位、多层次、宽领域的深度合作。在政策目标上，当前我国农村绿色发展以农业绿色发展为主要目标，并且相关政策都明确农业资源、产地环境、农业生态以及绿色供给的相关发展指标，与此同时，农村绿色发展政策全面推进，其目标内容覆盖农村环境、政治、科技、社会以及经济各个领域。在政策工具上，我国农村绿色发展政策工具以环境型为主，辅以供给型与需求型工具，且各政策工具内部结构不均衡，各有侧重。在政策效能上，整体来讲，我国农村绿色发展政策的效能处于可接受范围，尚存有较大的改善空间，各项政策间平均结构水平较为合理，但其内部一致性水平与评级水平无明显相关性；从具体指标来看，政策性质、政策领域、政策视角、政策核心以及政策评价表现高于一般水平，但在政策时效、政策受众以及政策作用方式整体表现不佳，需进一步完善。

根据本节的研究结论，为完善我国农村绿色发展的政策体系，更好地发挥政策作用以改善乡村人居环境、全面推进乡村振兴，根据研究成果与现存问题，本节提出以下政策建议：

一是打破政策主体间的行政壁垒，加强部门协作的广度与深度。由于农村绿色发展的复杂性，政策发布渠道众多，因此，需要加强政策颁布机构之间的协同，既要增强国务院直属有关部门的横向联动，又要增强国务院、部门之间的纵向协调,建立有效的政策沟通和协调机制,这样既能够促进相关部门间的资源要素相互流通,又能避免政策的重复性制定以及出现政府网络盲点,实现政府部门各自为政向联合协作模式的转变,从而加强原始创新政策的透明度和稳定性,在节省人力、物力、财力等资源的基础上,实现政策效果的最优化,有效打出政策"组合拳"。

二是优化政策工具的合理组合,重视发挥市场的拉动作用。运用单一工具并不能促进政策目标的达成,政策工具的组合使用是农村绿色发展政策内容完整性的重要因素,也是政策实施精准性的必备条件。因此,一方面,扩大组合型政策工具的使用范围,在制定政策时注意供给型、需求型以及环境型三种政策工具的组合使用,同时要合理安排各种工具在组合中的结构占比;另一方面,加大需求型工具的运用。需求型政策工具的规模效应和其倾向性特征,能够从宏观与微观层面实现政府的意志,因此要进一步重视市场的拉动力,将农村绿色发展从"投入推动"转变为"需求拉动",可通过加快培育多元市场购销主体、创新补贴方式、构建政府采购体系等模式为农村绿色产业的发展创造需求。

三是注重政策目标的阶段分解,以绿色发展引领全面乡村振兴。在所评估的农村绿色发展政策中,大多都单一强调长期目标的实现,而忽视了阶段性、短期性目标的制定,而农村绿色发展与乡村振兴一样是一项长期的嬗递过程。因此,在进行政策目标制定时,既要因地制宜制定具有前瞻性的长期目标,也要注重目标的分解,使长、中、近期目标相结合;其次,在进行政策规划与实践时,要遵循由发达地区到欠发达地区,由各级城市周边、交通沿线到偏远农村,由自然条件较为成熟的农村到自然条件较差的农村等次序,先易后难、依次推进;最后,在保障机制上,要正确处理发展与保护、当前与长远、试点与推广的逻辑关系,遵循"抓重点、补短板、强弱项"的规定,互为补充、协同发展。

四是扩大政策参与对象的范围,全方位改善农村人居环境。农村绿色发展是一项需要多方主体参与的重大工程,大到国家、区域与各省、自治区、直辖市,小到村庄、园区以及各企业,因此应该鼓励各社会主体参与这项工程的建设之中。一方面,针对企业、园区等微观主体,应规定加强政府部门与上述主体的沟通、交流,定期收集其反馈建议与需求,并据此及时调整政策内容或制定相应政策;另一方面,针对各地村庄,要以发动农民群众乡村治理为切入点,积极调动农民的积极性,整治垃圾乱倒乱放、污水横流、人畜混居、厕所脏臭等农村环境难题,实现"干净、整洁、宜居"的目标,使良好的生态环境和人居环境成为乡村振兴的有力支撑点。

第六章
基于案例研究的中国乡村旅游高质量供给优化路径

第一节 基于乡村旅游资源角度的创新优化

一、相关案例研究

乡村旅游与农业产业资源融合指乡村旅游依靠农业产业景观资源、文化资源、农事生产工具、农村建筑等物质文化资源发展乡村旅游,与主要依托的农业资源种类不同,乡村旅游类型也不同,但本质都是资源共用模式下形成的乡村旅游。成都安仁古镇近年来大力推进乡村旅游与文化资源的融合,以文化资源优化乡村旅游产业,形成了独特的产业优化创新模式。

四川成都安仁古镇始建于唐朝,民国遗韵丰厚,有着得天独厚的文化资源,以公馆老街、刘氏庄园和建川博物馆三大景区为代表,现存文物保护单位 17 处,公馆 27 座,现代博物馆 47 个,以及藏品 800 余万件,因此安仁古镇是当之无愧的"中国博物馆小镇"。即使文化资源突出,但在 2016 年之前,安仁古镇的旅游业发展平平,存在资源展示单调、体验不佳、配套设施不足、运营缺乏等问题,2016 年安仁华侨城以"文化+旅游+城镇化"的模式,首个提出并实施了文博、文旅、文创"三文"产业融合发展,深挖文化资源,将文化资源多角度、差异化融入旅游的全过程,将安仁古镇打造成国际文旅目的地。[①]

二、发展经验

一是以"三文"模式助力文化资源与乡村旅游融合发展。文博的主要目的是创造品牌并强化产业优势,围绕核心博物馆资源,融入新要素,发展文博产业的新经济、新业态,以"修旧如旧、最小干预、完全可逆"为博物馆改造与活化的原则,打造了包括鉴定、收藏、创作、博览、拍卖等模块在内的文博产业,通过打造华公馆文博展示综合体、今时今日安仁演绎消费综合体、方知书房生活美学体验综合体等 12 个文博综合体,向游客提供沉浸式体验,以"博物馆+综合性文旅消费与体验场所"的模式活化博物馆。文创的主要目的是优化旅游内容并延伸旅游产业链,建设"两空间三平台",打造创意园、文创街坊、艺术街等生产创作空间与文化园等展示交流空间,建设展会平台进行媒体传播、创作与文博的交流等,构设研学平台进行学术交流,打造交易平台进行文物鉴定、展览与拍卖,最终打造从生产、展示、研学到交易的文创产业链条,构建文创产业生态基地。文旅的主要目的是导入流量并创造收益,以国际标准发展文化旅游,针对游客多元化、个性化的高水平需求,不断地发展新业态、打造新场景,吸引游客消费与创作,与文博、文创共同形成商业闭环。

二是通过构建文化 IP 全面展示文化资源。安仁古镇打造了高质量文化 IP《今时今日安仁》,安仁古镇的文化 IP 以打造消费场景为基础阶段,依托安仁古镇的四大公馆,通过科技设备、艺术创作和近景戏剧,打造了具有美学意蕴与艺术氛围的文化空间,提供了打破传统的沉浸式体验,基于五感呈现了"西南外滩"的真实氛围与环境。文化 IP 以《今时今日安仁·乐境印象》沉浸式戏剧游戏为衍生阶段,依托场景与戏剧,植入角色扮演与互动、机关道具、文创剧本、推理探索等元素,构造了沉浸式实景戏剧游戏新体验。

---

① 百度百科.安仁古镇[EB/OL]. https://baike.baidu.com/item/%E5%AE%89%E4%BB%81%E5%8F%A4%E9%95%87/861037? fr=aladdin,2022-07-28.

第二节　基于乡村旅游市场角度的创新优化

一、相关案例研究

乡村旅游市场与乡村市场融合主要表现为市场群体的融合、产业资金的融合、产业销售渠道的融合等方面。乡村旅游与农业产业发展资金的集合形成产业发展的资金渠道,旅游发展增加农业产业的销售渠道,农业产品的品牌价值提升对乡村游客数量的增加有很大促进。法国格拉斯小镇便以品牌建设为核心,通过成功的市场融合实现乡村旅游产业的优化创新,成为"乡村旅游＋品牌建设"发展模式的典范[①]。

格拉斯小镇因小说《香水》闻名,是著名的香水之都,具有发达的鲜花产业与香水产业。小镇周围有大量美丽的花田,各类花朵四季盛开,吸引游客前来观光;小镇有高质量的香水原料,可为游客提供特殊的香水定制服务;小镇有大量优质的香水加工厂、香水博物馆和体验馆,吸引香水爱好者前来体验并购买香水。此外小镇每年都举办丰富的节庆活动,如芳香疗法展示、健康节、玫瑰展览、茉莉节等等。格拉斯小镇优雅而浪漫,充斥着鲜花与芬芳,以芬芳市场带动旅游市场,是"乡村旅游＋品牌建设"发展模式的典范。

二、发展经验

一是产业升级优化市场结构。格拉斯小镇的发展经历了三个转变。首先是从皮革产业向香水制造产业的转变。16 世纪前格拉斯小镇的核心产业是皮革,由于气味难闻刺鼻,小镇开始种植鲜花,生产芳香产业的植物原料,完成了第一次产业升级。第二次是 19 世纪皮革的衰落,传统芳香种植向香水制造产业发展并兴盛,以及旅游业的兴起。第三次是从香水制造产业向芳香配

---

① 个人图书馆网.世界级特色产业小镇的典范! 深度剖析格拉斯小镇的成功之道[EB/OL].
http://www.360doc.com/content/18/1211/23/57798620_801161882.shtml,2018-12-11.

方研发、品牌塑造的发展,以及芳香产业和旅游产业的深度融合。格拉斯小镇把握产业发展周期,抓住了转型的机会,从第一产业不断向第三产业升级,提高供给产品的水平与附加值,吸引更优质的客源,优化市场结构。

二是不断增加品牌影响力。格拉斯小镇极为注重研发,是世界高端香水技术的研究中心,通过技术专利打造品牌不可替代的核心竞争力。同时,小镇在当地深耕品牌建设,结合当地芳香资源发展芳香产业,并与小镇的发展深度融合,打造完善的产业链,形成规模经济,成为世界芳香产业的高地。此外,小镇通过引入国际知名企业,将当地不同区域与不同的品牌结合,强化目的地形象,提升产品知名度,并定位国际高端市场,讲好香水的故事。

三是深度融合芳香产业与旅游产业的消费内容与过程。基于旅游领域与芳香领域的重合之处,小镇将二者的消费过程深度融合,提高旅游产业的质量与内涵,促进芳香产业的宣传与展示,从花田观光与芳香原材料的结合,到香水博物馆、香水工厂景点与香水销售的融合,再到在香水工坊中的香水制造等深度体验和香水定制、芳香研学的融合,实现芳香与旅游的消费一体化。

第三节　基于乡村旅游产品角度的创新优化

一、相关案例研究

乡村旅游与农业产品功能渗透型科研表现为乡村农业产品、文化等转变为乡村旅游商品,如乡村种植蔬菜、水果、粮食,养殖的家禽牲畜等产品都可以转换为乡村旅游商品销售给游客,通过旅游产业促进乡村农业产品销售;将乡村在地文化与现代产品相结合,在形成独特的乡村文化符号基础上,开发设计多类型的乡村旅游文创产品进行销售。日本工匠之乡便是典型的基于产品融合角度的乡村旅游产业优化案例。①

日本工匠之乡是水上町发展乡村旅游的杰出代表,通过深挖当地民俗

① 搜狐网.农村公园与工匠之乡—水上町［EB/OL］. https://www.sohu.com/a/259830305_457412,2018-10-16.

文化资源，打造了独特的文创产品，发展体验式旅游。水上町群山环绕，风
景优美，但农业不发达，导致人口流失与老龄化，当地政府提出了农村公园
的构想，将农业与旅游业融合，重点发展乡村旅游，以"一村一品"的旅游发
展模式走出了一条新路，其突出代表为"工匠之乡"。这里依然保留着村落
的传统风貌，聚集着大量的工匠，结合传统文化与工匠技艺，这里分布着 20
多家手工艺商店，生产大量独具特色的文创产品，并获得过"手工艺制作优
秀奖"等荣誉。

二、发展经验

一是民俗复兴，打造文创产品。"工匠之乡"的发展方针为保存历史遗
迹、传承工匠传统技艺以及发扬日本的饮食文化，通过发展"一村一品"模
式、打造资料馆、规划怀旧漫步区等方式，保护并传承着乡村文化资源，并基
于这些资源，形成了 20 多家传统手工艺作坊，涉及草编、木织、胡桃雕刻彩
绘、陶艺等形式，打造了"面具之家""人偶之家""铃之家""陶艺之家"等知名
品牌，打造了大量独具特色的文创产品。

二是引导游客参与文创产品的制作。在销售传统手工艺成品的基础
上，"工匠之乡"主打体验式旅游，向游客提供产品制作过程的观赏、手工艺
品的生产教学以及产品制作的亲身体验等服务，游客不但可以观摩手工艺
大师现场制作面具、土铃、陶艺制品时的情景，还可以现场学习亲手制作或
者进行文创加工，比如将蚕茧做成蚕丝并在其上作画、在铃铛上绘制图案、
制作陶艺制品、创作和纸作品等等。工匠之乡通过吸引游客亲身参与创作，
增加了游客的体验性与参与性，让游客体验到手工艺品创作的快乐。

三是政府助力完善工匠生态系统。在乡村旅游的发展中，基础设施不
足、资金短缺等方面的问题更加严峻，需要发挥政府的主导地位，大力扶助
乡村旅游的发展。水上町的政府在发展"工匠之乡"时推出了大量的优惠政
策来鼓励"工匠之家"的发展，在开店的前三年，政府按照每个工匠每天四到
五千日元的模式向"工匠之家"发放补贴，之后还会向"工匠之家"发放五年
的委托管理费等等。通过政府大力支持，当地工匠生态系统不断完善，产生

了大量优质的旅游产品,不但吸引当地居民积极参与,而且吸引了大量外来的工匠与手艺人前来扎根发展。

第四节　基于文化创意角度的乡村旅游创新优化

一、文化创意成为乡村旅游转型升级的重要突破口

"文化创意产业"是将资源、经济、文化、技术等有机融合的新兴产业。作为产业分工和价值链的上端,其诞生之初就富含鲜明的自我革新特色,推崇创新和创造力,强调文化对经济的支持与推动,具有高渗透性、高融合性、高增值性的突出优势。随着产业规模和关联辐射范围的不断扩大,文化创意与旅游业的融合力度与溢出效应不断增强。

(一) 文化创意引领乡村旅游新消费

最新统计显示,2017 年我国居民恩格尔系数为 29.3%,消费结构升级步伐加快,旅游消费在趋于"刚性"的同时,也在个性化、品质化、体验化等维度不断呈现出新的特征。文化创意植根于体验经济和注意力经济,呼应新消费时代对"消费者价值"的核心追求,通过文化性、特色化、多样化的乡村创意理念与创新实践吸引旅游凝视(tourist gaze),通过激发和满足多元乡村体验需求唤起旅游者的情感共鸣,从而引领传统的乡村商品消费向乡村服务消费、乡村情感消费、乡村生活消费等领域拓展,实现乡村旅游消费的规模扩容与满意度提升。

(二) 文化创意优化乡村旅游新供给

近年来,随着全域旅游的深入推进与政策红利的加速释放,乡村旅游已成为遍地开花的新风口,但同时也暴露出"产品单一、创新不足、文化内涵薄弱、服务质量不高"等发展不平衡、不充分的问题。文化创意是乡村旅游产业的新驱动力。作为一种灵活性的文化、智力资源和技术手段,其通过要素整合与多元融合促进乡村旅游跳出传统"旅游供给六要素"的小循环,加速乡村形象重塑与产品服务更新,丰富产品供给模式与消费者过程体验,从而

促进乡村旅游产业实现从要素依赖到创新驱动的阶段性跨越,实现从粗放型到集约化的转型与质效提升。

（三）文化创意促进"新三农"同步振兴

党的十九大报告强调,乡村振兴战略要坚持农业农村优先发展,着力实现"产业兴旺、生态宜居、乡风文明、治理有效、生活富裕"的总目标。将文化创意的创新思维与发展模式融入乡村旅游的新发展,从农村层面,有利于促进乡村文化的创新传承与乡村基础设施、公共服务和生态环境的更新;从农业层面,有利于激活新要素,推出新产品,加快传统农业现代化,提高农业附加值,培育农业增效和农民增收新动能;从农民层面,有利于通过乡村创客激活农村的创新创业氛围,增加农民"在家门口就业创业"的机会,促进农村人力资源回流与新型职业农民培育,切实从人本出发寻求"空心化"问题的突破;通过构筑"农村发展、农业转型、农民致富"的良性新生态,促进"新三农"同步振兴。

二、文化创意驱动乡村旅游实现四大转型跨越

文化创意作为乡村旅游内生增长的新动力,通过乡村双创、技术创新和全域渗透,不断破除乡村旅游发展中的人才、技术与空间约束,助推产业发展转向与跨越提升。

（一）注入文化灵魂,从原真性到活态化,塑造乡村独特 IP 体系

文化灵魂是乡村旅游的精髓。"乡愁"从传统意义上是一种情怀表达方式,从受众来看,面对品质不佳的乡村旅游产品与服务,"不计成本"的怀念与追溯,一定程度上仅存在于特定年龄与特殊成长经历的群体。新消费时代的旅游客群跨越 50 后到 90 后的"全年龄"人群,与其他旅游产品消费无异,乡村旅游产品的品质、功能、获得感依旧是绝大多数消费群体的普遍追求。因此,对乡村文化遗产和记忆场所的"原真性"保护固然可贵,但要实现"乡愁"在现实意义上的文化价值,则需要"活态化"的内容与载体,有赖于文化创意的转化与传承。在这一过程中,文化创意的核心优势在于运用多维视角和多元手段,挖掘、提炼乡村文化的"地方性"精神内核和表征符号,构

建、演绎乡村文化的主题形象和特色品牌,从而形成乡村旅游独有的人格化、故事化 IP 及其衍生体系;通过构建与消费者之间的"共创价值"塑造乡土文化情怀和乡村生活魅力。对乡村文化的主题凝练与活态化呈现,是文化创意融入乡村旅游的首要功能,也是乡村旅游的核心魅力。台湾的文创农业十分注重文化主题的凝练,以其特色民宿为例,苗栗的民宿主打客家风情,宜兰的民宿以田园乡村为主题,垦丁的民宿强调南洋异国休闲风,而花东民宿则充满了奔放的原住民文化激情。主题演绎与地方性特色文化的融合使得当地特色民宿具有了天然的品牌感召力。

(二) 深化"文创+",从要素整合到业态升级,激活乡村旅游全产业链

乡村旅游的发展历经农家乐 1.0 时代和休闲度假 2.0 时代,已步入以"乡村生活体验"为标志的乡村旅居时代。这一阶段,农业生产与文化观光、休闲体验、度假康养、亲子娱教的互动融合,结合"文创+"的科技、文化、艺术手段,创意农业、创意农艺、乡村创意节事、乡村创意餐饮的形式不断更新,田园综合体、民宿、特色小镇、农场农庄等新业态和产品受到热捧。同时,在现代分工和产业融合的推动下,凭借"文创+"要素吸纳、重构与再生产能力,乡村旅游逐渐形成了就地生产、就地转化和就地消费的高附加值的全产业链条。位于台南的"台一生态休闲农场"就是向全产业链延伸的成功一例。该农场前身为"台一种苗场",从 2001 年开展农业观光开始,不断拓展休闲农业与乡村旅游的业态与功能,促进生活、生态、生产的有机融合,已经发展为集有机农作物种植采摘、花卉造景、乡间住宿、农事体验、花园宴会、自然生态教育、亲子娱乐等于一体的"标杆式田园综合体"。

(三) 丰富演绎手段,从传统营销到沉浸式体验,创造情怀消费溢价

产业链上附加值较高的环节在"微笑曲线"(smiling curve)的两端,即设计端和销售端。依据这一理念,对乡村旅游的表现形式和消费模式的创意设计与创新演绎,有助于促进乡村旅游运营模式的革新。这与新消费时代的旅游者在体验时更注重内容的情感化、空间的场景化和渠道的便捷化等特征不谋而合。可见,运用"全时空""全渠道"理念,打造乡村旅游的"沉浸式体验",将终端消费变成生活方式的过程体验,有助于提升乡村旅游的

盈利空间。具体而言,从消费内容上,依托四季品牌节庆推出主题化的乡村旅游活动,有助于带给旅游者"难以复制的体验";从消费空间上,通过智慧化、人性化设施与公共服务将乡村旅游功能区与生活空间有机贯通,有助于营造主题公园化、场景化氛围;从消费渠道上,线上线下、虚拟化技术的运用,有助于赢得更大范围的消费客群。位于日本的"箱根"牧场就十分注重让游客获得牧场生活的"沉浸式"体验,深受亲子旅游者喜爱。游客可以与小动物亲密接触,或直接参与为奶牛挤奶、施肥、收割玉米等农场劳作,其绿色有机食品也获得了消费者的认同。

(四) 促进乡村更新,从景观美化到氛围营造,提升乡村美好生活品质

文化创意具有天然的景观美化功能,有助于整合和重塑乡村的景观资源和环境氛围。在乡村旅游发展的全域化和旅游需求的品质化趋势下,融入了文化创意的乡村旅游空间和生活社区也成为极富吸引力的特色地标。首先,从乡村风貌更新来看,文化创意设计有助于体现乡村的特色场所精神,从形态上更好地延续乡村文化肌理,传承乡村文化记忆,凸显乡村文化符号。其次,从乡村内在品质来看,文化创意的特色表达与乡村旅游硬件设施的融合,凸显着温情的人文关怀,如旅游动线引导、地下通道、旅游厕所、残疾人标识、垃圾桶等。再者,从文化创意的"智慧"特色出发,通过与个性化、便捷化、智能化的乡村公共服务相结合,有助于建设文明的乡村旅游氛围和主客共享的乡村美好生活空间,从而进一步提升旅游者和当地居民的幸福感与获得感,建立高品质、有温度的乡村旅游感知形象。以台湾飞牛牧场为例,围绕"亲近自然、亲近动物"的"牧之美"主题特色,从景区规划、入口设计、建筑工艺、设施用材、手绘标识、景观小品等方面无不透露着亲近自然的情怀,文创手法细腻而精致地营造出和谐美好的氛围。

第五节　基于数字技术角度的乡村旅游创新优化

数字技术对于乡村旅游的优化支撑体现在两个方面:一方面,农业技术

与旅游产品直接结合形成农业体验项目,农业科技进步带动生态农业旅游、农业科技园旅游;另一方面,更重要的是将科学技术覆盖到乡村旅游全阶段、全方面,由此实现旅游智慧化管理、智能化操作。

一、乡村旅游推广数字化

利用大数据技术的助推,南京市近年来建设了 1 300 多个美丽乡村,包括许多省级的特色乡村,以及 20 个获得国家最美乡村或最美田园称号的村庄,打造了一系列如江宁黄龙岘和浦口水墨大埝等国内知名乡村,推进了全域乡村旅游的建设。基于大数据、移动互联网、物联网、微服务等技术,南京乡村旅游以线上线下结合的方式驱动,以数据、产品共同进步的模式发展,利用大数据服务平台监测南京 62 个美丽村庄,发挥信息数据的服务作用和线上平台的营销作用,使得南京乡村旅游成为大数据旅游应用领域的典范。

其成功经验可总结为以下方面。一是大数据平台构建完整的生态系统。"一平台"与"四模块"的模式,"一平台"为线上与线下结合的信息、预定、营销平台。"四模块"是利用新闻客户端报道活动、成就、数据的大数据模块;通过众创空间展示大数据的线下体验模块;基于多维度分析进行精准服务的运营模块;借助多类型产品预定来营销的服务模块。二是借助数据深度链接文旅资源。通过技术与特点优势,满足政府需要,对接政府资源;构建产生价值的平台,对接商业资源;宣传、营销、代理乡村旅游,对接乡村资源;广泛地应用,对接用户和社会资源。三是增加乡村旅游信息化建设。引入大数据、云计算、物联网、移动互联技术,推进智能化、实时化、个性化服务,发展智能导览、虚拟展示等产品,构建分段预约、流量监控、科学分流的大数据监管平台。

二、乡村旅游产品设计智慧化

温州驿头村是千年的文化古村,传承有"二程"等儒家文化,同时在村中有国家级的中加文化交流基地,也有深厚的中非外交渊源,虽然自然资源和文化资源十分优越,但乡村旅游十分传统。而在近年来,驿头村不断借助数字科技转型升级,发展农文旅智慧旅游,在村中打造了 5G 云诊所、智慧乡村党群服务中心、智慧体验展览馆、共享菜园等项目,塑造了村庄的未来感,借助科技升级文旅资源。从市级未来乡村示范点到省级乡村示范点,驿头村已获得"全国十大最美乡村"的称号,是打造未来智慧场所的优秀案例。①

云导游和智慧体验馆助力了驿头村智慧旅游体验。智慧旅游有别于传统旅游,需要增加智能体验,驿头村构建了基于"万象驿头"小程序的云导游,整合中加友谊馆、二程书院、太极文化长廊等景点,通过手机及二维码进行智能导览。此外,在智慧体验馆中,通过计算机、智能漫游屏幕、智能自行车、VR 眼镜,可以体验村内全域的线上云旅游并拍照留念,借助科技设备与海外游客共同进行网上夏令营。②

三、乡村旅游管理平台化

江西靖安县依托优秀的生态环境,发展餐饮、采摘、健身等旅游项目,是第一批"绿水青山就是金山银山"实践创新基地,具有人文景区 6 个,山岳峡谷型旅游景区 8 个,户外运动项目 20 个左右,省级旅游示范点 11 个,智慧科技创新项目 1 个,主题酒店 4 个,特色民宿近 700 家。新冠肺炎疫情初期受到较大的冲击,但通过智能化的管控设备以及大数据监测,构建了智慧管理平台,使得乡村疫情防得住、旅游放得开、问题及时处理,促进乡村旅游高质量发展,2022 年春节假期旅游再创历史新高,成为旅游智慧管理的典范。

从其数字化管理的成功经验来看,一是可视化智能安全管理保障乡村旅游环境。通过健康码系统、前端感应设备、场所码、信息平台等技术,使得智能平台具有了大数据收集和分析、风险预警与追踪、颗粒化安全管理、应急处理等功能,从而让旅游的疫情防控从人员防到科技防,从点状分散管理到平台集中化管理,从部分各自为战到全面智慧化管理。此外,平台对县城

① 温州市人民政府.温州"智慧"乡村游初现"未来乡村"新经济[EB/OL]. http://www.wenzhou.gov.cn/art/2022/1/7/art_1217832_59144466.html, 2022-01-07.
② 温州市人民政府.鹿城山福驿头驿阳村获"全国十大最美乡村"称号[EB/OL]. http://www.wenzhou.gov.cn/art/2021/12/22/art_1217834_59116992.html, 2021-12-22.

所有乡村和景区景点进行监控，识别火灾及其他突发情况，同城镇管控中心、森林防火中心合作，自动反应异常信息，从而可以进行远程的视频监控、指挥和广播交流制止，实行智慧防控。二是借助数据平台针对性开发产品。靖安县利用景区、酒店、公路口等前端感知系统和图像传感系统，借助云计算、实时通信与物联网等技术，分析游客信息、构建游客画像，并在大屏幕上实时显示，通过可视化的旅游数据，针对性设计服务、营销、产品，使得产品种类、质量不断提高，增加了游客体验好感，提升了当地旅游的知名度。

第七章
中国乡村旅游产业高质量发展机制与建议

第一节 主要结论

本书基于当前消费行为的演变,从供给和需求两大视角来测度乡村旅游的新变化与新发展,以此寻求乡村旅游供给体系的优化路径与方向,主要得出以下研究结论。

一、关于乡村旅游需求层面的研究结论

本书在总结当前乡村旅游消费阶段特征与模式的基础上,先是运用IPA分析法对乡村旅游消费行为进行满意度测评与分析,继而以都市型乡村旅游消费为例,运用扎根理论对网络情境下都市型乡村旅游消费的内容、感知价值及选择偏好进行进一步分析。

第一,我国乡村旅游消费步入 5.0 阶段,短距离、重体验、主要以玩法驱动的"微度假"逐渐成为旅游出行的主流,旅游消费呈现以下新的特征。一是在消费内容上,越来越多的游客期望能够通过参与多种多样的旅游活动,得到深度的体验感、参与感。二是在消费手段上,乡村旅游消费手段日趋数字化,"互联网十乡村旅游"逐渐推广开来,且互联网技术往往覆盖游客出游的全过程。三是在消费需求上,游客进行旅游活动的消费目的逐渐聚焦于文化内涵。四是在消费业态上,为满足游客多样化、个性化的消费需求,当

前乡村旅游在"吃、住、行、游、购、娱"六要素的基础上,逐步形成了"6+N"的立体化业态体系,旅游消费业态逐步呈现融合化发展趋势。而随着"旅游+"的思路已经深入人心,乡村旅游有效地与一、二、三产业进行了融合发展,并将一、二产业的资源优势转化为第三产业的经济优势,初步形成了复合型、集约化的现代农业经济体系,催生了产业聚集类业态。五是在消费场景上,智慧旅游成为消费新常态。注重安全卫生、注重社交距离的生活方式使得旅游者的消费行为更为理性、谨慎,旅游业面临更深层次的供给侧改革,其中科学、便捷、人性化、内容丰富、管理有序的智慧旅游服务体系,成为出游服务的重要支撑,预约旅游、错峰旅游、"云旅游"等智慧旅游场景也成为乡村旅游消费新常态。

第二,从乡村旅游消费行为的满意度评测来看,受访者对于当前乡村旅游的交通方式,住宿环境的卫生性,商品价格和质量,旅游项目安全性和特色性,当地居民态度,以及当地食物卫生性、新鲜度、特色性与性价比持较满意的态度。而对当地旅游项目的创新性、住宿房间环境、旅游投诉服务以及当地旅游商品种类的丰富度的满意度较低,需要加大提升力度。同时,当地商品的特色性、服务效率和服务态度、当地住宿条件的舒适度、当地交通的舒适度与便利度、当地整体环境的良好性具有一定的改进空间。

第三,从消费内容来看,乡村旅游消费内容可归纳为餐饮消费、住宿消费、出行消费、购物消费以及娱乐游玩消费五个方面。其中餐饮消费主要包含特色小吃消费和农家菜消费。出行消费包括公共交通费用和针对自驾型游客的停车费用。住宿消费作为乡村旅游消费的最大支出,游客对其要求越来越高,风格特色、环境卫生、店家热情的乡村旅游民宿更能获得游客的认可,使其产生物有所值的消费感知。游玩娱乐消费是指游客在进行都市型乡村旅游过程中为领略当地风土人情、使出游行为充满乐趣而参与的游览、体验和特色娱乐活动支出,包括受年轻客群喜爱的露营、拍照、观星等"网红"类项目的消费,以及针对亲子家庭的游乐项目消费。购物消费包括以特色小吃、农家有机蔬菜、土特产等为主的食品类特产消费,以及特色手工艺品、旅游纪念品的消费,此类商品属于当地特色乡村文化的旅游衍生品和文创产品,且越来越多的乡村旅游目的地为游客提供商品制作的过程参与,既能丰富游客的旅游消费内容,又能有效促进乡村文化的传承。

第四,从乡村旅游消费的感知价值和选择偏好来看,乡村旅游消费行为的感知价值可分为社会规范、消费情境、产品/服务属性、主观情绪四个维度,且四个维度的感知价值间存有闭环的单向因果关系。社会规范维度下所感知的为社会价值,消费情境下所感知的为情境价值,产品/服务属性维度下所感知的为功能价值和认知价值,主观情绪维度下所感知的为情感价值,五类感知价值呈现出情感价值>功能价值>情境价值>认知价值>社会价值的选择偏好。其中情感价值是都市型乡村旅游消费者的首要感知内容,而社会价值与认知价值的感知频次较低,这表明当前我国都市近郊型乡村旅游的知晓度和美誉度等品牌影响力建设有待加强,其文化内涵有待进一步提升。本书认为,乡村旅游消费的发展需要优化消费口碑的网络环境,加强乡村旅游品牌推广。网络情境下,越来越多的游客在进行旅游活动的过程中会依赖于网络信息,因此乡村旅游需要结合都市的科技优势,大力提升乡村旅游"互联网＋"的运营水平,建立乡村旅游消费品牌的宣传推广体系。

二、关于乡村旅游供给层面的研究结论

在归纳总结我国乡村旅游供给体系及其现状的基础上,本书分别进行我国乡村旅游全要素生产率水平测度分析以及乡村旅游绿色发展政策评估,以此从产业和政策环境角度研究当前我国乡村旅游消费供给水平。

第一,乡村旅游供给体系可分为第一圈层的乡村旅游核心供给、第二圈层的乡村旅游支撑性供给以及第三圈层的乡村旅游辅助性供给。其中,乡村旅游核心供给是指主要针对乡村旅游者的需要而开发和提供的旅游供给部分,包括借以吸引游客来访的旅游资源、为保障其旅游活动的顺利开展而专门提供的各种旅游设施以及与此相配套的各种旅游服务。乡村旅游支撑性供给是指为支撑乡村旅游核心供给的打造,所提供的政策、市场环境以及"人、财、物"等资源的保障,主要包括政策与市场环境、经营管理模式以及人

才技术等方面的支撑。乡村旅游辅助性供给是指乡村旅游目的地的旅游基础设施，是乡村旅游目的地发展旅游业的重要物质基础，也是旅游业深度发展的后盾，其特点在于服务的对象是当地居民而不是游客，主要包括当地的公用事业设施和满足现代社会生活所需要的基本服务设施。通过对现状梳理以及数据分析可知，当前我国乡村旅游仍显出核心供给丰富度不足、支撑性供给规范性不足、辅助性供给质量较低的问题。

第二，我国乡村旅游呈中等专业化水平，区域经济发展对乡村旅游业的依赖度不高，部分沿海省市乡村旅游业的发展受限于都市旅游"灯下黑"的阴影效应。本研究通过对2010—2019年我国31个省、自治区、直辖市的乡村旅游产业化水平测算可知，从时间演变来看，近年来乡村旅游专业化水平都有所增加，乡村旅游产业集聚性增强，产业的支柱性有所提升。从空间分布来看，乡村旅游专业化水平大致呈现出从沿海到内陆不断提高的分布态势，这与经济水平的高低空间分布存在一定反方向相关关系。上海、北京、广东、江苏、福建、天津等地区乡村旅游专业化水平相对较低，这表明沿海地区城镇化水平较高，乡村资源相对匮乏，都市旅游的发展对乡村旅游形成了"灯下黑"的阴影效应，因此乡村旅游在整个旅游业中并不占据主导地位，而在此类地区的一线或准一线城市中所发展的乡村旅游多属于"大都市近郊型"乡村旅游。

第三，乡村旅游全要素生产率水平差异化上升，产业整体创新驱动力不断增强。本研究通过对2010—2019年我国31个省、自治区、直辖市乡村旅游产业全要素生产率测算可知，近年来我国乡村旅游全要素生产率都不断增加，其中西藏年均增幅最高，而上海、北京两市的乡村旅游全要素生产率相对较低，这表明乡村旅游全要素生产率的提升很大程度上受限于乡村旅游资源禀赋状况，较高的城镇化水平以及发达的都市旅游往往会致使乡村旅游的全要素生产率相对较低。与此同时，上海与北京两市平均技术效率表现都为下降且下降幅度最高，这是由于此类城市经济发展水平和技术利用已有基础较好，且多样化的市场需求与良好的市场环境能够推动乡村旅游与新技术、新理念的互动融合，乡村旅游发展已逐渐步入创新驱动阶段，因此平均技术效率已经进入较为平稳的增长态势,提高率相对较低;与之相对的新疆与西藏两个自治区平均技术效率变动表现为上升且上升幅度最大,这表明此类地区其本身技术水平基础较为薄弱,而近年来随着经济发展,区域内乡村旅游产业正由依赖资源禀赋、劳动力、资本的要素驱动阶段向创新驱动阶段转型,因此平均技术效率的提高率表现出较快的增速。

第四,从政策评估结果来看,在政策主体上,当前我国农村绿色发展政策的发布主体已形成以农业农村部为主、多部门主体共同协作的网络体系,且各部门主体间多为低广度-低深度的合作模式,仅有农业农村部、国家发改委与财政部三个部门与其他发布主体间展开了全方位、多层次、宽领域的深度合作。在政策目标上,当前我国农村绿色发展以农业绿色发展为主要目标,并且相关政策都明确农业资源、产地环境、农业生态以及绿色供给的相关发展指标,与此同时,农村绿色发展政策全面推进,其目标内容覆盖农村环境、政治、科技、社会以及经济各个领域。在政策工具上,我国农村绿色发展政策工具以环境型为主,辅以供给型与需求型工具,且各政策工具内部结构不均衡,各有侧重。在政策效能上,整体来讲,我国农村绿色发展政策的效能处于可接受范围,尚存有较大的改善空间,各项政策间平均结构水平较为合理,但其内部一致性水平与评级水平无明显相关性;从具体指标来看,政策性质、政策领域、政策视角、政策核心以及政策评价表现高于一般水平,但在政策时效、政策受众以及政策作用方式整体表现不佳,需进一步完善。据此,本研究提出要打破政策主体间的行政壁垒、优化政策工具的合理组合、注重政策目标的阶段分解、扩大政策参与对象的范围。

第二节　中国乡村旅游供给体系优化机制

双循环格局下,各产业为"加快构建以国内大循环为主体、国内国际双循环相互促进的新发展格局"纷纷进行转型升级。作为第三产业的旅游业已经成为支撑国民经济发展的支柱产业,但供需矛盾十分明显,大众化的旅游产品难以适应消费者多元化的消费心理和需求,导致产业内结构性供给不足。因此,基于消费行为演变,对当前乡村旅游供给体系优化展开研究十分重要。结合前文研究,本书构建基于消费行为演变的乡村旅游供给体系优化机制(见图 7.1),以此阐述供给体系优化方向。

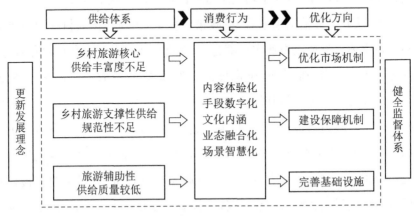

图 7.1 基于消费行为演变的乡村旅游供给体系优化机制

一、更新发展理念,以需求为导向优化乡村旅游供给体系

突破乡村旅游供给的传统观念和路径依赖,传承并挖掘乡村旅游的市场基础和潜力,秉承"以消费需求为导向"的理念,以乡村旅游新产品、新服务、新场景的设计为抓手,以实现"三新二化"为目标,促进乡村旅游供给体系与游客消费行为特征相匹配,加快乡村旅游业的转型升级,提升乡村旅游业的供给品质,以此推进乡村旅游的高质量发展,由此全面推进乡村振兴,实现共同富裕。

一是乡村旅游新产品的体验化、特色化。作为游客最希望收获的是乡村目的地独有的特色农业和文化风貌,体验休闲农庄、观光农园、生态园林、民俗文化等旅游特色服务。对此,乡村旅游供给应给游客带来更多个性化体验,努力让游客把乡村游变成"可带走的记忆"。如列入首批全国乡村旅游重点村名单的宏村,作为历史文化名村,其"高高昂起的马头墙,湖水清涟,拱桥如虹,犹如一幅画走进很多人的心里",主要景点有南湖春晓、亭前古树、书院诵读等,基于其特色资源,为游客提供了"宏村2日游"牛人专线产品。游客选择了宏村景区内特色客栈,可自主安排时间,闲看画里乡村的晨曦、暮色、星夜,享受古徽州慢游避暑,以此享受可供体验的特色化旅游产品。

二是乡村旅游新服务的个性化、标准化。乡村旅游要充分重视游客需求,在不同风格的乡村旅游产品中,针对不同群体提供不同的软件和硬件服务,并将服务供给贯穿游客出游的整个过程。与此同时,推进乡村旅游服务在区域内乃至全国范围的一体化、标准化、均等化与品质化。

三是乡村旅游新场景的数字化、智慧化。数字乡村是伴随网络化、信息化和数字化在农业农村经济社会发展中的应用,以及农民现代信息技能的提高而内生的农业农村现代化发展和转型进程,这既是乡村振兴的战略方向,也是乡村旅游供给体系优化的重要内容。因此,要搭建数字乡村综合管理平台,通过网络舆情监测、客流监控、数据分析等,为乡村旅游提供数据服务。打造乡村通智慧服务平台,为乡村旅游提供智能导览、智慧餐饮、智慧民宿、特产电商平台等服务工具,实现"吃、住、行、游、购、娱"等场景的多业态整合,为游客提供游前、游中、游后一站式智慧服务,满足游客多元化需求。开发乡村"互联网＋文创IP",深入挖掘、继承创新优秀传统乡土文化,以农村文化为吸引物,开发数字化创意产品与特色旅游IP,提高乡村文化的附加价值。

二、激发市场活力,丰富乡村旅游核心供给体系

要充分发挥市场在乡村旅游资源中的优化配置能力,对标游客的消费需求,深化市场联动,推进产业融合,丰富旅游产品业态与产品供给,提高供给品质。同时,借助市场高流通性优势,构建乡村旅游的客源互送、信息互通、品牌互铸的宣传推广模式。

一是推动乡村旅游产业与其他一、二、三产业的深度融合。一、二、三产业融合发展是乡村振兴战略的主要抓手,要通过打造农业新产业、新业态、新模式来延伸农业产业链,进而实现农业、农产品加工业、农村服务业的融合。首先,推动乡村旅游与第一产业融合发展,延长农业产业链、提高农业

附加值,积极开发农业多种功能,激活农村要素资源,增加农民财产性收入;其次,做好农产品深加工和农村建筑设施改造,由此实现乡村旅游与第二产业融合;最后,大力开发互联网产品、文化创意产品以及农村休闲体验活动,由此实现乡村旅游与第三产业的深度融合。

二是贯通市场,实行区域联合营销。在乡村旅游产品的交易和展示方面,开展旅游客源地和旅游目的地的城际互动推广模式,对外实行联合营销。联合营销主要是指联合策划、开发统一的网络平台,在对应地点设立专门的旅游资讯服务中心集中发布旅游产品,编写统一的旅游丛书和统一的旅游地图、旅游产品手册等进行投放。在区域乡村旅游品牌设计上,也可互相呼应,在区域内互成体系,错位发展,良性竞争。如浙江安吉是中国美丽乡村建设的发源地,也是休闲农业和乡村旅游做得最好的地方之一。安吉以前的主产业就是烧石灰,由于安吉是黄浦江的源头,为了保证上海人的饮水安全开始做产业转型,当地政府以安吉是黄浦江的源头为卖点,通过规划设计、宣传推广把上海人拉到安吉来休闲旅游。如今不仅上海人喜欢去,全国各地的人们都喜欢到这地方来休闲、放松、旅游,从而带动了安吉休闲农业和乡村旅游的发展。

三、建设保障机制,规范乡村旅游支撑性供给体系

一是保障乡村旅游产业发展过程中“人、财、物”的充分供给。首先,要发挥政府在资源配置中的优化作用,引导农民专业合作社、龙头企业等扶持带动更多农户,强化龙头企业参与乡村旅游供给的支持政策,鼓励龙头企业直接带动农户,增加农民直接参与乡村旅游的积极性(见专栏7.1);发挥农村集体经济组织和专业服务公司的中介职能,利用专业大户、家庭农场等农村能人开展服务项目推广示范,吸引更多农户参与乡村旅游生产,激发生产要素优化配置;在农业补贴政策上给予一定的专项支持,采用以奖代补等方式,激励多元主体开展乡村旅游活动。其次,加强技术培训,政府部门除了经常派技术人员到农村定期培训外,还可以委托农业大学对农民开展有针对性的技术指导,提高乡村旅游产业的技术效率。最后,完善人才储备体

系,保证专业化、素质高的人才供给,为乡村旅游发展提供丰富的智囊团,并提高乡村旅游服务供给水平。

专栏 7.1　舍烹村的"三变发展模式"①

2012 年前的舍烹村是贵州六盘水盘州市普古乡边远、贫穷落后的少数民族村寨。十八大以来,舍烹村支两委敏锐地理解国家产业政策,积极引进本村的致富带头人陶正学回到舍烹村创业。通过成立农民专业合作社和旅游开发公司,围绕"产业生态化、生态产业化"的理念,大力发展山地特色高效农业和养生度假旅游产业。

舍烹村是"三变模式"(资源变资产、资金变股金、农民变股东)发源地。2012 年 5 月,农民企业家陶正学回乡发动大家成立盘县普古银湖种植养殖农民专业合作社,此后又成立了贵州娘娘山高原湿地生态农业旅游开发有限公司(银湖合作社占股 20%)。

通过合作社和旅游开发公司,舍烹及周边村的荒山、河流、洞穴、森林、水域、河滩、自然风光和土地等,被量化成集体和村民的资产,再整合闲散资金和财政扶贫资金变成了村民和集体的股金,465 户农户 1 161 名农民变成了合作社的股东。利用村庄绝美的自然风光、地质地貌、生态环境和区域小气候等优势,大力发展山地特色高效农业、山地旅游业和大健康产业,引入深圳苏式山水有限公司、盘县旅游文化投资有限公司等企业进驻,共同开发村庄资源。

引进企业的同时,银湖合作社和娘娘山旅游公司支持 8 个村成立村级农民专业合作社,因地制宜发展村级经济;采取合作社现金奖励方式,鼓励群众积极从事农家旅馆、农家饭店和特色种植养殖,提升园区服务配套设施。目前已有企业 17 家、农家饭店 30 多家、农家旅馆 12 家,激发了群众的创业激情。

---

① 乡村产业升级:乡村振兴开发成功案例:舍烹村[EB/OL]. https://mp.weixin.qq.com/s/c9SO4-tMZbyRGk_uhu0s5A, 2022-10-15.

　　通过"三变模式"，舍烹村成立了村集体经济组织，通过引入外部企业、群众全面参与，走出了一条不同于其他地区的新道路，实现了自身的转型升级。

　　二是完善其他保障机制，为乡村旅游发展提供完备的配套设施。首先，区域内要统一规划标准，对乡村旅游供给体系分类制定区域性规划和相关服务标准，协作推进、统一监管。其次，促进农村公共服务均等化发展，提升农村公共服务水平，减少城市游客进行乡村旅游时在公共服务中的体验落差。最后，强化旅游安全建设，建立乡村旅游联盟质检协作体，确保能够及时受理旅游投诉，完善景区旅游市场突发事件的应急处理机制，保障其能够妥善处置旅游公共突发事故。

四、完善基础设施，健全乡村旅游辅助性供给体系

　　基础设施的完善不仅要依靠政府部门的扶持，还要以吸引外资、商业赞助、集体出资等方式为其筹集资金。

　　一是支撑点定位，丰富旅游基础设施建设的融资渠道。针对水电、通信、道路等基础设施建设，需要政府加大资金投入来完成；针对乡村休闲旅游等项目建设，可以按照 PPP 模式来实现当地融资，逐步实现各种乡村旅游产品的建设，进而完善旅游产业中的六要素，提高服务水平，实现乡村旅游的综合性服务功能。二是要从乡村旅游设施的设计抓起。有些地区为了节约资本，不仅设计方面无法提供舒适安逸的设施环境，施工过程中也偷工减料，这会直接影响游客的旅游体验和感受，其实是得不偿失的。乡村旅游企业应与设计师进行良好的沟通，协商到底想要达到什么样的效果，面对的消费者消费实力如何，客流量多大等，做到心中有数，在经济预算的范围之内，优化设计质量和进度。三是在实际的施工过程中，注重旅游设施的细节处理。要对客房的日照时间、房间距、隔音处理、太阳能、污水处理、壁纸、背景墙等细节进行具体的量体裁衣，然这些都是小细节，但会直接关系到游客的感官体验，因此一定要拿出科学的设计方案。

五、健全监督体系，优化乡村旅游发展环境

乡村旅游尤其是公共产品的供给是公共权力的体现，权力的本质属性决定了任何公共权力的行使都必须受到严密的监督。

一是加强政府的监督。政府应增强服务意识，构建服务型政府，以人民为中心，真正起到主导者和监督者的作用。二是要重视市场监督。对于企业提供的准公共产品，需要引入竞争机制，由市场监督。三是要加强人民群众监督。在监督体系中，应强调农民的监督权，在乡村旅游的供给过程中，要广泛听取群众意见，鼓励群众代表参与工程招标、经费开支以及质量验收等活动，调动其参与公共事务的积极性。

第三节　优化建议

一、政府引导，发挥政策在旅游供给资源配置中的优化与调节作用

一是要加强政府引导，优化乡村旅游资源配置效率。由于缺少合理、科学的引导，当前部分省份乡村旅游仍存在一定的自发性与盲目性，发展质量良莠不齐、资源配置效率不高，导致乡村旅游业的专业化水平对于全要素生产率的提升作用失效。因此，首先，政府要通过搭建合作平台、规范发展机制、建立协调制度等方式，聚焦乡村旅游产业核心进行资源要素整合、服务功能聚合，促进乡村旅游发展提质增效。例如浙江省成立了浙江省旅行社协会乡村旅游分会，并通过制定标准和相关规范，规避了低价竞争等有损乡村旅游品牌和游客利益的恶性事件，大幅提升了当地乡村旅游的满意度，也推动了乡村旅游资源配置效率和效益的提升。其次，政府应结合我国国情，制定并完善乡村旅游管理法规及相关政策，科学规范地管理乡村旅游，以保证乡村旅游沿着正确的方向发展，保证乡村旅游资源的可持续利用。政府在制定相关法规及政策时，应结合旅游地的地理位置、经济水平、自然资源、人文资源及当地特色资源，还应结合企业的发展规划，社区及居民的共同利

益,可持续发展等,起到科学指导作用,使规划的乡村旅游产品各具特色,具有差异性和互补性。

二是打破各项旅游政策主体间的行政壁垒,加强部门协作的广度与深度。由于乡村旅游发展的复杂性,政策发布渠道众多,因此,需要加强政策颁布机构之间的协同,既要增强国务院直属有关部门的横向联动,又要增强国务院、部门之间的纵向协调,建立有效的政策沟通和协调机制,这样能够促进相关部门间的资源要素相互流通,又能避免政策的重复性制定以及可能出现的政府网络盲点,实现政府部门各自为政向联合协作模式的转变,从而加强原始创新政策的透明度和稳定性,在节省人力、物力、财力等资源的基础上,实现政策效果的最优化,有效打出政策"组合拳"。如 2021 年农业农村部、国家发改委、财政部、商务部、文化和旅游部、中国人民银行、中国银行保险监督管理委员会、国家林业和草原局、国家乡村振兴局以及全国供销合作总社联合发布了《关于推动脱贫地区特色产业可持续发展的指导意见》,这样便避免了政策的重复性制定,节省了人、财、物资源,还能够综合考量各领域的发展现状,避免出现部门间因现状分析不到位而形成的不成熟、不科学的政策。

三是优化政策工具的合理组合,重视发挥市场的拉动作用。运用单一工具并不能促进政策目标的达成,政策工具的组合使用是农村绿色发展政策内容完整性的重要因素,也是政策实施精准性的必备条件。因此,一方面,扩大组合型政策工具的使用范围,在制定政策时注意供给型、需求型以及环境型三种政策工具的组合使用,同时要合理安排各种工具在组合中的结构占比。尤其要继续完善乡村旅游信息平台的建设与推广,形成相关信息的多方联动与共享,使政府采购、技术设施建设、资金投入以及财税优惠等各项信息为民知晓、为民监督,以此创建公开、透明的双向信息交流平台。另一方面,加大需求型工具的运用。需求型政策工具的规模效应和其倾向性特征,能够从宏观与微观层面实现政府的意志,因此要进一步重视市场的拉动力,将乡村旅游供给建设从"投入推动"转变为"需求拉动",可通过加快培育多元市场购销主体、创新补贴方式、构建政府采购体系等模式为乡村旅游的发展创造需求。

二、融合发展,促进乡村旅游的潜能释放与产品更新

一是深化产业融合,培育乡村旅游新增长点。从本书研究可知当前我国多数省份乡村旅游专业化水平对于全要素生产率的提升进入"倒U型"曲线拐点右侧,乡村旅游在专业化发展进程中出现了同质化、无效供给过剩等现象。因此,要进一步培育和发挥乡村旅游自身的产业优势,深化多元产业跨界融合,突出乡村旅游对其他产业的辐射带动作用,并以需求侧为导向丰富乡村旅游的多业态产品,培育新的经济增长点。例如加强乡村旅游与科普教育的融合,打造农事体验、自然教育等乡村科普、研学旅行产品;加强乡村民俗文化与新型演艺、虚拟技术的融合,打造线上线下相结合的"乡愁"体验项目、演艺产品。通过加强乡村旅游的产业关联,跳出因专业化水平的盲目性而导致的供给与需求的不均衡、不充分、不匹配等问题,提升乡村旅游的吸引力和生命力,促进乡村旅游全要素生产率的可持续提升。

二是深入挖掘乡村在地文化,丰富旅游消费产品的文化创意。分析显示当前乡村旅游消费的认知功能价值感知度占比较低,应着重加强乡村的特色文化建设,促进在地文化与乡村旅游产品和服务的深度融合。首先,乡村旅游产品的设计要与本土特色文化相呼应,如特色乡村民宿的开发与建设,要在满足旅游者多元化和都市品质的住宿需求基础上,最大化保留乡村原有的资源特色和建筑风格。其次,注重文化创意的注入,不断丰富和创新乡村旅游产品形式和内容,要注重产品消费过程的参与性、体验性,以更好地满足消费者的"乡愁"感知需求,填补乡村旅游消费过程中认知价值的空缺。

三是联动发展,充分整合区域各乡村旅游景区的资源,使游客感受深度游的沉浸式体验。各乡村旅游景区要协调联动发展,摒弃各自为政的老旧观念。景区要充分整合各项资源,根据自身优势特点,重新整组统一规划,上线一站式旅游规划平台,根据游客群的年龄、性别比例、偏好等来设计不同的旅游路线,开通各景区、各旅游路线之间的直达客车,尽可能连贯畅通

一步到位,做成一条龙式的服务。这既可节省游客为此做规划的时间,又满足了不同游客的不同需求,使游客可以深度体验游玩的乐趣;同时也平衡了各景区之间的发展,加深彼此之间的合作,促使其不断优化景区特色,为游客提供更优质、更全面的服务。

三、品牌引领,构建多维立体的宣传推广体系

一是要加大乡村旅游宣传投入力度,拓宽发展思维。为乡村旅游建设提供全方位的宣传支撑,不仅是公共管理体系构建的基本要求,更是服务型政府建设的重要内容。政府可以设置乡村旅游专项资金,用于支持乡村旅游发展资本运作,将宣传工作纳入县级融合建设体系中,通过顶层设计打造特色宣传方案,扩宽宣传渠道,借助电视、广播等传统媒体以及直播、微视频等新兴媒体进行营销造势。同时还可通过网红、明星的影响力来助力乡村旅游发展,提高对外知名度,吸引更多的游客,增加外部输入流量。

二是深挖特色,构建培育乡村旅游品牌体系。当前我国部分乡村旅游地区虽具有丰富的乡村旅游资源,但实际开发程度与利用率却并不高,且暂未形成本区域内的优势旅游产品,因此在宣传过程中并未形成品牌效应,构建起系统的品牌体系。为此,在发展乡村旅游的过程中,首先要将重点放在乡村旅游产品的品牌化。若旅游产品在推广过程中无法形成差异与稳固的品牌效应,在与竞争对手的利益抗衡与情感沟通中就会失去竞争优势。其次,在培育本土乡村旅游品牌体系时,要紧密围绕农村风俗、田园风光及民间艺术等乡土文化,并在此基础上深入挖掘农产、农俗与农民农活等本土文化特色,打造具有乡土文化的特色乡村旅游品牌,加快乡村旅游品牌体系的培育。

三是优化消费口碑的网络环境,加强乡村旅游品牌推广。由结论可知当前乡村旅游消费者的社会价值感知度最低。网络情境下,越来越多的游客在进行旅游活动的过程中会依赖于网络信息,因此乡村旅游需要结合都市的科技优势,大力提升乡村旅游"互联网+"的运营水平,建立都市型乡村

旅游消费品牌的宣传推广体系。首先，要利用大数据，建立乡村旅游所售商品、服务的宣传、营销网站，发挥 KOL 的带动作用，营造良好的网络口碑环境。其次，要尝试搭建都市与乡村旅游一体化的消费推广平台，方便游客搜寻相关消费信息，并及时收集游客旅游消费的反馈与评价，洞悉乡村旅游市场的需求和感知动态，引导都市型乡村旅游消费的健康增长。

四、完善监管，营造乡村旅游健康发展的良好环境

一是加强乡村消费规范化管理，促进城乡监管体系一体化。根据上文分析，旅游消费者对于乡村旅游的性价比功能感知占比最高，因此需要进一步规范都市型乡村旅游的市场价格体系与消费服务体系，促进城乡监管一体化。首先，以城市消费市场管理为借鉴，进一步完善乡村旅游消费市场监管，避免出现"宰客"等不规范现象，营造乡村旅游市场良好的消费环境。其次，要加强对乡村旅游经营者的培训，提高整体从业水平，提升乡村旅游的消费服务水平，有利于提升乡村旅游消费的功能价值感知，增强目的地美誉度。

二是要重点培育龙头企业，提高乡村旅游专业化水平。当前我国乡村旅游专业化水平的提升很大程度上依赖于龙头企业的引领作用，因此，在发展乡村旅游产业的过程中，可探索将乡村旅游龙头企业纳入农业产业化龙头企业的认定范围，例如天津鼓励发展乡村旅游，引导一村一品龙头企业发展，重点打造具有自主创新能力的领军型企业，围绕本土特色来满足旅游者多样化的需求，从而吸引更多外来投资，带动其他企业的联动发展，增强乡村旅游在区域发展中的经济占比，以切实优化乡村旅游的专业化水平，并形成乡村旅游全要素生产率持续提升的内生动力。

五、提供支撑，加强人才培训与数字技术支持

一是要加大科技赋能，提升乡村旅游的技术效率。技术进步对于乡村旅游全要素生产率的提高至关重要。大数据、互联网和人工智能等信息技术深刻影响了旅游者的旅游决策和消费行为，同时也影响了旅游企业的战

略决策、市场开拓以及宣传推广等。加强乡村旅游与新技术、新模式的深度融合,鼓励互联网在乡村旅游各个环节、各个角落实现全覆盖,从资金、政策和法规层面支持乡村旅游企业加大创新力度,有利于解决乡村旅游发展的"卡脖子"问题。基于此,推动乡村旅游在文化展示方式、活动形式、互动方式、服务方式和管理运营模式等方面探索数字化转型、智能化发展,有利于丰富旅游体验,提升管理效能,加快其全要素生产率的提升向创新驱动转型。

二是要构建人才培育体系,积极引进人才、分层培训人才。对于旅游发展来说,旅游发展的专业人才是非常重要的,这就要求处理好培养自身人才与依靠外部人员的关系,这是积聚人才的关键。首先,乡村旅游在不同的发展阶段对于人才需求的来源也不同。在其发展初期,就对来源于外部的旅游专业人才(外脑)非常需要,特别是涉及乡村旅游的规划。在这时期,一方面引进水平高、管理能力强的旅游人才,对乡村旅游地进行合理规划、开发和管理,以促进乡村旅游快速持续发展;另一方面,企业内部培训人才,对于日常的经营管理人才,一般的导游人员和服务人员主要以自己培养为主,这样做既保证了服务特色的有效发展,也增加了当地的就业机会。其次,对农民的培训教育也是不可忽略的,这样能够很大程度上提高当地农民兴办旅游的能力。开展农民的教育可以从以下四个方面来展开:增强农民旅游相关基础知识,加强对农民从业人员职业道德教育、系统教育,培训农民开展本地风土人情和民俗文化方面的旅游,以及对农民进行服务技能培训。培训的具体形式可以由具体情况来决定。可组织人员专门去培训中心或相关专业院校去学习培训,也可以聘请专业培训教师来讲座,分期、分批、分层次完成培训。

六、完善设施,促进城乡公共服务均等化发展

一是要完善乡村旅游配套设施,增强游客的旅游体验。完善的基础设施建设对于游客快乐游玩、安心游玩来说是十分重要的保障。对于乡村旅游来说,大至整体的生态环境,小到公共卫生设施都是十分重要的。想要实

现我国乡村旅游的进一步发展,就必须着力完善乡村旅游的相关配套设施。对我国乡村的水电结构进行进一步的完善和改进,着力解决游客供水问题和供电问题。合理充分地进行停车场的开发工作,加快信息技术的配套工作,尽量提供无线网等现代化的信息设施。

二是解决部分乡村交通不便问题,促进城乡公共服务均等化。对于乡村旅游而言,以交通便捷性为主的功能感知对消费行为的影响较大,因此乡村旅游发展要最大化降低游客城乡旅游交通服务的落差感,促进城乡公共服务均等化。首先,要进一步提高景区公共交通的通达度,或通过开设景区直达车的方式来降低出行成本,更好地贯通城与郊之间的出行通道。其次,要优化景点停车环境,改善部分乡村旅游景区停车场"脏、乱、差"的现状,推动停车场景观化、智能化以实现全景打造效果,更好地提升旅游消费者的情感和功能价值感知。

七、环境保护,构建乡村旅游绿色发展的生态体系

乡村旅游的高质量发展须坚持"保护第一,开发第二"的原则。因此在发展乡村旅游业的过程中,要深入当地乡村,深层次挖掘原生态的社会、文化、资源及生态价值,打造乡村旅游生态体系。首先,应始终坚持"以人为本",遵循"社会治理、绿色环保"等理念,依据生态、宜旅乡村、清洁乡村等目标,构建"村村不同"的乡村旅游生态体系,将乡村的绿色优势与生态特色当作乡村旅游发展的助推器。其次,政府要引导与鼓励企业引用各种先进的低碳环保技术,并持续加大对低碳技术的探索研究,对当前的环保制度进行完善;同时,要通过媒体、海报及广播宣传等形式,逐步增强乡村居民的环保意识,改善乡村旅游环境。最后,乡村旅游各参与主体要培育绿色发展观念。如建筑方面,尽量保存原典型建筑风格,少用钢筋水泥高建筑,优先采用当地的并且能回收的建筑材料;能源方面,尽可能多使用绿色能源,少用煤、石油等;生活中节约用水、用电,少使用一次性东西,培养员工的绿色意识,开发绿色食品,构造绿色交通,塑造绿色旅游企业形象,打造旅游产品绿色化,建立良好、和谐的公共关系。

八、标准建设，引导乡村旅游供给规范化发展

在当前旅游业发展由高速增长向优质发展的转型期，以乡村旅游标准化体系建设为切入点，推动乡村旅游全面提升不仅具备了产业基础，也能够从根本上促进乡村旅游的基础设施、产品开发、服务质量的全面完善和升级，最终推动乡村旅游发展模式转型。

一是加快乡村旅游业相应模块标准制修订进度。目前，乡村旅游业标准体系中，服务设施建设和等级评价方面的标准数量占比达到72%，其余子体系现行标准数量较少，导致标准体系结构失调，标准数量的不对称直接导致了部分工作的开展目前处于无标可依的状态。我国可以在旅游标准体系的全局角度下展开对乡村旅游标准的全面分析，加快相应模块国行标的制修订工作。此外，旅游行业涉及面广、关联性强，如何做好行业相关管理工作，管理标准在其中发挥了重要的作用。同时，打造当地特色和品牌效应，可有效提高乡村旅游业的知名度和特色化。因此，在标准制修订过程中可把侧重点放在管理标准和品牌标准的建设方面，通过全方位、多要素的乡村旅游标准制定，促进乡村旅游规范化、有序化发展。

二是健全管理组织机构，匹配专业管理型人才。既熟悉乡村旅游业业务又掌握标准化理论的复合型人才队伍是乡村旅游标准化建设的关键。因此，在制定相应管理标准的同时，需同步匹配专业的乡村旅游业的管理人才。有关政府部门应建立健全组织机构，设立乡村旅游业标准化建设工作组，专门负责乡村旅游业范围内的标准制修订及标准发布实施后的贯标、快速落地实施等相关工作。形成自上而下的工作机制，充分发挥工作组的指挥领导功能，在标准化建设中协调资源，使乡村旅游业标准化专项工作有序开展。

三是开展乡村旅游标准化试点示范，促进标准落地生根。乡村旅游行政主管部门和标准化行政主管部门应积极探索乡村旅游标准化建设的实现方式、运行规律与体制机制，引导和鼓励工作基础较好、积极性高的地区开展标准化试点建设。在具体试点工作中，要按照急用先行、突出重点的原

则,合理确定乡村旅游标准化试点工作内容。一方面,要明确全员职责,坚持全员参与;另一方面,标准体系建设要体现当地乡村旅游特色,注重实用,体现实效。切实提高乡村旅游标准水平和标准执行水平,让标准落地生根。

第四节　研究展望

本书探讨了基于消费行为演变下乡村旅游供给体系的优化,由于旅游业本身具有复杂性、边界模糊性,加之乡村旅游缺少标准化的测量指标体系,资料及数据的收集难度较大,同时,囿于自身的知识储备和理论视野之限,本书尚存不足,有待后续研究不断深化和完善。

第一,本书着眼于乡村旅游产业供给和需求两大系统,从供需匹配角度进行乡村旅游供给体系的优化研究。本书对此仅作了供需层面的分别研究,缺少对于两者之间契合度的量化研究,需分别从需求和供给角度探讨乡村旅游发展现状,寻找其影响因子,并进行两者之间的匹配研究。对此,后续研究将持续关注这一领域,把握最新动态,确保研究思路和研究结论不断拓展和更新。

第二,受疫情影响,旅游业自2020年起出现停滞发展现象,本书所设定的指标体系、数量和具体指标都一定程度上受限于数据的可得性,因此本书在乡村旅游产业全要素生产率及乡村旅游专业化水平研究中,所选取的研究数据截至2019年,对2020年及以后的乡村旅游产业发展状况缺少进一步关注和测量。随着乡村旅游的进一步发展,会有更多的数据资料可供参考,后续研究将在本书构建的评价指标体系基础上进一步全面、细化、深化,并将案例研究进一步扩展,由此更全面、客观地观测乡村旅游供给体系的变化状况,寻求其优化路径。

附录1
全国乡村旅游重点村区域分布

省、自治区、直辖市	第一批 (2019年)(个)	第二批 (2020年)(个)	第三批 (2021年)(个)	总计 (个)
新　疆 (含新疆生产建设兵团)	15	41	11	67
浙　江	14	26	7	47
江　苏	13	26	7	46
贵　州	12	26	7	45
湖　北	11	27	7	45
江　西	12	25	7	44
福　建	11	26	6	43
云　南	13	23	7	43
河　北	11	24	7	42
四　川	12	23	7	42
安　徽	12	22	7	41
湖　南	11	23	7	41
山　东	10	24	7	41
陕　西	11	23	6	40
广　西	11	22	7	40
广　东	10	22	7	39
甘　肃	12	20	6	38
北　京	8	23	6	37
河　南	10	21	6	37
黑龙江	10	21	6	37
辽　宁	9	21	5	35
西　藏	9	21	5	35
重　庆	9	20	6	35
宁夏回族	9	20	5	34
青　海	8	20	5	33

续　表

省、自治区、直辖市	第一批 (2019 年)(个)	第二批 (2020 年)(个)	第三批 (2021 年)(个)	总计 (个)
山　西	8	18	7	33
吉　林	7	19	6	32
海　南	8	16	6	30
内蒙古	9	15	6	30
天　津	7	11	5	23
上　海	6	11	5	22
合　计	318	680	199	1 197

资料来源：中国文化和旅游部。

附录 2
全国乡村旅游精品线路

所在省、自治区、直辖市	序号	线 路 名 称
北 京	1	朝气蓬勃 飒飒秋风助兴农歌
	2	金秋收获 累累果实多彩密云
	3	秋日骑行 重重美景艺览昌平
	4	龙脊巍峨 粟粒丰收乡村复兴
天 津	1	寻源稻乡游
	2	金秋宁河乡村游
	3	稻香宝地游
	4	晒秋文化游
河 北	1	诗意栗乡生态之旅
	2	音画秋韵丰收之旅
	3	生态农业休闲之旅
山 西	1	多彩洞头乡村之旅
	2	秋意浓·乘风登高赏秋景·漫游乡村体验之旅
	3	"金风玉露·叠翠流香"醉美赏秋之旅
	4	醋都葡乡趣味采摘观光游线路
内蒙古	1	姹紫嫣红赏枫之旅
	2	葡萄丰收之旅
	3	人间烟火气,山水旺丰年
辽 宁	1	"丹枫爽目·绿野沁人"之旅
	2	"都市田园·采绿摘黄"之旅
	3	"山行海宿·浪漫丰景"之旅
	4	"湿地之都·蟹肥米香"之旅
	5	"物阜民丰·朝歌锦宴"之旅

续　表

所在省、 自治区、直辖市	序号	线 路 名 称
吉　林	1	五彩金秋，观枫赏桦之旅
	2	稻田风光、丰收之旅
	3	乡村民俗体验之旅
	4	西江风情之旅
	5	朝阳田园游
	6	玉米乡金秋之旅
黑龙江	1	"魅力杜尔伯特"金秋之旅
	2	"登高峰　观花海　赏民俗　游界江"鹤岗金秋之旅
	3	"华夏东极"金秋乡村民俗游
	4	"五花山色百果香"东宁金秋之旅
	5	城西旅游金秋之旅
	6	"五花山色稻花香"宁安金秋之旅
上　海	1	滨海乡村之旅
	2	"泾"采绝伦发现之旅
	3	"希望的田野　丰收在浦江"
	4	橘黄蟹肥稻米香之旅
	5	横沙之秋　探秘丰收
	6	拥抱泖田，乐享秋收
江　苏	1	浦口——金黄的田野之旅
	2	"金秋锡山聚·寻味乡旅趣"拾趣之旅
	3	溧阳"金色希望"秋意乡村 2 日游
	4	原味乡村·传奇之旅
	5	悠然江海乐　田园乡村游
	6	南水北调探源·生态农庄寻趣
浙　江	1	"稻香鱼肥、共品秋味"秋季丰收体验之旅
	2	难忘金黄色·漫享金秋体验之旅
	3	"橙黄橘绿，浙西缤纷"之旅
	4	"年年有鱼"鱼桑丰收之旅
	5	"东海山相逢，黄金周自驾"之旅
安　徽	1	"丰收喜悦　灵动乡野"体验之旅
	2	"秋收丰盈　醇美乡村"收获之旅

续　表

所在省、自治区、直辖市	序号	线　路　名　称
福　建	1	闽山闽水物华新　我在北峰有福田
	2	农文旅　迎大会　圣地欢乐之旅
	3	福满寿宁·魅力农耕——红"福"之旅
	4	"花果飘香　喜庆丰收"乡村之旅
江　西	1	"红""绿"辉映小康之旅
	2	生态助力乡村振兴之旅
	3	乡村艺术邂逅之旅
	4	农旅融合振兴之旅
	5	寻迹真相归心之旅
	6	农耕研学体验之旅
山　东	1	丰收兰陵乡韵之旅
	2	"丰收稻乡　欢乐蟹行"之旅
	3	"冀鲁边区·枣乡乐陵"乡村体验之旅
	4	休闲山亭登山采摘之旅
	5	山海天听海丰收之旅
河　南	1	"庆丰收　感党恩"金秋采摘之旅
	2	太行山最美秋红观赏之旅
	3	最美中原丰收"品味"之旅
	4	大别山最美原乡体验之旅
	5	太行山最美民宿体验之旅
湖　北	1	乡村休闲观光游
	2	桂子闻香丰收之旅
	3	村野寻秋色主题游
	4	官庄村柑橘采摘之旅
	5	襄东北绿色之旅
湖　南	1	千年神话·农耕传承——罗潭之旅
	2	游千年古镇·赏土家风情
	3	畅游神农福地　乐享农闲逸趣
	4	游梯田王国　赏紫鹊奇观
	5	花瑶风情·趣味农耕之旅
	6	九嶷风光　瑶寨风情

续　表

所在省、自治区、直辖市	序号	线　路　名　称
广　东	1	闲云野鹤无拘束　惬意悠然在莲洲
	2	"骑迹水乡　品味丰收"之旅
	3	孙中山故里乡村旅游精品线路
	4	古邑丰收喜悦之旅
	5	壮风瑶韵百里画廊之旅
广　西	1	壮乡武鸣迎丰收
	2	潮美北海　文旅盛宴
	3	金秋稻花香之旅
	4	柚乡名产乡村游
重　庆	1	现代田园乡村游
	2	休闲农业观光游
四　川	1	蜀都丰收之旅
	2	东坡故里诗意丰收之旅
	3	"最美乡土情　醉享烟火气"之旅
	4	秋意达州之旅
贵　州	1	走进粉黛花海,开启浪漫之旅
	2	禾香深处有人家,探秘占里侗寨
	3	拾野小乡村,静享秋日美好
	4	把万峰尽收眼底,将自然囊括怀中
云　南	1	文山州"世外桃源·寻觅稻香"之旅
	2	红河州"云上梯田·品味乡愁"之旅
陕　西	1	"天下粮仓"农耕体验之旅
	2	"走进革命圣地　感悟初心使命"红色之旅
	3	秦风秦韵关中文化体验之旅
甘　肃	1	星辰沙海　生态绿洲体验之旅
	2	如画甘州　桑麻之地度假之旅
	3	梨园诗画　耕读传家研学之旅
	4	诗意村落　赏秋胜地养生之旅
	5	平凉沃土　农耕硕果寻访之旅
青　海	1	游乡村　绝美秋景观赏之旅
	2	庆丰收　河湟民俗文化体验之旅
	3	赏秋景　黄河文化体验之旅

续　表

所在省、 自治区、直辖市	序号	线　路　名　称
宁　夏	1	固原庆丰收感党恩红色游
	2	中卫乡村古道赏秋探秘游
	3	醉美石嘴山金秋乡村生态游
	4	黄河水韵秋意浓乡村体验游
	5	灵州古城金秋乡愁休闲游
新疆 （含新疆生产 建设兵团）	1	七彩万亩旱田养心之旅
	2	金秋乌尔禾　美景兆丰年
	3	"青山绿水　梦韵金秋"之旅
	4	"西海龙宫"博斯腾湖之旅
	5	趣田园、悦成长——亲子研学欢畅游
	6	田园花海度假休闲游

附录 3
2022 中国美丽乡村休闲旅游精品线路及精品景点

序号	精品线路名称	精品景点名称
1	北京市延庆区　秋季赏花寻古生态之旅	刘斌堡青山园 茶菊花海 九眼楼长城
2	天津市津南区　佳沃世界新农业主题探索之旅	佳沃世界
3	河北省(石家庄市)赞皇县　赞皇休闲农业文化体验游	中国蜜蜂博物馆 牛山沟村 大枣观景台 松会葡萄酒小镇 嶂石岩景区
4	河北省(邢台市)内丘县　太行东麓绿色康养度假游	扁鹊药谷产业园 黄岔村 岗底村
5	河北省(廊坊市)三河市、大厂县、永清县、固安县　廊坊金秋纳福——科普采摘休闲游	璞然生态园 京东百年梨园文化产业基地 九州伊甸园 新苑阳光农业休闲农业示范区 盛世农合生态农业园 卡尔叔叔幸福农场
6	山西省大同市云州区　大同云游哪里去,火山生态忘忧乡	大同火山群国家地质公园 黄花公园 忘忧农场 坊城新村

序号	精品线路名称	精品景点名称
7	内蒙古包头市青山区　东达山慢生活休闲之旅	东达山度假村
8	内蒙古(巴彦淖尔市)磴口县　秋季农耕文化体验游	三盛公粮库旧址博物馆 华盛绿能磴口光伏农业科技示范园 漠北金爵葡萄酒庄 沙金红生态农场 圣牧高科奶业生产基地 乌兰布和沙漠有机文化展览馆
9	辽宁省阜新市细河区　黄家沟旅游度假区金秋游	松涛湖景区 休闲营地 假日农场
10	吉林省长春市九台区　九台乡村休闲度假游	合悦农创空间 龙嘉红光村稻文化农业公园 兴隆花海 马鞍山村 庙香山风景区 清水村
11	吉林省(吉林市)桦甸市　桦甸休闲度假风光游	枫雪部落 名峰生态度假村 森林慢谷
12	黑龙江省(齐齐哈尔市)富裕县温泉度假·湿地风光	雁翔湖满园度假村 龙腾生态温泉度假庄园 小河东村
13	上海市宝山区　乡遇罗泾休闲游	塘湾村 宝山湖生态农业旅游区
14	上海市金山区　享丰收果实,赏金秋美景	荷风嬉鱼 九丰蔬菜农博园 花开海上生态园 上海廊下郊野公园 百家村生态林地 水库村橘岛乐园 山阳田园

续　表

序号	精品线路名称	精品景点名称
15	上海市崇明区　崇明仲秋采摘赏景	园艺村 新建村 也山西红花 半日闲农庄 玉海棠
16	江苏省盐城市亭湖区、射阳县金色田园美食观光之旅	洋马鹤乡菊海 桑乐田园 黄尖牡丹农业生态园 盐城大洋湾 鹿苑生态园
17	江苏省(镇江市)丹阳市　秋季野营摘果体农耕品美食之旅	杏虎村 碧云天生态园 南翔生态园 超力生态园
18	江苏省(徐州市)新沂市　享鲜果采摘体古栗文化	花厅部落 沭河古栗文化风情园 新沂水蜜桃产业园 阿湖葡萄观光采摘园
19	江苏省泰州市海陵区　秋雪湖渔文化科普生态游	秋雪湖渔业生态园 秋雪湖尚品果园鱼虾蟹垂钓创意农园 好润集团特种水产育繁基地
20	浙江省湖州市南浔区　江南水乡鱼桑文化体验之旅	石淙村 善琏湖笔小镇 西堡村 荻港村 南浔古镇
21	浙江省(嘉兴市)桐乡市　品菊摘果·秋韵桐飨	海华村 猪舍里庄园 石门湾四季果园 子恺漫画村 缘缘菊海 桂花村 运北现代农业园 汇丰村

序号	精品线路名称	精品景点名称
22	浙江省(台州市)仙居县　时和年丰·金风送爽	永安溪漂流 朱溪杨丰山梯田
23	浙江省(金华市)兰溪市　古村长河休闲游	诸葛八卦村 兰湖旅游度假区 地下长河景区
24	安徽省黄山市黄山区　黄山1号风景道	浦溪河休闲旅游区 奇瑞途居黄山露营地 太平湖风景区
25	福建省漳州市长泰区　秋日采摘赏花游	南山谷庄园 玫瑰农庄
26	福建省(三明市)大田县　多彩大田体验之旅	仙峰漂流 五彩大石 数字阳春
27	江西省南昌市新建区、南昌县、安义县、进贤县　游南昌诗意乡村，品豫章丰收果实	湾里花溪谷 湾里太平镇 春晖蓝莓小镇 萤乡农场·西梅园 市政公用生态农业示范园 云水间田园综合体
28	江西省(萍乡市)芦溪县　芦溪红色文化休闲乡村游	袁水源红色文化园景区 紫溪田园综合体 仙凤三宝农业休闲观光园
29	山东省淄博市淄川区　黛青山，"黛"您赏花	黛青山富硒软籽石榴园
30	山东省东营市垦利区　东营滨海奇观体验游	黄河口大闸蟹产业园 稻田画风景区 红滩湿地旅游度假区 黄河口生态旅游区 知青小镇

续　表

序号	精品线路名称	精品景点名称
31	河南省济源市　秋游中原,畅玩济源	花石村
		黄河明珠西滩岛
		黄河湿地公园
		双堂核桃小镇
		无界星空野奢营地
32	河南省鹤壁市淇滨区　龙岗人文小镇童年部落	龙岗人文小镇童年部落景区
		兵之味户外训练基地
33	湖北省(恩施州)咸丰县　咸丰郊外休闲体验游	马倌屯现代农业产业园
		水美湾田
34	湖南省(长沙市)浏阳市　金秋丰收品农趣之旅	梅田湖松山屋场
		南边生态农场
		嘉园度假山庄
		湖洋梯田
35	湖南省张家界市永定区　土家民俗风情观光体验游	马头溪村
		石堰坪村
		红土坪村·栗子坪村
36	广东省东莞市　茶山乡村休闲农业游	牛过蓢古村落
		南社明清古村落
		上元稻田公园
		寒溪水村
37	广西省(河池市)巴马县、东兰县河池田园乡村休闲游	巴马水晶宫景区
		仁寿源景区
		泗孟体育公园
38	海南省三亚市吉阳区　热带田园美丽乡村休闲游	红花共享农庄
		大茅远洋生态村和中廖少数民族特色村寨
		六盘特色美食文创街
		博后村
39	海南省定安县　香草田园生态游	香世界·香草田园

序号	精品线路名称	精品景点名称
40	重庆市潼南区　六养潼南生态之旅	双坝蔬菜公园 潼南大佛寺 双江古镇 陈抟故里 柏梓柠檬小镇 太安休闲农业旅游度假区
41	重庆市南岸区　广阳岛休闲生态游	广阳岛
42	四川省(宜宾市)高县　乡村观光休闲美食游	荣礼葡萄园 华硕园生态农场 悠然柠檬山庄 小靖村 大雁岭景区
43	四川省(甘孜州)康定市　康定木雅圣地生态之旅	木雅圣地景区
44	贵州省贵阳市乌当区　新堡布依族乡民族休闲游	陇上村 马头村 王岗村 陇脚村
45	云南省(德宏州)盈江县　盈江县乡村文化旅游	旧城镇乡村振兴示范区 "中国橡胶母树"景区 铜壁关自然保护区——凯邦亚湖景区 苏典"诗密娃底"景区—— 下勐劈傈僳文化部落
46	云南省(红河州)弥勒市"福地弥勒"休闲游	湖泉生态园 东风韵小镇 太平湖森林小镇 可邑小镇
47	云南省(保山市)腾冲市　腾冲金秋乡村休闲游	腾冲高黎贡山茶博园 江东银杏村
48	西藏(林芝市)朗县　高原秋季乡村生态休闲游	嘎贡沟景区 勃勃朗冰川 冲康庄园 拉多藏湖景区

续　表

序号	精品线路名称	精品景点名称
49	陕西省榆林市榆阳区　古塔镇田园休闲游	赵庄田园综合体 "中国美丽田园"杏树文化旅游景区 赵家峁休闲旅游度假村
50	陕西省(商洛市)商南县　商南休闲观光体验游	后湾中国美丽休闲乡村 佳忆德猕猴桃园
51	甘肃省平凉市崆峒区　乡村休闲采摘游	贾洼村农耕产业示范园 贾洼阳光采摘园
52	青海省(海南州)贵南县　"沿黄文化"休闲之旅	塔秀乡 黄沙头国家沙漠公园 泽玛旅游景区 三角滩万亩油菜花海 直亥旅游景区
53	新疆(喀什地区)伽师县　伽师休闲观光游	新梅小镇 伽师森林旅游生态园 城中胡杨林生态园景区 伽师馕文化产业园
54	新疆生产建设兵团第十二师(乌鲁木齐市头屯河区)　郊区采摘观光休闲游	三坪农场

参考文献

[1] 艾莉,杜丽萍.产业竞争力理论述评[J].商业时代,2010(35):99—100＋36.

[2] 安传艳,翟洲燕,李同昇.近 10 年来国外乡村旅游研究特征及对中国的启示——基于 Elsevier ScienceDirect 收录文献的分析[J].资源科学,2020,42(05):956—968.

[3] 白丹,马耀峰,刘军胜.基于扎根理论的世界遗产旅游地游客感知评价研究——以秦始皇陵兵马俑景区为例[J].干旱区资源与环境,2016,30(06):198—203.

[4] 白玲."互联网＋种子"模式在西藏自治区的实施状况[J].乡村科技,2021,12(18):40—41.

[5] 毕学成,谷人旭,苏勤.制造业区域产业专业化、竞合关系与分工:基于江苏省市域面板数据的计量分析[J].长江流域资源与环境,2018,27(10):2201—2213.

[6] 蔡伟民.乡村旅游地游客感知价值及重游意愿研究——以成都三圣乡为例[J].西南民族大学学报(人文社科版),2015,36(05):134—138.

[7] 蔡文芳.乡村旅游对农村经济发展的影响[J].吉首大学学报(社会科学版),2017,38(S2):23—25.

[8] 曹芳东,黄震方,余凤龙等.国家级风景名胜区旅游效率空间格局动态演化及其驱动机制[J].地理研究,2014,33(06):1151—1166.

[9] 曹平,王桂军.产业创新理论国外研究前沿述评——基于 Citespace 软件的文献挖掘[J].管理现代化,2018,38(04):113—116.

[10] 曹庆荣,齐立斌,念贵.乡村休闲体育旅游资源开发研究[J].体育文化导刊,2018(07):81—84＋126.

[11] 柴院巍.我国乡村旅游发展的困境及路径:基于乡村振兴的视角[J].中国储运,2022(05):73—74.

[12] 陈辰.近二十年国外乡村旅游研究进展——《Tourism Management》和《Annals of Tourism Research》文献分析[J].东南大学学报(哲学社会科学版),2011,13(S1):69—73.

[13] 陈佳骜,瞿华.国内乡村旅游研究综述[J].特区经济,2021(04):158—160.

[14] 陈建.契合中的差距:乡村振兴中的文旅融合政策论析[J].长白学刊,2021(03):72—79.

[15] 陈璐.基于消费者行为理论的高端家电营销策略研究[D].安徽财经大学,2019.

[16] 陈秋华,纪金雄.乡村旅游精准扶贫实现路径研究[J].福建论坛(人文社会科学版),2016(05):196—200.

[17] 陈瑞萍.我国乡村旅游的供给侧改革路径[J].农业经济,2017(07):60—62.

[18] 陈艳.湘乡市郊乡村旅游游客消费行为研究[D].中南林业科技大学,2013.

[19] 陈烨,陈天雨,董庆兴.多视角数据驱动的社会化问答平台用户画像构建模型研究[J].图书情报知识,2019(05):64—72.

[20] 陈永乐.休闲农业与乡村旅游管理经营模式探讨[J].度假旅游,2019(04):142+148.

[21] 陈志军,徐飞雄.乡村旅游地发展驱动因素及机制研究——基于长沙市的实证分析[J].经济地理,2019,39(10):231—239.

[22] 陈梓楠.基于农村产业结构优化的乡村旅游发展模式选择[J].农业经济,2018(09):58—59.

[23] 崔海霞,宗义湘,赵帮宏.欧盟农业绿色发展支持政策体系演进分析——基于 OECD 农业政策评估系统[J].农业经济问题,2018(05):130—142.

[24] 崔宁.产业升级视域下乡村旅游个性化创意旅游规划研究[J].农业经济,2019(09):51—53.

[25] 崔晓文.旅游经济学[M].北京:清华大学出版社,2009.

[26] 笪玲.基于PSR模型的都市近郊乡村旅游社区参与模式研究——以重庆市璧山县为例[J].南方农业学报,2012,43(01):120—123.

[27] 戴洪涛.经济新常态下乡村旅游业转型升级研究[J].社会科学家,2019(10):97—103.

[28] 邓爱民.对我国发展乡村旅游的思考[J].财贸经济,2006(05):91—93.

[29] 董辰.乡村振兴战略下的吉林省乡村旅游发展思考[J].科技资讯,2022,20(15):231—233.

[30] 董广智.中国乡村旅游转型发展模式及驱动机制研究[J].农业经济,2017(04):44—45.

[31] 杜雅文,陈志钢,刘丹.乡村旅游中饮食文化原真性感知、品牌形象与满意度研究——以陕西省"袁家村"为例[J].资源开发与市场,2017,33(01):90—94.

[32] 杜宗斌,苏勤.乡村旅游的社区参与、居民旅游影响感知与社区归属感的关系研究——以浙江安吉乡村旅游地为例[J].旅游学刊,2011,26(11):65—70.

[33] 段红艳.体验经济视角下都市近郊休闲农业与乡村旅游发展新思路——以武汉市远城区为例[J].科技创新导报,2017,14(33):237—238+240.

[34] 段学成.基于产业融合理论的舟山海岛休闲旅游综合体开发研究[J].商业经济,2020(05):40—42+160.

[35] 范栢诚.基于产业融合理论的嵊泗县休闲渔业发展研究[D].浙江海洋大学,2020.

[36] 冯娟,谭辉丽,吕绎荣,程绍文.武汉市城郊乡村旅游地的类型划分及时空分布特征研究[J].长江流域资源与环境,2020,29(11):2384—2395.

[37] 符全胜.旅游目的地游客满意理论研究综述[J].地理与地理信息科学,2005(05):90—94.

[38] 傅才武,程玉梅.文旅融合在乡村振兴中的作用机制与政策路径:一个宏观框架[J].华中师范大学学报(人文社会科学版),2021,60(06):69—77.

[39] 高海霞,姚瑶.游客自我概念与乡村旅游动机关系研究[J].地域研究与开发,2018,37(02):104—110.

[40] 高军,马耀峰,吴必虎.外国游客感知视角的我国入境旅游不足之处——基于扎根理论研究范式的分析[J].旅游科学,2010,24(5):49—55.

[41] 高佩佩,吴晋峰,邓晨晖,辛亚平.西安市乡村旅游市场特征研究[J].旅游论坛,2011,4(04):134—139.

[42] 高瑞龙,胡晓舟.政策工具视角下的乡村休闲旅游业发展[J].西北农林科技大学学报(社会科学版),2021,21(02):91—100.

[43] 高薇.乡村旅游者消费行为研究[J].营销界,2021(13):14—15.

[44] 龚金红,李健仪.广州小洲村乡村旅游市场细分研究[J].旅游论坛,2011,4(04):140—144+148.

[45] 郭焕成,韩非.中国乡村旅游发展综述[J].地理科学进展,2010,29(12):1597—1605.

[46] 郭克锋.旅游决策及其影响因素研究[J].特区经济,2009(02):152—153.

[47] 郭秀英,江苗.城郊型农家乐游客满意度评价指标体系研究[J].西南石油大学学报(社会科学版),2010,3(02):68—71+3.

[48] 郭一冰.基于消费者行为理论的拼多多营销策略优化研究[D].郑州大学,2020.

[49] 郭悦,钟廷勇,安烨.产业集聚对旅游业全要素生产率的影响:基于中国旅游业省级面板数据的实证研究[J].旅游学刊,2015,30(5):14—22.

[50] 韩犁夫.推进标准化建设打造特色文旅产品 大力发展乡村旅游促进乡村全面振兴[N].襄阳日报,2022-06-10(001).

[51] 何景明.国外乡村旅游研究述评[J].旅游学刊,2003(01):76—80.

[52] 何景明,李立华.关于"乡村旅游"概念的探讨[J].西南师范大学学报(人文社会科学版),2002(05):125—128.

[53] 何小怡.从利益相关者理论探讨贵州乡村旅游的发展[J].中国农学通报,2010,26(14):405—408.

[54] 何昭丽,王松茂."一带一路"沿线四大区域入境旅游全要素生产率的空间差异及溢出效应研究[J].数量经济技术经济研究,2020,37(06):130—147.

[55] 贺爱琳,杨新军,陈佳,王子侨.乡村旅游发展对农户生计的影响——以秦岭北麓乡村旅游地为例[J].经济地理,2014,34(12):174—181.

[56] 贺灿飞,朱晟君.制造业地理集聚的区域差异研究:江苏和安徽对比研究[J].地理科学,2008,28(6):715—721.

[57] 胡峰,戚晓妮,汪晓燕.基于PMC指数模型的机器人产业政策量化评价——以8项机器人产业政策情报为例[J].情报杂志,2020,39(01):121—129+161.

[58] 胡静,许贤棠,谢双玉.论乡村旅游资源的可持续开发利用[J].农业现代化

研究,2007(06):723—726.

[59] 胡绿俊,文军.乡村旅游者旅游动机研究[J].商业研究,2009,(02):153—157.

[60] 胡亚光.中国旅游产业效率区域评价及其解构分析——基于SFA的实证研究[J].当代财经,2019(10):107—119.

[61] 胡烨莹,张捷,周云鹏,曾湛荆,庄敏,刘伟.乡村旅游地公共空间感知对游客地方感的影响研究[J].地域研究与开发,2019,38(04):104—110.

[62] 黄红华.政策工具理论的兴起及其在中国的发展[J].社会科学,2010(04):13—19+187.

[63] 黄睿,王坤,黄震方等.绩效视角下区域旅游发展格局的时空动态及耦合关系——以泛长江三角洲为例[J].地理研究,2018,37(5):995—1008.

[64] 黄颖华,黄福才.旅游者感知价值模型、测度与实证研究[J].旅游学刊,2007(08):42—47.

[65] 贾蕾.网络购物信息过载对消费者行为意愿的影响研究[D].西安理工大学,2021.

[66] 江苗.城郊型农家乐游客满意度测评研究[D].西南石油大学,2010.

[67] 姜春燕,刘在森,孙敏.全产业链模式推动我国乡村全域旅游发展研究[J].中国农业资源与区划,2017,38(08):193—197.

[68] 姜玉辉.乡村旅游发展模式研究[D].广东海洋大学,2014.

[69] 蒋丽,袁刚.乡村振兴视域下特色小镇公共政策优化研究——以江苏省为例[J].广西社会科学,2021(11):57—62.

[70] 金碚.中国工业国际竞争力——理论、方法与实证研究[M].北京:经济管理出版社,1997.

[71] 金媛媛,王淑芳.乡村振兴战略背景下生态旅游产业与健康产业的融合发展研究[J].生态经济,2020,36(01):138—143.

[72] 孔英丽.乡村旅游对农村生态影响的两面性及其应对[J].农业经济,2014(05):45—47.

[73] 孔永生.近郊型乡村旅游的留客之道[N].中国旅游报,2013-03-20(011).

[74] 黎祖聪,郑江华.国内乡村旅游发展文献综述[J].合作经济与科技,2021,

(07):18—19.

[75] 李锦春.探析效用及消费者行为理论[J].山西财经大学学报,2009,31 (S2):88—89.

[76] 李莉,张捷.互联网信息评价对游客信息行为和出游决策的影响研究[J].旅游学刊,2013,28(10):23—29.

[77] 李美云.国外产业融合研究新进展[J].外国经济与管理,2005(12):12—20.

[78] 李珊珊.新冠肺炎疫情背景下"云旅游"价值评估及对策建议[J].价格月刊,2021(03):89—94.

[79] 李涛,陶卓民,李在军,魏鸿雁,琚胜利,王泽云.基于 GIS 技术的江苏省乡村旅游景点类型与时空特征研究[J].经济地理,2014,34(11):179—184.

[80] 李伟.乡村旅游开发规划研究[J].地域研究与开发,2003(06):72—75.

[81] 李湘莹,张艳.基于 IPA 方法的生态休闲农庄游客满意度研究——以云南石林万家欢蓝莓庄园为例[J].河北旅游职业学院学报,2019,24(01):4—10.

[82] 李志飞,丁黎明.青年旅游者乡村游购买决策行为研究[J].商业研究,2010(02):195—197.

[83] 厉无畏、王慧敏.产业发展的趋势研判与理性思考[J].中国工业经济,2002(04):5—11.

[84] 廖燕珠.政策精准性视角下复工复产政策文本研究——基于深圳市 115 份政策文本的内容分析[J].安徽行政学院学报,2020(04):33—40.

[85] 林刚,石培基.关于乡村旅游概念的认识——基于对 20 个乡村旅游概念的定量分析[J].开发研究,2006(06):72—74.

[86] 林雅军,李蔚.顾客感知价值研究现状[J].中国商贸,2015(02):116—119.

[87] 刘昌雪,汪德根.苏州乡村旅游客源市场特征及开发对策[J].资源开发与市场,2008(04):369—373.

[88] 刘丹丹.美丽乡村建设中农村公共产品供给的优化路径[J].山西农经,2022(12):51—53.

[89] 刘国佳,韩玮,陈安.基于三维分析框架的突发公共卫生事件应对政策量化研究——以新冠肺炎疫情为例[J].现代情报,2021,41(07):13—26+48.

[90] 刘焕庆,吴健.全域旅游背景下的延边州乡村旅游可持续发展研究[J].东疆

学刊,2017,34(01):101—105.

[91] 刘佳,赵金金.中国旅游产业集聚与旅游经济增长关系的空间计量研究[J].经济地理,2013,33(4):186—192.

[92] 刘家顺、杨洁、孙玉娟.产业经济学[M].北京:中国社会科学出版社,2006.

[93] 刘建国,刘宇.2006—2013年杭州城市旅游全要素生产率格局及影响因素[J].经济地理,2015,35(7):190—197.

[94] 刘俐,路玉琴,万斌,于沛沛,刘凡,刘春.武汉市乡村旅游消费行为研究[J].现代商贸工业,2014,26(20):83—85.

[95] 刘锐,卢松,邓辉.城郊型乡村旅游地游客感知形象与行为意向关系研究——以合肥大圩镇为例[J].中国农业资源与区划,2018,39(03):220—230.

[96] 刘亭立,傅秋园.绿色能源产业创新政策的量化评价与优化路径探究[J].中国科技论坛,2018(10):82—92.

[97] 刘婷婷.城市近郊乡村旅游转型升级研究[J].农业经济,2018(09):41—43.

[98] 刘婷婷.乡村旅游利益相关者矛盾冲突及协调路径[J].农业经济,2017(12):64—66.

[99] 刘新秀,徐珊珊,曹林奎.崇明岛乡村文化旅游资源及其开发策略研究[J].上海农业学报,2018,34(05):126—132.

[100] 刘秀丽.5G技术引领下乡村旅游形象的游客感知与优化[J].农业经济,2020(12):140—142.

[101] 刘亚洲.浅议露营旅游在我国的发展现状及措施[J].鸡西大学学报,2011,11(06):43—44.

[102] 柳仪,李苹绣,陈盼佳.乡村振兴背景下乡村旅游高质量发展的驱动、困境与实现路径[J].市场周刊,2021,34(11):102—106.

[103] 龙鸥.体验性乡村旅游游客感知价值影响因素及其营销策略研究[J].农业经济,2016(10):46—48.

[104] 卢冲,张晓慧.我国乡村旅游市场发展现状分析[J].安徽农业科学,2008(16):6904—6906+6923.

[105] 卢小丽,刘伟伟,王立伟.乡村旅游内涵标准识别及其比较研究——对中外50个乡村旅游概念的定量分析[J].资源开发与市场,2017,33(06):759—763.

[106] 陆林,李天宇,任以胜,符琳蓉.乡村旅游业态:内涵、类型与机理[J].华中师范大学学报(自然科学版),2022,56(01):62—72+82.

[107] 陆林,任以胜,朱道才,程久苗,杨兴柱,杨钊,姚国荣.乡村旅游引导乡村振兴的研究框架与展望[J].地理研究,2019,38(01):102—118.

[108] 罗莹,姚增福.乡村旅游高质量发展的现实困境及路径[J].农业与技术,2022,42(13):155—158.

[109] 马本,郑新业.产业政策理论研究新进展及启示[J].教学与研究,2018(08):100—108.

[110] 马斌斌,陈兴鹏,马凯凯,蒲利利.中国乡村旅游重点村空间分布、类型结构及影响因素[J].经济地理,2020,40(07):190—199.

[111] 马健.产业融合论[M].南京:南京大学出版社,2002:53—57.

[112] 马勇,赵蕾,宋鸿,郭清霞,刘名俭.中国乡村旅游发展路径及模式——以成都乡村旅游发展模式为例[J].经济地理,2007(02):336—339.

[113] 迈克尔·波特.国家竞争优势[M].北京:华夏出版社,2002.

[114] 毛峰."互联网+"时代乡村旅游可持续发展的路径及对策[J].改革与战略,2016,32(03):74—77.

[115] 梅燕,肖晓.基于土地流转新政策的乡村旅游发展研究[J].安徽农业科学,2009,37(24):11796—11797+11800.

[116] 孟德友,陆玉麒.基于县域单元的江苏省农民收入区域格局时空演变[J].经济地理,2012,32(11):105—112.

[117] 孟秋莉,邓爱民.全域旅游视阈下乡村旅游产品体系构建[J].社会科学家,2016(10):85—89.

[118] 莫莉秋.海南省乡村旅游资源可持续发展评价指标体系构建[J].中国农业资源与区划,2017,38(06):170—177.

[119] 潘小慈.供给侧改革背景下浙江省乡村旅游转型升级研究[J].广西社会科学,2017,263(05):80—82.

[120] 裴长洪,王镭.试论国际竞争力的理论概念与分析方法[J].中国工业经济,2002(04):41—45.

[121] 彭华.旅游发展驱动机制及动力模型探析[J].旅游学刊,1999(06):

39—44.

[122] 秦东丽,丁正山,胡美娟,郭向阳.长三角城市旅游专业化水平对旅游全要素生产率的影响效应[J].南京师大学报(自然科学版),2021,44(01):57—63.

[123] 邱扶东,汪静.旅游决策过程调查研究[J].旅游科学,2005(02):1—5.

[124] 邱玉华,吴宜进.城镇化进程中我国乡村旅游发展的路径选择[J].社会主义研究,2012(01):101—104.

[125] 荣慧芳,陶卓民,李涛,卢淑莹,濮蓉.基于网络数据的苏南乡村旅游客源市场时空特征及影响因素分析[J].地理与地理信息科学,2020,36(06):71—77.

[126] 尚子娟,任禹崑.乡村红色文化与旅游发展模式探析[J].学术交流,2021(04):111—122.

[127] 生延超,刘晴.都市近郊传统村落乡村旅游嬗变过程中人地关系的演化——以浔龙河村为例[J].旅游学刊,2021,36(03):95—108.

[128] 石枕.怎样理解和计算"全要素生产率"的增长:一个具体技术经济问题的计量分析[J].数量经济技术经济研究,1988,25(12):68—71.

[129] 史艳荣,谢彦君,曾诗晴.疏离感与亲和力:乡村旅游体验中的院落情结与人际关系再造[J].旅游学刊,2020,35(12):63—80.

[130] 世界旅游组织.旅游业可持续发展——地方旅游规划指南[M].北京:旅游教育出版社,1997:55.

[131] 舒伯阳,蒋月华,刘娟.新时代乡村旅游高质量发展的理论思考及实践路径[J].华中师范大学学报(自然科学版),2022,56(01):73—82.

[132] 舒伯阳,马静.中国乡村旅游政策体系的演进历程及趋势研究——基于30年数据的实证分析[J].农业经济问题,2019,(11):94—107.

[133] 宋潇玉,宋子千.对后脱贫时代乡村旅游政策创新的思考[J].旅游学刊,2021,36(04):10—12.

[134] 粟路军,王亮.城市周边乡村旅游市场特征研究——以长沙市周边乡村旅游为例[J].旅游学刊,2007(02):67—71.

[135] 孙九霞,黄凯洁,王学基.基于地方实践的旅游发展与乡村振兴:逻辑与案例[J].旅游学刊,2020,35(03):39—49.

[136] 孙九霞,王淑佳.基于乡村振兴战略的乡村旅游地可持续发展评价体系构

建[J].地理研究,2022,41(02):289—306.

[137] 孙琳.城乡统筹视野下的乡村旅游可持续发展机制重构[J].农业经济, 2017(12):56—57.

[138] 孙明慧,陈少华.文化旅游视角下基于网络评论的乡村书店形象感知分析——以先锋书店(乡村店)为例[J].出版科学,2021,29(02):66—78.

[139] 孙伟,曹诗图.乡村旅游高质量发展的困境、特征及实施路径[J].湖北文理学院学报,2021,42(11):13—18.

[140] 唐德荣,杨锦秀,刘艺梅.乡村旅游者重游决策影响因素实证研究——基于重庆市 510 位城市游客的调查数据[J].农业技术经济,2010(07):78—83.

[141] 陶玉霞.旅游的空间公平问题与乡村旅游的三级概念[J].河南师范大学学报(哲学社会科学版),2009,36(02):120—123.

[142] 陶卓民,薛献伟,管晶晶.基于数据包络分析的中国旅游业发展效率特征[J].地理学报,2010,65(8):1004—1012.

[143] 滕泰.更新供给结构、放松供给约束、解除供给抑制——新供给主义经济学的理论创新[J].世界经济研究,2013(12):3—8+84.

[144] 滕泰.新供给主义经济学[M].北京:东方出版社,2017.

[145] 滕泰,刘哲.供给侧改革的经济学逻辑——新供给主义经济学的理论探索[J].兰州大学学报(社会科学版),2018,46(01):1—12.

[146] 汪惠萍,王玉玲.乡村旅游市场细分研究——以安徽西递、宏村为例[J].江苏农业科学,2012,40(01):359—362.

[147] 汪莹.产业竞争力理论研究述评[J].江淮论坛,2008(02):29—38.

[148] 王德刚."双循环"背景下旅游高质量发展与用地政策创新研究[J].贵州社会科学,2022(01):121—127.

[149] 王德刚.以标准化建设促乡村旅游提质升级[N].中国旅游报,2018-10-26(003).

[150] 王凯,易静,肖燕等.中国旅游产业集聚与产业效率的关系研究[J].人文地理,2016,31(2):120—127.

[151] 王坤,黄震方,曹芳东等.泛长江三角洲城市旅游绩效空间格局演变及其影响因素[J].自然资源学报,2016,31(7):1149—1163.

[152] 王敏娴,唐代剑.乡村旅游未来发展趋势探讨[J].旅游学刊,2018,33(07):13—16.

[153] 王琼英,冯学钢.乡村旅游研究综述[J].北京第二外国语学院学报,2006(01):115—120.

[154] 王松茂,邓峰,瓦哈甫·哈力克.新疆旅游产业全要素生产率的时空演变[J].经济地理,2016,36(5):202—207.

[155] 王维.基于资源投入视角的我国旅游业全要素生产率测算[J].统计与决策,2021,37(08):86—89.

[156] 王伟杰.特色农家乐和新型休旅空间崛起[N].中国文化报,2021-07-31(004).

[157] 王文龙.中国美丽乡村建设反思及其政策调整建议——以日韩乡村建设为参照[J].农业经济问题,2016,37(10):83—90+111—112.

[158] 王小军,张双双.乡村旅游对农村经济的影响及发展策略[J].农业经济,2012(11):81—82.

[159] 王兴国.推进农村一二三产业融合发展的思路与政策研究[J].东岳论丛,2016,37(02):30—37.

[160] 王艳平.乡村旅游需要二级概念[J].旅游学刊,2006(05):6—7.

[161] 王勇.高质量发展视角下推动乡村旅游发展的路径思考[J].农村经济,2020(08):75—82.

[162] 王涌涛.乡村旅游对提高土地利用效率及经济效益研究——以常熟市蒋巷村为例[J].中国农业资源与区划,2017,38(07):159—163.

[163] 王雨晴,韩学平.我国农业生产性服务供给优化对策分析[J].农业经济,2020(03):15—16.

[164] 王跃锋.浅谈农家乐的发展[N].发展导报,2015-12-18(019).

[165] 王跃伟,佟庆,陈航,吴昕阳,曹宁.乡村旅游地供给感知、品牌价值与重游意愿[J].旅游学刊,2019,34(05):37—50.

[166] 王云才.国际乡村旅游发展的政策经验与借鉴[J].旅游学刊,2002(04):45—50.

[167] 王云才.中国乡村旅游发展的新形态和新模式[J].旅游学刊,2006(04):8.

[168] 吴必虎,黄琢玮,马小萌.中国城市周边乡村旅游地空间结构[J].地理科学,2004(06):757—763.

[169] 吴必虎.基于乡村旅游的传统村落保护与活化[J].社会科学家,2016(02):7—9.

[170] 吴孟依,纪雨男.乡村振兴背景下长三角乡村旅游业的发展探析——基于田园综合体模式的分析[J].现代管理科学,2020(02):71—73.

[171] 武钰敏.开拓河南农村家电市场的营销策略探讨[J].农业经济,2017(03):130—132.

[172] 肖晓莺.基于游客感知的乡村休闲旅游实证研究——以鄢陵为例[J].中国农业资源与区划,2015,36(05):78—81.

[173] 肖佑兴,明庆忠,李松志.论乡村旅游的概念和类型[J].旅游科学,2001(03):8—10.

[174] 谢冬明,易青,黄庆华.乡村旅游发展的四个阶段及产品开发策略[J].老区建设,2019(06):50—52.

[175] 熊元斌,邹蓉.乡村旅游市场开发与营销策略浅析[J].商业经济与管理,2001(10):46—48.

[176] 徐冬,黄震方,胡小海等.浙江省县域旅游效率空间格局演变及其影响因素[J].经济地理,2018,38(5):197—207.

[177] 徐海,翟立强,张硕鹏.中国旅游业发展的现状、问题及建议[J].对外经贸,2020(06):102—105.

[178] 徐敏,韩树娟,石峰.都市近郊乡村遗产旅游支持及参与意愿的内生动力解析——以青岛凤凰村为例[J].华中建筑,2021,39(07):93—100.

[179] 徐培,熊云明.乡村旅游的游客旅游动机研究——以九江庐山周边风景区为例[J].安徽农业科学,2009,37(33):16595—16596+16641.

[180] 许春晓.欠发达资源丰富农村旅游业成长模式探讨[J].人文地理,1995(04):69—72.

[181] 许莲.移动互联网环境下的乡村旅游营销策略创新研究[J].农业经济,2017(03):143—144.

[182] 薛红,张鹏,李伟男,郑作文.全渠道消费者行为协同决策研究[J].计算机

工程与科学,2017,39(08):1570—1575.

[183] 薛金霞,曹冲.国内外关于产业融合理论的研究综述[J].新西部,2019 (30):73—74+90.

[184] 晏国祥.消费者行为理论发展脉络[J].经济问题探索,2008(04):31—36.

[185] 杨春柏.乡村振兴背景下乡村旅游可持续发展制约研究[J].农业经济, 2022(01):65—67.

[186] 杨公朴,夏大慰,龚仰军.产业经济学教程(第三版)[M].上海:上海财经大 学出版社,2008.

[187] 杨军.中国乡村旅游驱动力因子及其系统优化研究[J].旅游科学,2006 (04):7—11.

[188] 杨柳,杨帆,蒙生儒.美国新型职业农民培育经验与启示[J].农业经济问 题,2019(06):137—144.

[189] 杨楠.品牌国际化形象对消费者行为的影响[J].经济体制改革,2015(02): 126—131.

[190] 杨琴.乡村旅游业高质量发展研究[D].湖南科技大学,2020.

[191] 杨旭.开发"乡村旅游"势在必行[J].旅游学刊,1992(02):38—41+61.

[192] 杨延风,刘啸,马瑛.旅游广告宣传及其对旅游动机影响分析[J].商业研 究,2006(03):203—206.

[193] 杨振之.城乡统筹下农业产业与乡村旅游的融合发展[J].旅游学刊,2011, 26(10):10—11.

[194] 姚娟,陈飙,田世政.少数民族地区游客乡村旅游质量感知研究——以新 疆昌吉州杜氏农庄为例[J].旅游学刊,2008(11):75—81.

[195] 姚旻,赵爱梅,宁志中.中国乡村旅游政策:基本特征、热点演变与"十四 五"展望[J].中国农村经济,2021(05):2—17.

[196] 叶红.乡村旅游发展的动力机制研究——以成都市乡村旅游发展为例[J]. 农村经济,2007(10):79—82.

[197] 殷章馨,夏赞才,唐月亮.乡村旅游市场细分的统计检验[J].统计与决策, 2018,34(20):114—117.

[198] 银元,李晓琴.乡村振兴战略背景下乡村旅游的发展逻辑与路径选择[J].

国家行政学院学报,2018(05):182—186+193.

[199] 尹贻梅.创意旅游:文化旅游的可持续发展之路[J].旅游学刊,2014,29(03):9—10.

[200] 尤海涛,马波,陈磊.乡村旅游的本质回归:乡村性的认知与保护[J].中国人口·资源与环境,2012,22(09):158—162.

[201] 于法稳,黄鑫,岳会.乡村旅游高质量发展:内涵特征、关键问题及对策建议[J].中国农村经济,2020(08):27—39.

[202] 于法稳,李萍.美丽乡村建设中存在的问题及建议[J].江西社会科学,2014,34(09):222—227.

[203] 于法稳.新时代乡村旅游发展的再思考[J].环境保护,2019,47(02):14—18.

[204] 于静静,朱冠梅,蒋守芬.基于旅游者感知的乡村旅游餐饮服务质量影响因素实证研究[J].旅游论坛,2009,2(02):243—247.

[205] 于秋阳.高铁时代长三角区域旅游产业要素配置研究[M].上海:人民出版社,2021.

[206] 袁中许.乡村旅游业与大农业耦合的动力效应及发展趋向[J].旅游学刊,2013,28(05):80—88.

[207] 臧维,李甜甜,徐磊.北京市众创空间扶持政策工具挖掘及量化评价研究[J].软科学,2018,32(09):56—61.

[208] 曾盛聪,卞思瑶.乡村振兴背景下"田园综合体"的政策扩散分析——基于多个经验性案例的考察[J].中国行政管理,2019(02):60—65.

[209] 查建平,钱醒豹,赵倩倩等.中国旅游全要素生产率及其分解研究[J].资源科学,2018,40(12):2461—2474.

[210] 翟辅东.旅游六要素的理论属性探讨[J].旅游学刊,2006(04):18—22.

[211] 翟祥龙.关于产业政策理论研究的若干问题[J].世界经济研究,1991(05):10—15.

[212] 张利真,周坤超,张明,吴华,李根.乡村旅游标准体系建设研究[J].标准科学,2020(09):60—64.

[213] 张欣然.社区居民对都市近郊乡村旅游影响的感知与态度的实证研

究——以成都花香果居景区为例[J].中国农业资源与区划,2016,37(12):243—248.

[214] 张学银.试论乡村旅游的社会效应[J].中国商贸,2009(15):121—122.

[215] 张莹莹.乡村振兴视域下乡村旅游高质量发展的思考[J].技术与市场,2022,29(08):195—196.

[216] 张永安,郄海拓."大众创业、万众创新"政策量化评价研究——以2017的10项双创政策情报为例[J].情报杂志,2018,37(03):158—164+186.

[217] 张治河,谢忠泉,周国华,张传波.产业创新的理论综述与发展趋势[J].技术经济,2008(01):35—43+48.

[218] 赵承华.发展乡村旅游与振兴农业经济的若干思考[J].农业经济,2007(03):28—29.

[219] 赵承华.乡村旅游可持续发展问题分析及路径选择[J].农业经济,2018(04):42—44.

[220] 赵华,于静.新常态下乡村旅游与文化创意产业融合发展研究[J].经济问题,2015(04):50—55.

[221] 赵磊.中国旅游全要素生产率差异与收敛实证研究[J].旅游学刊,2013,28(11):12—23.

[222] 植草益.信息通信业的产业融合[J].中国工业经济,2001(2):24—27.

[223] 周继霞,苏维词.重庆环城游憩带乡村旅游可持续发展评价研究[J].乡镇经济,2007(07):36—40.

[224] 周静,卢东,杨宇.乡村旅游发展的起源及研究综述[J].资源开发与市场,2007(08):764—765+733.

[225] 周妮笛,李毅,徐新龙,董清.基于IPA方法的乡村生态旅游游客价值感知影响因素分析——以广西钟山县龙岩生态村为例[J].中南林业科技大学学报,2018,38(12):142—146.

[226] 周玉.基于现实痛点的乡村旅游发展路径研究[J].技术与市场,2022,29(08):181—183.

[227] 朱万春,王朝举.基于供给侧结构性改革的农村旅游综合体产业结构优化研究[J].农业经济,2019(10):40—41.

[228] 邹统钎.中国乡村旅游发展模式研究——成都农家乐与北京民俗村的比

较与对策分析[J].旅游学刊,2005(03):63—68.

[229] Adom D. The Place and Voice of Local People, Culture and Traditions: A Catalyst for Ecotourism Development in Rural Communities in Ghana[J]. *Scientific African*, 2019, 6(11):1—12.

[230] Agnoletti M. Rural Landscape, Nature Conservation and Culture: Some Notes on Research Trends and Management Approaches from a (southern) European Perspective[J]. *Landscape and Urban Planning*, 2014, 126(3):66—73.

[231] Ajzen I., Fishbein M. Understanding Attitudes and Predicting Social Behavior[J]. *Englewood Cliffs*, 1980, 278.

[232] Ajzen I. From Intentions to Actions: A Theory of Planned Behavior[J]. *Springer Berlin Heidelberg*, 1985.

[233] Alfred Marshal. Principles of Conomics[M]. Gateway Edition, 1890: 245—247.

[234] Aryal S., Cockfield G., Maraseni T. N. Globalisation and Traditional Social-ecological Systems: Understanding Impacts of Tourism and Labour Migration to the Transhumance Systems in the Himalayas[J]. *Environmental Development*, 2018, 25(3):73—84.

[235] Assaf A. G., Dwyer L. Benchmarking International Tourism Destinations [J]. *Tourism Economics*, 2013, 19(6):1233—1247.

[236] Assaf A. G., Josiassen A. Frontier Analysis a State-of-the-art Review and Meta-analysis[J]. *Journal of Travel Research*, 2015, 55(5):612—627.

[237] Augustyn M. M. Environmental Management for Rural Tourism and Recreation[J]. *Annals of Tourism Research*, 2002, 29(1):284—287.

[238] Aytu H. K., Mikaeili M. Evaluation of Hopa's Rural Tourism Potential in the Context of European Union Tourism Policy[J]. *Procedia Environmental Sciences*, 2017, 37:234—245.

[239] Bell D. E. Regret in Decision Making under Uncertainty[J]. *Operations Research*, 1982, 30.

[240] Biddulph R. Limits to Mass Tourism's Effects in Rural Peripheries[J].

Annals of Tourism Research，2015，50(2):98—112.

[241] Bitsani E.，Kavoura A. Host Perceptions of Rural Tour Marketing to Sustainable Tourism in Central Eastern Europe: The Case Study of Istria, Croatia [J]. *Procedia-Social and Behavioral Sciences*，2014，148(8):362—369.

[242] Bosworth G.，Turner R. Interrogating the Meaning of a Rural Business through a Rural Capitals Framework[J]. *Journal of Rural Studies*，2018，60(5): 1—10.

[243] Bramwell B.，Lane B. Rural Tourism and Sustainable Rural Development [M]. UK: Channel View Publications，1994.

[244] Bramwell B. Sustainability and Rural Tourism Policy in Britain[J]. *Tourism Recreation Research*，2014.

[245] Cai L. A.，Bai B.，Morrison A. M. Meetings and Conventions as a Segment of Rural Tourism[J]. *Journal of Convention & Exhibition Management*，2001，3(3):77—92.

[246] Calheiros C. S. C.，Bessa V. S.，Mesquita R. B. R.，et al. Constructed Wetland with a Polyculture of Ornamental Plants for Wastewater Treatment at a Rural Tourism Facility[J]. *Ecological Engineering*，2015，79(6):1—7.

[247] Canina L.，Enz C.，Harrison J. S. Agglomeration Effects and Strategic Orientations: Evidence from the US Logding Industry[J]. *Academy of Management Journal*，2005，48(4):565—581.

[248] Carte L.，McWatters M.，Daley E.，et al. Experiencing Agricultural Failure: Internal Migration, Tourism and Local Perceptions of Regional Change in the Yucatan[J]. *Geoforum*，2010，41(5):700—710.

[249] Chatzimichael K.，Liasidou S. A Parametric Decomposition of Hotel-sector Productivity Growth[J]. *International Journal of Hospitality Management*，2019，76(5):206—215.

[250] Chin C. H.，Lo M. C.，Songan P.，et al. Rural Tourism Destination Competitiveness: A Study on Annah Rais Longhouse Homestay, Sarawak[J]. *Procedia-Social and Behavioral Sciences*，2014，144:35—44.

[251] Choi H. C., Sirakaya E. Sustainability Indicators for Managing Community Tourism[J]. *Tourism Management*, 2006, 27(6):1274—1289.

[252] Christou P., Sharpley R. Philoxenia Offered to Tourists? A Rural Tourism Perspective[J]. *Tourism Management*, 2019, 72: 39—51.

[253] Clarke J., Denman R., Hickman G., Slovak J. Rural Tourism in Roznava Okres: A Slovak Case Study[J]. *Tourism Management*, 2001, 22(2):193—202.

[254] Deller S. Rural Poverty, Tourism and Spatial Heterogeneity[J]. *Annals of Tourism Research*, 2010, 37(1):180—205.

[255] Derek, Hall. Rural Tourism Management: Sustainable Options Conference[J]. *International Journal of Tourism Research*, 2000.

[256] Devesa M., Laguna M., Palacios A. The Role of Motivation in Visitor Satisfaction: Empirical Evidence in Rural Tourism [J]. *Tourism Management*, 2010, 31(4):547—552.

[257] Dimitrovski D. D., Todorović A. T., Valjarević A. D. Rural Tourism and Regional Development: Case Study of Development of Rural Tourism in the Region of Gruža, Serbia[J]. *Procedia Environmental Sciences*, 2012, 14(3):288—297.

[258] Dixit J. S., Alavi S., Ahuja V. Measuring Consumer Brand Perception for Green Apparel Brands[J]. *International Journal of E-Business Research*, 2020, 16(1).

[259] Dong-Sung, Cho. A Dynamic Approach to International Competitiveness: the Case of Korea[J]. *Journal of Far Eastern Business*, 1994, (1):17—36.

[260] Estrada M. A. R. Policy Modeling: Definition, Classification and Evaluation[J]. *Journal of Policy Modeling*, 2011, 33(4):523—536.

[261] Evans N. J., Ilbery B. W. Farm-based Accommodation and the Restructuring of Agriculture: Evidence from Three English Counties[J]. *Journal of Rural Studies*, 1992, 8(1):85—96.

[262] Fatimah T. The Impacts of Rural Tourism Initiatives on Cultural Landscape Sustainability in Borobudur Area[J]. *Procedia Environmental Sciences*, 2015, 28(7):567—577.

[263] Fernández J. I. P., Montilla J. C., Hidalgo C. Introducing Olive-oil Tourism as a Special Interest Tourism[J]. *Heliyon*, 2019, 5(12):1—8.

[264] Fleischer A., Tchetchik A. Does Rural Tourism Benefit from Agriculture? [J]. *Tourism Management*, 2005.

[265] Fotiadis A., Vassiliadis C. Rural Tourism Service Quality in Greece[J]. *e-Review of Tourism Research*, 2010, 8(4):69—84.

[266] Frater J. M. Farm Tourism in England—Planning, Funding, Promotion and Some Lessons from Europe[J]. *Tourism Management*, 1983, 4(3):167—179.

[267] Frochot I. A Benefit Segmentation of Tourists in Rural Areas: A Scottish Perspective[J]. *Tourism Management*, 2005, 26(3):335—346.

[268] Gale B. T. Managing Customer Value: Creating Quality and Service that Customer can See[M]. New York: the Free Press, 1994.

[269] Gascón J. Pro-Poor Tourism as a Strategy to Fight Rural Poverty: A Critique[J]. *Journal of Agrarian Change*, 2015, 15(4):499—518.

[270] Gorman-Murray A., Waitt G., Gibson C. Chilling out in "Cosmopolitan Country": Urban/Rural Hybridity and the Construction of Daylesford as a "Lesbian and Gay Rural Idyll"[J]. *Journal of Rural Studies*, 2012, 28(1).

[271] Hashemi N., Ghaffary G. A Proposed Sustainable Rural Development Index(SRDI): Lessons from Hajij Village, Iran[J]. *Tourism Management*, 2017, 59(4):130—138.

[272] Hernández J. M., Suárez V. R., Santana J. Y. The Interrelationship between Rural and Mass Tourism: The Case of Catalonia, Spain[J]. *Tourism Management*, 2016, 54(6):43—57.

[273] Herrero A., Martín H. S. Developing and Testing a Global Model to Explain the Adoption of Websites by Users in Rural Tourism Accommodations[J]. *International Journal of Hospitality Management*, 2012, 31(4):1178—1186.

[274] Hisamitsu S. Seasonality and Regional Productivity in the Spanish Accommodation Sector[J]. *Tourism Management*, 2018, 39(8):180—188.

[275] Hoang H. T. T., Vanacker V., Rompaey A. V., et al. Changing Human

Landscape Interactions after Development of Tourism in the Northern Vietnamese Highlands[J]. *Anthropocene*, 2014, 5(3):42—51.

[276] Hogne Ø. Wilderness Tourism and the Moralities of Commitment: Hunting and Angling as Modes of Engaging with the Natures and Animals of Rural Landscapes in Norway[J]. *Journal of Rural Studies*, 2013, 32(10):177—185.

[277] Holbrook, Morris B. Customer Value—a Framework for Analysis and Research[J]. *Advances in Consumer Research*, 1996, 23(1).

[278] Huang W. J., Beeco J. A., Hallo J. C., et al. Bundling Attractions for Rural Tourism Development[J]. *Journal of Sustainable Tourism*, 2016, 24(10): 1—16.

[279] Hwang J. H., Lee S. W. The Effect of the Rural Tourism Policy on Nonfarm Income in South Korea[J]. *Tourism Management*, 2015, 46(2):501—513.

[280] Ionela G. P., Constantin B. M., Dogaru L. D. Advantages and Limits for Tourism Development in Rural Area: Case Study Ampoi and Mureş Valleys[J]. *Procedia Economics and Finance*, 2015, 32:1050—1059.

[281] Julie J. Developing Regional Tourism in China: the Potential for Activating Business Clusters in a Socialist Market Economy[J]. *Tourism Management*, 2006, 27(4):695—706.

[282] Kastenholz E., Carneiro M. J., Marques C. P., et al. Understanding and Managing the Rural Tourism Experience: The Case of a Historical Village in Portugal[J]. *Tourism Management Perspectives*, 2012, 4:207—214.

[283] Kastenholz E., C. Eusébio, Carneiro M. J. Segmenting the Rural Tourist Market by Sustainable Travel Behaviour: Insights from Village Visitors in Portugal [J]. *Journal of Destination Marketing & Management*, 2018, 10:132—142.

[284] Kim M. K., Lee K. G. Correlating Consumer Perception and Consumer Acceptability of Traditional Doenjang in Korea[J]. *Journal of Food Science*, 2014, 79(11).

[285] Kontogeorgopoulos, Nick. Community-Based Ecotourism in Phuket and Ao Phangnga, Thailand: Partial Victories and Bittersweet Remedies[J]. *Journal of*

Sustainable Tourism, 2005, 13(1):4—23.

[286] Lanza A., Pigliaru F. Why are Tourism Countries Small and Fast Growing?[J].*Tourism and Sustainable Economic Development*, 2000, 10(2):57—69.

[287] Lenao M., Saarinen J. Integrated Rural Tourism as a Tool for Community Tourism Development: Exploring Culture and Heritage Projects in the North-East District of Botswana[J]. *South African Geographical Journal*, 2015, 97(2): 203—216.

[288] Lewis C. L., D'Alessandro S. Understanding Why: Push-factors that Drive Rural Tourism amongst Senior Travellers[J]. *Tourism Management Perspectives*, 2019, 32.

[289] Li H., Yong L., Jingyuan Z., Yuejing G. Research on Planning Management of the Leisure and Tourismoriented Suburban Villages Based on System Theory[J]. *Matec Web of Conferences*, 2018(175).

[290] Li K. X., Jin M. J., Shi W. M. Tourism as an Important Impetus to Promoting Economic Growth: A Critical Review[J]. *Tourism Management Perspectives*, 2018, 26(4):135—142.

[291] Lindberg K., Veisten K. Local and Non-local Preferences for Nature Tourism Facility Development[J]. Tourism Management Perspectives, 2012, 4: 215—222.

[292] Linlin D., Li W., Bixia X., Bihu W. How to Improve Rural Tourism Development in Chinese Suburban Villages? Empirical Findings from a Quantitative Analysis of Eight Rural Tourism[J]. *Area*, 2017, 49(2).

[293] Macdonald R., Jolliffe L. Cultural Rural Tourism: Evidence from Canada [J]. *Annals of Tourism Research*, 2003, 30(2):307—322.

[294] Maestro R., Gallego P., Requejo L. S. The Moderating Role of Familiarity in Rural Tourism in Spain[J]. *Tourism Management*, 2007, 28(4):951—964.

[295] Martín H. S., Herrero A. Influence of the User's Psychological Factors on the Online Purchase Intention in Rural Tourism: Integrating Innovativeness to the UTAUT Framework[J]. *Tourism Management*, 2012, 33(2):341—350.

［296］Marx K., Das Kapital. A Critique of Political Economy［M］. Gateway Editions，1961:45—52.

［297］Mathw Ick C., Malho Tra N. K., R. Igdon E. The Effect of Dynamic Retail Experiences on Experiential Perceptions of Value: An Internet and Catalog Comparison［J］. *Journal of Retailing*，2002，78(1).

［298］Maude A., Rest D. V. The Social and Economic Effects of Farm Tourism in the United Kingdom［J］. *Agricultural Administration*，1985，20(2):85—99.

［299］Mitchell C. J. A., Shannon M. Exploring Cultural Heritage Tourism in Rural Newfoundland through the Lens of the Evolutionary Economic Geographer［J］. *Journal of Rural Studies*，2018，59(4):21—34.

［300］Mitchell R., Charters S., Albrecht J. N. Cultural Systems and the Wine Tourism Product［J］. *Annals of Tourism Research*，2012，39(1):311—335.

［301］Mottiar Z., Boluk K., Kline C. The Roles of Social Entrepreneurs in Rural Destination Development［J］. *Annals of Tourism Research*，2018，68(1):77—88.

［302］Murphy A., Williams P. W. Attracting Japanese Tourists into the Rural Hinterland: Implications for Rural Development and Planning［J］. *Tourism Management*，1999，20(4):487—499.

［303］Niloofar, Hashemi, Gholamreza, et al. A Proposed Sustainable Rural Development Index(SRDI):Lessons from Hajij village, Iran［J］. *Tourism Management*，2017.

［304］Nisbett M. Empowering the Empowered? Slum Tourism and the Depoliticization of Poverty［J］. *Geoforum*，2017，85(10):37—45.

［305］Oi N., Laing J., Mair J. Sociocultural Change Facing Ranchers in the Rocky Mountain West as a Result of Mountain Resort Tourism and Amenity Migration［J］. *Journal of Rural Studies*，2015，41(10):59—71.

［306］Oppermann M. Rural Tourism in Southern Germany［J］. *Annals of Tourism Research*，1996，23(1):86—102.

［307］Organization W. T. Rural Tourism: A Solution for Employment, Local

Development and Environment, Israel, 19 June 1996[J]. 1997.

[308] Panyik E., Costa C., Tamara R. Implementing Integrated Rural Tourism: An Event-based Approach[J]. *Tourism Management*, 2011, 32(6): 1352—1363.

[309] Park D. B., Doh K. R., Kim K. H. Successful Managerial Behaviour for Farm-based Tourism: A Functional Approach[J]. *Tourism Management*, 2014, 45(12):201—210.

[310] Park D. B., Lee K. W., Choi H. S., et al. Factors Influencing Social Capital in Rural Tourism Communities in South Korea[J]. *Tourism Management*, 2012, 33(6):1511—1520.

[311] Park D. B., Yoon Y. S. Segmentation by Motivation in Rural Tourism: A Korean Case Study[J]. *Tourism Management*, 2009, 30(1):99—108.

[312] Park M., Stokowski P. A. Social Disruption Theory and Crime in Rural Communities: Comparisons across Three Levels of Tourism Growth[J]. *Tourism Management*, 2009, 30(6):905—915.

[313] Paven I. G., Vasile V. Tourism Opportunities for Valorizing the Authentic Traditional Rural Space Study Case: Ampoi and Mures Valleys Microregion, Alba County, Romania [J]. *Procedia-Social and Behavioral Sciences*, 2015, 188(5):111—115.

[314] Pearce P. L. Farm Tourism in New Zealand: A Social Situation Analysis [J]. *Annals of Tourism Research*, 1990, 17(3):337—352.

[315] Petroman C., Mirea A., Lozici A., et al. The Rural Educational Tourism at the Farm[J]. *Procedia Economics and Finance*, 2016, 39: 88—93.

[316] Prince S., Ioannides D. Contextualizing the Complexities of Managing Alternative Tourism at the Community Level: A Case Study of a Nordic Ecovillage [J]. *Tourism Management*, 2017, 60(7):348—356.

[317] Pudianti A., Syahbana J. A., Suprapti A. Role of Culture in Rural Transformation in Manding Village, Bantul Yogyakarta, Indonesia[J]. *Procedia-Social and Behavioral Sciences*, 2016, 227:458—464.

[318] Qiu S. Z., Cai L. P., Lehto X., et al. Reliving Self-presentational Concerns in Rural Tourism[J]. *Annals of Tourism Research*, 2019, 74(2):56—67.

[319] Rainer G. Constructing Globalized Spaces of Tourism and Leisure: Political Ecologies of the Salta Wine Route(NW-Argentina)[J]. *Journal of Rural Studies*, 2016, 43(2):104—117.

[320] Ramon F. Efficiency of Travel Agencies: A Case Study of Alicante, Spain[J]. *Tourism Management*, 2011, 32(7):75—87.

[321] Randelli F., Martellozzo F. Is Rural Tourism-induced Built-up Growth a Threat for the Sustainability of Rural Areas? The Case Study of Tuscany[J]. *Land Use Policy*, 2019, 86(7):387—398.

[322] Randelli F., Romei P., Tortora M. An Evolutionary Approach to the Study of Rural Tourism: The Case of Tuscany[J]. *Land Use Policy*, 2014, 38(3): 276—281.

[323] Rid W., Ezeuduji I. O., Probstl-Haider U. Segmentation by Motivation for Rural Tourism Activities in the Gambia[J]. *Tourism Management*, 2014, 40 (2):102—116.

[324] Roberts L., Hall D. Consuming the Countryside: Marketing for Rural Tourism[J]. *Journal of Vacation Marketing*, 2004, 10(3):253—263.

[325] Royo-Vela M. Rural-cultural Excursion Conceptualization: A Local Tourism Marketing Management Model Based on Tourist Destination Image Measurement[J]. *Tourism Management*, 2009, 30(3):419—428.

[326] Saxena G., Ilbery B. Integrated Rural Tourism a Border Case Study[J]. *Annals of Tourism Research*, 2008, 35(1):233—254.

[327] Saxena G. Rural Tourism Partnerships and Actor Mobility[J]. *International Journal of Tourism Research*, 2014, 16(5):488—495.

[328] Sharpley R., Jepson D. Rural Tourism: A Spiritual Experience?[J]. *Annals of Tourism Research*, 2011, 38(1):52—71.

[329] Sharpley R. Rural Tourism and the Challenge of Tourism Diversification: the Case of Cyprus[J]. *Tourism Management*, 2002, 23(3):233—244.

[330] Sheth J. N., Newman B. I., Gross B. L. Why We Buy What We Buy A Theory of Consumption Values[J]. *Journal of Business Research*, 1991, 22(2).

[331] Silva L., Leal J. Rural Tourism and National Identity Building in Contemporary Europe: Evidence from Portugal[J]. *Journal of Rural Studies*, 2015, 38:109—119.

[332] Silva L., Prista M. Social Differentiation in the Consumption of a Pastoral Idyll through Tourist Accommodation: Two Portuguese Cases[J]. *Journal of Rural Studies*, 2016, 43(2):183—192.

[333] Sims R. Putting Place on the Menu: The Negotiation of Locality in UK Food Tourism, from Production to Consumption[J]. *Journal of Rural Studies*, 2010, 26(4):105—115.

[334] Stephen R. Bond. Dynamic Panel Data Models: a Guide to Micro Data Methods and Practice[J]. *Portuguese Economic Journal*, 2002(07).

[335] Streifeneder T. Agriculture First: Assessing European Policies and Scientific Typologies to Define Authentic Agritourism and Differentiate it from Countryside Tourism[J]. *Tourism Management Perspectives*, 2016, 20(10):251—264.

[336] Thanh T. V., Kirova V. Wine Tourism Experience: A Netnography Study[J]. *Journal of Business Research*, 2018, 83: 30—37.

[337] Thompson C. S. Host Produced Rural Tourism: Towa's Tokyo Antenna Shop[J]. *Annals of Tourism Research*, 2004, 31(3):580—600.

[338] Von N. Theory of Games and Economic Behavior[M]. Princeton University Press, 1947.

[339] Wei-Jue, Huang, J., et al. Bundling Attractions for Rural Tourism Development[J]. *Journal of Sustainable Tourism*, 2016, 24(10):1387—1402.

[340] Woods W. A. Consumer Behavior[M]. New York: North-Holland, 1981.

[341] Yang Y. Agglomeration Density and Tourism Development in China: An Empericial Research Based on Dynamic Panel Data Model[J]. *Tourism Management*, 2012, 33(10):1347—1359.

[342] Zasada I., Piorr A. The Role of Local Framework Conditions for the

Adoption of Rural Development Policy: An Example of Diversification, Tourism Development and Village Renewal in Brandenburg, Germany [J]. *Ecological Indicators*, 2015, 59(DEC.):82—93.

[343] Zeithaml V. A. Consumer Perceptions of Price, Quality, and Value: A Means-End Model and Synthesis of Evidence[J]. *Journal of Marketing*, 1988, 52(3).

图书在版编目(CIP)数据

中国乡村旅游高质量发展理论与实践 / 于秋阳著.
上海 : 上海人民出版社,2024. -- (上海社会科学院重
要学术成果丛书). -- ISBN 978-7-208-19064-1
Ⅰ. F592.3
中国国家版本馆 CIP 数据核字第 20249F4A33 号

责任编辑 项仁波
封面设计 路 静

上海社会科学院重要学术成果丛书·专著

中国乡村旅游高质量发展理论与实践

于秋阳 著

出　　版　上海人&出版社
　　　　　(201101 上海市闵行区号景路 159 弄 C 座)
发　　行　上海人民出版社发行中心
印　　刷　上海新华印刷有限公司
开　　本　720×1000 1/16
印　　张　15.75
插　　页　2
字　　数　219,000
版　　次　2024 年 9 月第 1 版
印　　次　2024 年 9 月第 1 次印刷
ISBN 978 - 7 - 208 - 19064 - 1/F · 2887
定　　价　78.00 元